KB074009

일본어교육을 위한 오용 연구

조남성 저

지식과교양

머리말

이 책에서는 한국인 일본어학습자의 효율적인 교육을 위하여, 학습자의 다양한 오용을 여러 관점에서 분석하고 있다. 장별로 그 주요 내용을 보면 다음과 같다.

제1장 : 한·일어 대조분석상의 학습 어려움은 학습 시간에 따라 어느 정도 해소되고 있으나, 학습에 적지 않게 방해되고 있다.

제2장 : 일반적인 예상과 다르게, 상급 학습자에게 초급 단계의 형태(활용)상 오용이 많이 나타나고 있다.

제3장 : 조사 오용에 대해서 이해도와 자연도의 관점에서 일본어 모어화자(대학생)는 한국인 일본어교사보다 관대하게 평가하고 있다.

제4장 : 한자어 유의어는 학습 수준이 높아짐에 따라서 습득률이 증가하고 있지만, 그 차이는 크지 않다.

제5장 : 동사 유의어는 학습 수준이 높아짐에 따라서 습득률이 증가하고 있지만, 그 차이는 미미하다.

제6장 : 일본어 전공자(대학교 2학년)의 자유 작문에 나타난 전체 오용에서 대략 통사·의미론의 오용이 1/2, 어휘론의 오용이 1/4 정도이다.

제7장 : 일본어 모어화자는 문법 오용보다 어휘 오용, 모어 비간섭 오용보다 모어 간섭 오용을 엄하게 평가하고 있다.

제8장 : 학습자의 의뢰 문말 표현의 적절성은 장면(긴급성)보다 상대(친소)에 의한 차이가 크다. 또한 학습자는 소원한 상대보다 친한 상대에 대한 표현이 미숙하다.

제9장 : 모어 간섭(한국어 직역)에 의한 'タ의 부정형' 오용은 언어 전달상 중대한 오용으로 판단된다.

제10장 : '形容詞(-い)+だと思う' 형의 오용 원인을 교사는 선행 학습에, 학습자는 한국어 간섭에 있다고 판단하고 있다.

제11장 : 학습자 오용의 원인에 대한 교사와 학습자의 판단은 적지 않은 차이를 보이고 있다.

제12장 : 어휘·형태론 오용의 정정에서 코퍼스로서 구글(Google)과 야후 재팬(Yahoo! JAPAN) 검색은 상당히 유효하다.

제13장 : 문법(통사·의미론) 오용의 정정에서 Goo와 Yahoo! JAPAN 검색은 어느 정도(2/3) 유효하다.

제14장 : 어휘에서 현행 한일 기계번역의 적확성은 한국인 일본어학습자 오용률과 비슷하다.

한편 외국어 학습에서 오용을 범하지 않고는 학습이 불가능하다. 또한 학습자의 오용은 학습 정도 및 과정을 잘 나타내고 있으므로 주의 깊은 관찰이 필요하다. 이 책이 현장의 일본어교사에게 학습자 오용을 다루는데 도움이 되었으면 한다.

끝으로 이 책(연구)에 등장하는 오용 조사 참여자인 교사와 학습자 여러분께 진심으로 감사드린다.

저자 조 남성

일본어교육을 위한 오용 연구

목 차

대조분석과 오용분석

1. 들어가는 말
2. 연구 방법
3. 결과 및 고찰
4. 교수·학습에의 응용
5. 맺는 말

1. 들어가는 말

본 연구는 제2언어 습득 및 중간언어 가설의 설정이 아닌, 언어 교육적인 관점에서의 대조분석과 오용분석의 관계를, 실제의 사례를 통하여 살펴보고자 한다. 대조분석과 오용분석의 결과가, 실제 언어 교수·학습 현장에서 함께 고려되어야, 그 지도가 효율적일 것이다.

지금까지 한·일어 대조분석의 많은 연구가 있었으나[1], 일본어 교육의 실천적인 입장에서 그 결과에 대한 학습상의 문제점을, 학습자의 오용분석 및 오용평가와 관련한 연구는 아직 이루어지고 있지 않다.

따라서, 본 연구에서는 한·일어 대조분석상의 학습 곤란점이, 실제 한국인 일본어학습자에게 어느 정도 곤란한지, 그에 대한 학습자의 오용을 살펴본다. 그리고 언어 전달(서면)상에서 수신자의 평가에 의한 오용 비중을 살펴본다. 즉 아래의 순서로 최종적으로 교수·학습의 우선순위를 생각하여, 오용의 정정 및 테스트 작성 나아가 언어·교수 자료의 배열 등의 응용에 그 의의를 찾고자 한다.

대조분석상의 자료 선정 → 오용분석 → 오용평가·오용의 비중 → 교수·학습의 우선순위
오용분석 ↘ 오용의 빈도 ↗ 교수·학습의 우선순위

2. 연구 방법

2.1 조사 I

조사 I 에서는 한·일어 대조분석상의 차이점 즉 학습 곤란점이, 실제 한국인 일본어학습자에게 어느 정도 곤란한지, 그에 대한 학습자의 오용의 정도(빈도)를 살펴본다.

2. 1. 1 조사 참여자

한국인 일본어학습자는 H대학교 일본어과 3·4학년 학생 각각 45·40명이다.

2. 1. 2 조사 자료

한국인 일본어학습자의 오용 조사 재료는, 무작위로 선택한 한·일어 대조분석상의 학습 곤란점 18개로 그 내역은 아래와 같다. 예문은 文化庁의 『外国人のための基本語用例辞典(第2版)』에서 발췌했다.

(1) あなたが考えるのよりはずっとむずかしい仕事だ。

우리말에서 조사는 대개 체언 뒤에 오고, 동사의 연체형에는 명사가 오는 것이 보통이다. 이에 일본어를 사용할 때 조사 앞에 명사를 쓰고 있다. 일본어에서는 동사의 연체형에 직접 조사가 오기도 한다.

(2) 急ぐ旅もないので、二、三日とまることにした。

우리말의 지정사 '이다'에 해당하는 일본어의 판정사 だ의 부정법은 다르다. 우리말은 '보어+술어'(여행도 아니다)이지만, 일본어는 명사 술어 だ의 부정(旅でもない)이다.

(3) わたしは毎週1回、いけ花の先生へ行きます。

우리말과 달리 일본어의 일부 동사(行く, 来る, 泊まる 등)는 명사에 소위 장소를 나타내는 ところ를 요구하고 있다.

(4) この子は学者がなりたいと言っています。

우리말의 '되다'(轉成)는 일본어의 なる에 해당한다. 그러나 우리말의 '되다'는 조사 '이/가'를 취하나, 일본어의 なる는 조사 に를 취한다.

(5) 朝おそくおきたので何も食べなくて来ました。

동사 병렬적 접속에서, 우리말의 '않고(서)'는 일본어의 부정 て형 접속 なくて·ないで·ずに에 해당한다. なくて는 전건과 후건이 대립적 또는 전건이 후건의 원인·이유를 나타낼 때, な

いで·ずには 전건이 후건을 수식할 때 쓰인다.

(6) 「あなたはもうこの小説を読みましたか。」
「いいえ、まだ読みませんでした。」

우리말의 '었'과 일본어의 た의 비교에서, 일본어 과거 た의 부정형은 なかった, 완료 た의 부정형은 ていない·(ない)이지만, 우리말의 '었'은 긍정·부정에 상관없이 과거를 나타낸다.

(7) 「みなさん。わたしの友だちの田中さんを紹介してあげます。」「わたしがいま山田さんに紹介していただいた田中です。」

일본어의 てあげる는 단순한 공손 표현이고, 이 표현이 상대에게 뭔가를 베푼다는 의미를 동반한다. 그러나 이에 대응하는 우리말의 '해 드리다'는 상대(윗사람)에 대한 겸양 표현이다.

(8) 入学願書はいつまで出さなければなりませんか。

우리말의 '까지'는 일본어의 まで와 대응한다. 그러나 일본어의 경우는 이 조사에 이어지는 동사가 순간적인 동작을 나타내는 경우에는 までに처럼 に가 요구된다.

(9) 書くことはめんどうだから、タイプライターで打ちます。

우리말의 동사 명사형은 일본어의 동사 명사형으로 대응하지 않고, '동사 연체형(連体形)+の'와 대응한다.

(10) 人のない寂しいみちを歩く。

우리말의 '있다', '없다'는 일본어 ある·いる, ない·いない와 대응한다. 즉 우리말과 달리 일본어의 경우, 사물의 존재는 ある·ない, 사람의 존재는 いる·いない로 구분해서 나타낸다.

(11) わたしが行く時まで、待っていてください。

우리말에서 조사는 대개 체언 뒤에 오고, 동사의 연체형에는 명사가 오는 것이 보통이다. 이에 일본어 사용시 조사 앞에 명사를 쓰고 있다. 일본어에서는 동사의 연체형에 직접 조사가 오기도 한다.

(12) もしあの人が来れば、またせておいてください。

우리말의 가정 조건 '면'에 일본어 と·ば·たら·なら가 해당한다. 이들 용법을 개략적으로 보면, と는 필연적, ば는 일반적이며 반복적, たら는 개별적이며 우연적, 일회적인 사항에 쓰인다. なら는 어떤 사항을 알고, 그 전건에 대한 자신의 판단을 후건에 나타낸다.

(13) いたずらをしたので、学校に一時間居残りをしてしまった。

일본어의 '사역+수동(させられる)'형은 우리말에 없다.

(14) 両親はずっといなかにいらっしゃいます。

우리말은 절대경어, 일본어는 상대경어적 성격이 강하다. 일본어에서는 화자가 화자 또는 청자의 가족(身内)인가 어떤가에 의해서 경어의 사용법이 다르다. 그러나 우리말에서는 청자나 장면의 영향을 받는 일이 극히 적어서, 화제의 인물이 윗사람이면 자신의 가족이라도 경어를 사용하고 있다.

(15) 黒いくもが空いっぱいにひろがって今にも雨が降るようだ。

추량의 무드(mood)를 나타내는 일본어의 そうだ·ようだ·らしい는 대강 우리말의 '것 같다·듯 하다'에 해당하나, 반드시 1대 1로 대응하지 않는다.

(16) このみちは、夜にあまり自動車が通らないんだ。

우리말은 때를 나타내는 명사가 부사적으로 이용될 때는 일반적으로 조사 '에'를 취하나, 일본어는 발화 시점과 관계를 갖는

것은 に를 취하지 않고, 발화 시점과 관계없이 때의 흐름 가운데 있는 점·범위를 나타내는 말은 に를 취한다.

(17) ゆびわにダイヤモンドが入れています。

어스펙트(aspect) 표현에서, 우리말의 '～어 있다'는 일본어의 ～ている·～てある와 대응한다. 이는 ～에 오는 동사의 종류에 따라서도 용법이 달라진다. 예문에서는 상태를 나타내는 '～が타동사てある'형이 요구된다.

(18) 交通さえ便利すれば、せまい家でもかまいません。

우리말에서 한자어 명사를 용언으로 만드는 경우에는, する에 해당하는 '하다'를 붙여서, 동사·형용사로 하지만, 일본어에서는 する를 붙여서 동사, だ를 붙여서 형용동사를 만든다.

2. 1. 3 조사 순서

조사는 2001년 5월 수업 시간에 테스트 형식으로 실시하여, 문제의 밑줄 친 부분만 정정하도록 했으며, 만약 그 곳이 바르다고 생각하면 ○표를 하도록 했다.

2. 1. 4 분석 방법

한국인 일본어학습자의 오용 정정의 정답은 일본어 모어화자가 판정한 것을 기준으로 했다. 즉 각각의 문제에서 일본어 모

어화자의 정정 빈도수가 가장 높은 것이다(〈표4〉). 그리고 〈표4〉의 '모어화자의 오용 정정 및 평가의 내역'에서 문7의 させていただきます, 致します, しましょう, 문14의 おり 등은 사용상에 문제가 없어 정답이나, 그 빈도가 상대적으로 낮아서 정답에서 제외했다. 그러나 문5의 食べないで, 문16의 夜, 夜には는 상대적 빈도를 고려해서 정답으로 했다. 한편 3학년보다는 일본어 학습량이 많은 4학년이 학습 수준이 높다고 가정한다.

2.2 조사II

조사Ⅱ에서는 한·일어 대조분석상의 학습 곤란점에 의한 오용을, 일본어 모어화자가 어떻게 정정하고 평가하는지를 살펴본다.

2. 2. 1 조사 참여자

조사 참여자는 일본의 G, N 대학교 28명으로, 대학생 11명, 대학원생 17명(남자 12명, 여자 16명)으로 대부분 일본어 관련 전공자이며, 한국어 학습 경험은 없다[2].

2. 2. 2 조사 자료

조사 자료는 조사Ⅰ과 동일하다.

2. 2. 3 조사 순서

조사는 개인적으로 의뢰했으며, 회수율은 93. 3%(28/30명)이다. 참여자에게는 이해도, 불쾌도, 자연도의 순서로 5단계 척도로 판정한 다음 정정을 요구했다. 평가의 3기준은 다음과 같다.

〈理解度〉 その誤りはどのぐらい理解できるか。

〈不快度〉 その誤りが、読み手の理解を妨げ、違和感を感じたり、不快(感じの良さ／悪さ)であるかどうか。

〈自然度〉 その誤りが日本語としてどのくらい自然だといえるか。

그리고 5단계 척도와 예는 다음과 같다.

〈理解度〉	〈不快度〉	〈自然度〉
1 理解できる	1 不快ではない	1 自然である
2 やや理解できない	2 やや不快である	2 やや不自然である
3 少し理解できない	3 少し不快である	3 少し不自然である
4 かなり理解できない	4 かなり不快である	4 かなり不自然である
5 非常に理解できない	5 非常に不快である	5 非常に不自然である

例	あのかたの家族に対してあまり詳しいことは知りません。(について)	理解度 ① 2 3 4 5	不快度 ① 2 3 4 5	自然度 1 2 ③ 4 5

2. 2. 4 분석 방법

평가의 기준별 오용의 비중은 5단계 척도에서 1은 1점, 2는 2점 … 5는 5점으로 해서 얻었다. 최고득점은 5점, 최저득점은 1점으로 평균득점이 높을수록 오용의 비중이 있는 것으로, 엄하게 평가한 것을 나타낸다.

3. 결과 및 고찰

3.1 학습자의 오용 정정

3. 1. 1 학습자의 오용 정정의 정답률

〈표1〉은 '학습자의 오용 정정의 정답률'을 나타내고 있다. 〈표1〉에서 보면, 3학년보다 학습 수준이 높은 4학년이 오용 정정의 정답률이 높아, 학습 시간에 따라 어느 정도 학습이 되고 있는 것을 나타내고 있다. 그러나 정정의 정답률이 50% 이하로 학습에 어려움을 나타내고 있다.

〈표1〉 학습자의 오용 정정의 정답률

학습 수준	3학년	4학년
정답률	38. 0%	48. 8%

〈표2〉는 '학습자의 오용 정정의 내역'을 나타내고 있다. 〈표2〉에서 보면, 3학년의 경우 5문제(문4, 10, 15, 16, 17)는 정답률이 70% 이상이고, 나머지 13문제는 40% 이하로, 그 중간 부분

이 없어서, 학습하기 쉬운 항목과 어려운 항목으로 양분되어 있는 것을 알 수 있다. 4학년의 경우 5문제(문4, 8, 10, 16, 17)는 정답률이 70% 이상, 6문제(문1, 2, 6, 7, 13, 18)는 40% 이하, 7문제(문3, 5, 9, 11, 12, 14, 15)는 그 중간으로 크게 나뉜다. 3학년에서 학습하기 어려운 부분 [7문제(문3, 8, 5, 9, 11, 12, 14)]이 다소 학습된 경향을 보이나, 학습하기 어려운 부분[3, 4학년에서 정답률이 각각 40% 이하의 것(6문제:문1, 2, 6, 7, 13, 18)]은 계속 남아 있는 것을 알 수 있다. 그리고 3학년보다 4학년이 정답률이 낮은 것을 보면, 6문제(문1, 2, 7, 15, 16, 17)이나 그 차이는 10% 이하이다. 이들은 학습량이 많아져도 정답률이 낮아지고 있어, 지도에 주의가 요구되는 항목이다.

3. 1. 2 학습자의 오용 정정의 유형

〈표2〉의 각각의 문제에서 오용 정정의 빈도수가 가장 높은 유형을 보면, 문1은 유형1 こと, 문6은 유형1 読みません, 문15는 유형2 降るそうだ이나, 그 나머지 문제는 문장에 제시된 오용(밑줄 친 부분으로 바르다고 판단한 ○표의 것)이다. 이는 한·일어 대조분석상의 학습 곤란점(문제의 밑줄 친 부분)이, 전형적인 오용으로 대부분 나타나고 있는 것을 말한다.

〈표2〉 학습자의 오용 정정의 내역

번호	정정의 유형 (3학년 45명, 4학년 40명) →	정정자 45	정정자 40	정답률(%)〈순위〉 3학년	4학년	합계
1	あなたが考えるのよりはずっとむずかしい仕事だ。					
	1.こと	28	33	2.2〈18〉	0.0〈18〉	1.1〈18〉
	2.○	8	3			
	3.もの	1	3			
	＋4.〈삭제〉	1	-			
	기타	4	1			
	무답	3	-			
2	急ぐ旅もないので、二、三日とまることにした。					
	1.○	20	16	13.3〈16〉	10.0〈17〉	12.8〈16〉
	2.ではない	7	9			
	＋3.でもない	6	4			
	4.がない	3	3			
	5.もしない	1	2			
	6.もなかった	1	2			
	기타	3	2			
	무답	4	2			
3	わたしは毎週1回、いけ花の先生へ行きます。					
	＋1.先生のところ	7	19	15.6〈13〉	47.5〈11〉	31.6〈13〉
	2.○	16	9			
	3.先生の家	3	3			
	4ところ	5	-			
	5.学院	4	-			
	6.先生へ → 先生に	1	2			
	기타	7	7			
	무답	2	-			
4	この子は学者がなりたいと言っています。					
	＋1.に	36	37	80.0〈2〉	92.5〈1〉	86.3〈2〉
	2.○	6	3			
	기타	3	-			
	朝おそくおきたので何も食べなくて来ました。					

5	＋1.食べないで 2.○ 3.食べないて 4.食べられなくて 5.食べずに 기타 무답	16 17 4 4 1 2 1	26 9 3 － － 2 －	37.8 〈8〉	65.0 〈7〉	51.4 〈6〉
6	「あなたはもうこの小説を読みましたか。」「いいえ、まだ読みませんでした。」					
	1.読みません 2.○ ＋3.読んでいません 4.読んでいませんでした 5.読んだことがありませんでした 6.読まなかった(ん)です 기타 무답	10 7 7 5 3 3 9 1	14 13 8 3 － － － 2	15.6 〈13〉	20.0 〈15〉	17.8 〈15〉
7	「みなさん。わたしの友だちの田中さんを紹介してあげます。」 「わたしがいま山田さんに紹介していただいた田中です。」					
	＋1.します 2.○ 3.してくれます 4.してもらいます 5.してさしあげます 6.いたします 7.させていただきます 기타 무답	18 8 3 3 4 1 1 6 1	12 11 5 2 － 3 2 4 1	40.0 〈6〉	30.0 〈13〉	35.0 〈11〉
8	入学願書はいつまで出さなければなりませんか。					
	＋1.までに 2.○ 3.に 기타 무답	11 30 － 2 2	30 6 3 1 －	24.4 〈11〉	75.0 〈4〉	49.7 〈7〉
9	書くことはめんどうだから、タイプライターで打ちます。					
	1.○ ＋2.の 3.もの 기타 무답	23 15 5 1 1	18 20 2 － －	33.3 〈9〉	50.0 〈8〉	41.7 〈8〉
	人のない寂しいみちを歩く。					

10	＋1.いない 2.○ 3.なく 기타 무답	34 5 1 2 3	35 2 2 1 −	75.6 〈3〉	87.5 〈2〉	81.6 〈3〉
11	わたしが行く時まで、待っていてください。					
	1.○ ＋2.〈삭제〉 3.行く時→来る時 4.行く時→行った時 기타 무답	23 7 4 2 6 3	12 20 1 1 5 1	15.6 〈13〉	50.0 〈8〉	32.8 〈12〉
12	もしあの人が来れば、またせておいてください。					
	＋1.来たら 2.○ 3.来ると 4.来るなら 기타 무답	12 16 8 3 2 4	18 9 9 1 1 2	26.7 〈10〉	45.0 〈10〉	35.9 〈10〉
13	いたずらをしたので、学校に一時間居残りをしてしまった。					
	1.○ 2.されて ＋3.させられて 4.うけて 5.させて 기타 무답	23 7 3 − − 7 5	19 6 5 4 3 1 2	6.7 〈17〉	12.5 〈16〉	9.6 〈17〉
14	両親はずっといなかにいらっしゃいます。					
	＋1.い 2.○ 3.住んでい 4.おり 5.いらっしゃってい 기타 무답	18 10 5 6 2 1 3	17 4 8 5 3 3 −	40.0 〈6〉	42.5 〈12〉	41.3 〈9〉
	黒いくもが空いっぱいにひろがって今にも雨が降るようだ。					

15	＋1.降りそうだ 2.降るそうだ 3.○ 4.降るらしい 기타 무답	32 5 3 – 3 2	27 6 4 3 – –	71.1 〈5〉	67.5 〈6〉	69.3 〈5〉
16	このみちは、夜にあまり自動車が通らないんだ。					
	＋1.夜 ＋2.夜には ＋3.夜は 4.夜で 5.○ 기타 무답	15 13 12 1 2 – 2	13 12 9 2 1 2 1	88.9 〈1〉	85.5 〈3〉	87.2 〈1〉
17	ゆびわにダイヤモンドが入れています。					
	＋1.あり 2.○ 무답	34 10 1	28 12 –	75.6 〈3〉	70.0 〈5〉	72.8 〈4〉
18	交通さえ便利すれば、せまい家でもかまいません。					
	1.○ ＋2.便利なら(ば) 3.便利だったら 기타 무답	16 10 7 8 4	23 11 3 2 1	22.2 〈12〉	27.5 〈14〉	24.9 〈14〉

주 1) ＋표는 正答(正用)을 나타낸다.
2) ○표는 학습자가 正用이라고 판단한 것이다.
3) 정정의 유형에서, 정답이 아닌 것은 연구의 편의상 3명(85명의 3%) 이상의 것만 나타냈다.
4) '무답'은 알지 못하는 것으로 간주해서 誤答으로 했다.

3.2 모어화자의 오용 정정 및 평가

〈표3〉은 '오용의 비중'을 나타내고 있다. 평균득점이 높을수록 오용을 중대한 것으로 판정한 것으로, 자연도, 불쾌도, 이해도의 순서로 엄하게 평가하고 있다. 약간 불쾌감은 있으나 충분히 이해할 수 있으며, 다소 부자연스럽다고 판정하고 있다. 이

는 모든 문제(문2 제외)에서도 똑같은 현상을 보이고 있다(〈표4〉).

〈표3〉 오용의 비중

평가의 기준	이해도	불쾌도	자연도
〈18문제/28명〉 평균득점 (표준편차)	1.46 (0.34)	1.98 (0.58)	2.91 (0.57)

〈표4〉는 '모어화자의 오용 정정 및 평가의 내역'을 나타내고 있다. 〈표4〉에서 기준별 비중이 높은 것을 보면, 이해도는 문4(この子は学者がなりたい…), 문18(交通さえ便利すれば、…), 문2(急ぐ旅もないので、…), 불쾌도는 문7(「みなさん。わたしの友だちの田中さんを紹介してあげます。」), 문14(両親はずっといなかにいらっしゃいます。), 문18(交通さえ便利すれば、…), 자연도는 문4(この子は学者がなりたい…), 문7(「みなさん。わたしの友だちの田中さんを紹介してあげます。」), 문18(交通さえ便利すれば、…) 등이다.

〈표4〉 모어화자의 오용 정정 및 평가의 내역

번호	정정의 유형	정정자 28명	평균득점〈순위〉(표준편차)			합계〈순위〉
			이해도	불쾌도	자연도	
1	あなたが考えるのよりはずっとむずかしい仕事だ。					
	1.トル 2.○ 3.こと 4.もの 5.考えるのより →考えているより 무답	15 6 2 2 1 2	1.22〈14〉 (0.51)	1.59〈14〉 (1.08)	2.04〈18〉 (1.00)	1.62 〈15〉
2	急ぐ旅もないので、二、三日とまることにした。					
	1.でもない	28	1.93〈3〉 (0.83)	1.67〈11〉 (0.88)	3.23〈6〉 (0.91)	2.28 〈7〉
3	わたしは毎週1回、いけ花の先生へ行きます。					
	1.先生のところ 2.教室 3.トル	21 6 1	1.68〈5〉 (0.77)	2.04〈7〉 (1.09)	3.19〈7〉 (1.18)	2.30 〈6〉
4	この子は学者がなりたいと言っています。					
	1.に	28	2.18〈1〉 (0.98)	2.46〈4〉 (1.26)	3.86〈1〉 (1.01)	2.83 〈2〉
5	朝おそくおきたので何も食べなくて来ました。					
	1.食べずに 2.食べないで 3.食べるに	16 11 1	1.32〈10〉 (0.55)	1.96〈8〉 (1.02)	3.07〈8〉 (1.11)	2.12 〈10〉
6	「あなたはもうこの小説を読みましたか。」「いいえ、まだ読みませんでした。」					
	1.読んでいません	28	1.75〈4〉 (0.93)	2.36〈5〉 (1.25)	3.26〈5〉 (1.32)	2.46 〈4〉

7	「みなさん。わたしの友だちの田中さんを紹介してあげます。」 「わたしがいま山田さんに紹介していただいた田中です。」					
	1. します 2. させていただきます 3. 致します 4. しましょう 5. 紹介してあげます →ご紹介します 무답	22 2 1 1 1 1	1.26〈11〉 (0.53)	3.56〈1〉 (1.19)	3.74〈2〉 (1.13)	2.85 〈1〉
8	入学願書はいつまで出さなければなりませんか。					
	1. までに 2. ○	27 1	1.39〈8〉 (0.63)	1.64〈13〉 (0.87)	2.63〈12〉 (1.01)	1.89 〈12〉
9	書くことはめんどうだから、タイプライターで打ちます。					
	1. の 2. ○	26 2	1.04〈17〉 (0.19)	1.18〈18〉 (0.39)	2.36〈14〉 (0.95)	1.53 〈17〉
10	人のない寂しいみちを歩く。					
	1. いない 2. ○	25 3	1.26〈11〉 (0.66)	1.58〈15〉 (0.99)	2.35〈15〉 (0.98)	1.73 〈14〉
11	わたしが行く時まで、待っていてください。					
	1. トル 2. ○ 3. 頃 무답	20 5 1 2	1.04〈17〉 (0.20)	1.35〈17〉 (0.49)	2.15〈16〉 (0.97)	1.51 〈18〉
12	もしあの人が来れば、またせておいてください。					
	1. 来たら 2. ○ 3. いらっしゃったら	24 3 1	1.37〈9〉 (0.74)	1.67〈11〉 (0.83)	2.52〈13〉 (1.09)	1.85 〈13〉
13	いたずらをしたので、学校に一時間居残りをしてしまった。					
	1. させられて 2. ○ 무답	23 4 1	1.64〈6〉 (0.95)	2.08〈6〉 (1.23)	2.88〈11〉 (1.07)	2.20 〈8〉
14	両親はずっといなかにいらっしゃいます。					
	1. い 2. おり 무답	22 5 1	1.12〈16〉 (0.33)	2.81〈2〉 (1.33)	3.42〈4〉 (1.17)	2.45 〈5〉

15	黒いくもが空いっぱいにひろがって今にも雨が降るようだ					
	1.降りそうだ	28	1.25〈13〉 (0.44)	1.79〈10〉 (0.92)	2.93〈10〉 (1.09)	1.99 〈11〉
16	このみちは、夜にあまり自動車が通らないんだ。					
	1.夜は 2.夜 3.夜には 4.○	13 7 6 2	1.18〈15〉 (0.48)	1.46〈16〉 (0.92)	2.14〈17〉 (0.89)	1.59 〈16〉
17	ゆびわにダイヤモンドが入れています。					
	1.あります 2.入れています → 入っています 3.○ 무답	25 1 1 1	1.62 〈7〉 (0.75)	1.92 〈9〉 (1.12)	2.96 〈9〉 (1.08)	2.17 〈9〉
18	交通さえ便利すれば、せまい家でもかまいません。					
	1.便利なら(ば) 2.便利であれば 3.我慢すれば 무답	19 7 1 1	1.96 〈2〉 (0.81)	2.48 〈3〉 (1.37)	3.67 〈3〉 (1.04)	2.70 〈3〉

주) '정정의 유형'에서 'トル'는 삭제를 나타내고, ○표는 正用이라고 판단한 것이다.

평가의 3기준에서 오용 비중의 순위를 보면, 문7(「みなさん。わたしの友だちの田中さんを紹介してあげます。」), 문14(両親はずっといなかにいらっしゃいます。)는 불쾌도와 자연도에서 높으나 이해도에서 낮다. 문2(急ぐ旅もないので、…)는 이해도와 자연도에서 높으나 불쾌도에서 낮다. 그 이외의 것은 순위에서 큰 차이(6위 이상)를 보이고 있지 않다.

3.3 오용의 난이도와 비중

오용의 난이도란 오용 정정의 오답률으로, 오답률이 높을수록 난이도가 높은 것을 나타낸다. 즉 빈도에 의한 양적인 평가로, 비중(이해도, 불쾌도, 자연도에 의한 평가)에 의한 질적인 평가와 대비된다. 〈표2〉, 〈표4〉에서 보면, 오답률이 가장 높은 문1(あなたが考えるのよりは…)은, 비중에서 이해도는 14위, 불쾌도는 14위, 자연도는 18위이다. 오답률 2위의 문13(いたずらをしたので、学校に一時間居残りをしてしまった。)은, 비중에서 이해도는 6위, 불쾌도는 6위, 자연도는 11위이다. 오답률 3위의 문2(急ぐ旅もないので、…)는, 비중에서 이해도는 3위, 불쾌도는 11위, 자연도는 6위이다. 그리고 비중에서 이해도와 자연도의 1위(문4. この子は学者がなりたい…), 불쾌도의 1위(문7.「みなさん。わたしの友だちの田中さんを紹介してあげます。」)는 각각 18위, 8위이다. 따라서 오용의 난이도와 비중은 일정한 상관관계가 없다고 할 수 있다.

4. 교수 · 학습에의 응용

여기서는 조사 대상으로 한 오용 정정의 정답률과 오용의 비중을 고려한 교수·학습의 우선순위를 하나의 試案으로서 생각해 본다. 학습 목표가 언어 전달 능력 향상에 있다면, 이때의 오용 정정 및 평가의 기준은 오용의 비중에 두는 것이 타당하지만, 오용의 빈도(오용 정정의 정답률이 낮은 것은 오용의 빈도가 높은 것을 말한다.)는 교수·학습에서 무시할 수 없는 요인으로서, 이를 함께 고려하는 것이 좋을 것이다. 또한 실제 언어 전달에서 어떤 오용이 자주 일어난다면, 전달에 적지 않은 장애를 줄 것이다. 오용 정정의 정답률은 3학년과 4학년을 합한 것이며(〈표3〉), 오용의 비중은 이해도, 불쾌도, 자연도를 합한 평균득점이다(〈표4〉).

〈표5〉는 '정답률과 비중에 의한 순위'를 나타낸다. 〈표5〉에서 보면, 정답률이 높은 것은 1점, 낮은 것은 3점, 그 중간은 2점으로 해서 3단계로 나누었다. 그리고 비중이 높은 것은 3점, 낮은 것은 1점, 그 중간은 2점으로 해서 3단계로 나누었다. 이렇게 각 문제의 정답률과 비중의 점수를 더해서 5단계(A, B, C, D, E)로 분류했다. 이는 실제 응용에서는 A·B, C, D·E의 3단계 등으로 분류할 수도 있겠다. 즉 그룹Ⅰ(문5, 9, 10, 11, 12, 15, 16, 17), 그룹Ⅱ(문1, 4, 8), 그룹Ⅲ(문2, 3, 6, 7, 13, 14, 18)의 순이다.

〈표5〉 정답률과 비중에 의한 순위

<table>
<tr><th></th><th colspan="2">1점</th><th colspan="2">2점</th><th colspan="2">3점</th></tr>
<tr><td rowspan="2">정답률에 의한 분류(〈표3〉)</td><td colspan="2">높다</td><td colspan="2">중간</td><td colspan="2">낮다</td></tr>
<tr><td colspan="2">문4, 5, 10, 15, 16, 17</td><td colspan="2">문7, 8, 9, 11, 12, 14</td><td colspan="2">문1, 2, 3, 6, 13, 18</td></tr>
<tr><td rowspan="2">비중에 의한 분류(〈표4〉)</td><td colspan="2">낮다</td><td colspan="2">중간</td><td colspan="2">높다</td></tr>
<tr><td colspan="2">문1, 9, 10, 11, 12, 16</td><td colspan="2">문2, 5, 8, 13, 15, 17</td><td colspan="2">문3, 4, 6, 7, 14, 18</td></tr>
<tr><td rowspan="2">5단계 분류 (정답률+비중)</td><td>A(2점)</td><td colspan="2">B(3점)</td><td>C(4점)</td><td>D(5점)</td><td>E(6점)</td></tr>
<tr><td>문10, 16</td><td colspan="2">문5, 9, 11, 12, 15, 17</td><td>문1, 4, 8</td><td>문2, 7, 13, 14</td><td>문3, 6, 18</td></tr>
</table>

5. 맺는 말

본 연구에서는 한·일어 대조분석상의 학습 곤란점이, 실제 한국인 일본어학습자에게 어느 정도 곤란한지, 그에 대한 학습자의 오용과, 언어 전달(서면)상에서 수신자의 평가에 의한 오용 비중을 살펴보았다. 그리고 정답률과 비중에 의한 교수·학습의 우선순위를 생각해 보았다.

(1) 한·일어 대조분석상의 학습 곤란점은 학습 시간에 따라 어느 정도 학습이 되고 있으나, 정정의 정답률이 50% 이하로 학습에 어려움을 나타내고 있다.

(2) 오용의 비중은 자연도, 불쾌도, 이해도 순서로 엄하게 평

가하고 있다. 기준별 비중이 높은 것을 보면, 이해도는 문4, 18, 2, 불쾌도는 문7, 14, 18, 자연도는 문4, 7, 18 등이다. 그리고 기준별 비중의 차이는 있으나, 그 순서에 있어서 문2, 4, 7를 제외하고는 큰 차이가 없다.

(3) 오용의 난이도(오답률)와 비중은 일정한 상관관계가 없다고 할 수 있다.

(4) 오용 정정의 정답률과 비중을 고려한 교수·학습의 우선순위는, 그룹Ⅰ(문5, 9, 10, 11, 12, 15, 16, 17), 그룹Ⅱ(문1, 4, 8), 그룹Ⅲ(문2, 3, 6, 13, 14, 18)의 순서이다.

〈주〉

1) 한·일어 대조분석에 관한 자세한 문헌은, 国立国語研究所(1997)의 『日本語と外国語との対照研究Ⅳ 日本語と朝鮮語 上巻 研究論文編』과 『日本語と外国語との対照研究Ⅳ 日本語と朝鮮語 下巻 研究論文編』을 참조.

2) 참여자의 전공 내역은 언어학 10명, 일본어교육 9명, 일본문학 4명, 일본어·일본문학 2명, 일본어·일본문화 1명, 일본어학 1명, 철학 1명이다.

〈참고문헌〉

- 黃燦鎬외 3명(1993)『韓日語 對照分析』, 明志出版社
- 梅田博之(1980)「朝鮮語を母語とする学習者のための日本語教材作成上の問題点」『日本語教育』40号, 日本語教育学会, pp. 35-46
- 生越直樹(1996)「朝鮮語との対照」『日本語学-日本語学の世界-』15号, 明治書院
- 森岡健二他3人(編)(1984)『講座日本語学10 外国語との対照Ⅰ』, 明治書院
- ______(1982)『講座日本語学11 外国語との対照Ⅱ』, 明治書院
- ______(1982)『講座日本語学12 外国語との対照Ⅲ』, 明治書院

일본어 상급 학습자의 작문에 나타나는 형태상의 오용

1. 들어가는 말
2. 조사 방법
3. 용언＋ない
4. 용언＋[よ]う
5. 동사＋[さ]せる/[ら]れる
6. 용언＋ます/です
7. 용언＋て
8. 용언＋た／たり
9. 용언＋동사
10. 용언＋명사
11. 용언＋ば
12. べき 및 기타
13. 맺는 말

1. 들어가는 말

본고의 목적은, 일본어 상급 학습자의 작문에 나타나는 형태(활용)상의 오용을 조사하는 데에 있다. 현재 일본어교육에서는 구두상의 전달 능력이 중시되고 있지만, 최근에는 메일 등을 통한 서면상의 전달이 활발하게 이루어지고 있어, 문법적으로 정확한 일본어 표현이 보다 절실히 요구되고 있다. 서면상의 전달에서 사소한 형태상의 오용은, 대부분 전달 내용의 이해에는 커다란 영향을 주지 않겠지만, 그 부자연스러움이 상대방(읽는 이)에게 적지 않은 불쾌감을 주리라 생각된다. 그리고 일본어 상급 학습자의 작문에 나타나는 형태상의 오용은, 초·중급 학습자에게도 학습에 주의를 요하는 항목으로 교사의 세심한 지도가 요구되는 항목일 것이다.

2. 조사 방법

2.1 조사 자료

본고에서의 일본어 상급 학습자는, 한국의 대학교에서 일본어를 전공하는 245명(6개 대학의 3·4학년)의 대학생이다. 일본어 작문은 'たばこのこと…'와 '自分の国にある行事やお祭り…'에서 하나를 선택하는 과제 작문으로서, 일본어로 작문하고 한국어 번역을 함께 쓰는 800자 정도의 것이다. 그리고 이 작문은 国立国語研究所(2000)의 '日本語学習者による作文と、その母語訳との対訳データベース'에서 얻은 것이다.

다음은 본고에서 조사 대상으로 한 형태상의 오용을, 교수·학습의 편의를 고려해서 분류한 것이다.

오용의 분류 (번호 체계는 본문과 동일)		오용수	합계
Ⅱ.용언+ない	1.동사+ない	19	27
	2.형용사+ない	6	
	3.형용동사+ない	1	
	4.(기타)+ない	1	
Ⅲ.용언+[よ]う	1.동사+[よ]う	7	7
	2.형용사+[よ]う	-	
	3.형용동사+[よ]う	-	
Ⅳ.동사+[さ]せる/[ら]れる	1.동사+[さ]せる	1	13
	2.동사+[ら]れる	12	

V.용언+ます/です	1.동사+ます	15(11)	26 (25)
	2.형용사+です	3(4)	
	3.형용동사+です	1(10)	
	4.(기타)+ます/です	7	
VI.용언+て	1.동사+て	65(7)	70 (7)
	2.형용사+て	3	
	3.형용동사(で)	2	
VII.용언+た/たり	1.동사+た/たり	18	20
	2.형용사+た/たり	-	
	3.형용동사+た/たり	-	
	4.(기타)+た/たり	2	
VIII.용언+동사	1.동사+동사	42	76 (3)
	2.형용사+동사	19(3)	
	3.형용동사+동사	12	
	4.(기타)+동사	3	
IX.용언+명사	1.동사+명사	21	58
	2.형용사+명사	6	
	3.형용동사+명사	26	
	4.(기타)+명사	5	
X.용언+ば	1.동사+ば	26(1)	27 (2)
	2.형용사+ば	1(1)	
	3.형용동사+ば	-	
XI.べき 및 기타	1.べき	9	53
	2.기타	44	

*( ) 안의 숫자는 각각의 오용 분류와 관련된 오용이다.

2.2 조사 분석 방법

오용은 한 사람의 작문에서 같은 유형의 사례는 하나만 나타냈다. 그리고 오용의 분류에서 '(기타)+…'에 해당하는 내역은 용언 이외의 것이다. 한편 오용 예문의 뒷 부분의 '〈(A)→B〉[C] '에서, A는 오용의 유형을 알기 쉽게 나타낸 것이고, B는 예문의 밑줄 친 오용에 대한 정용(正用)을 나타낸다. C는 작문한 245명의 일련 번호이다.

3. 용언+ない

3.1 동사+ない

'동사+ない'형에서는 '동사(ます형)+ない'의 오용[(2), (4), (8), (11), (12), (14), (17), (19)]이 가장 많이 보인다. 그리고 '동사(기본형)+ない'의 오용[(6), (13), (16), (18)]도 보인다. '동사+ない'형의 오용 예문은 다음과 같다.

(1) たばこを吸はない人が… 〈→吸わない〉 [22]

(2) 生活を営みないところまで… 〈→営まない/(営めない)〉 [36]

(3) 煙草を吸あない。〈→吸わない〉[46]

(4) 他人に被害をやりない…〈(やらない) →与えない〉[68]

(5) 規則を作なければならない…〈→作らなければ〉[70]

(6) けんりがあるから隔てるないが適当…〈→隔てないことが/(禁止しないことが)〉[77]

(7) 〜ことは定まなければならない…〈(定まらなければ) →定めなければ〉[79]

(8) 〜見過ごしなければならない…〈→見過ごさなければ〉[82]

(9) 職場を追いかけらなければなりません…〈→追いかけなければ〉[116]

(10) 自分の意志とはかんけいない、たばこの煙を吸えなければならない。〈→吸わなければ〉[132]

(11) それを持ってきないで、…〈→こないで〉[134]

(12) たばこを吸いないです。〈→吸わない〉[163]

(13) たばこを吸うない人…〈→吸わない〉[175]

(14) 男、女がかかわりないです。〈→かかわらない〉[182]

(15) 権利を尊重なければならない…〈→尊重しなければ〉[197]

(16) 被害を与えるないはんいで…〈→与えない〉[203]

(17) こどもをつくりない女性…〈→つくらない/(つくれない)〉[203]

(18) クリスチャンは言うなくても…〈(言わなく) →言うまでもなく〉[232]

(19) ～吸いないひとは… 〈→吸わない〉 [241]

3.2 형용사＋ない

'형용사＋ない'형에서는 '형용사 어간＋ない'형의 오용 [(3), (6)]이 보인다. '형용사＋ない'형의 오용 예문은 다음과 같다.

(1) 人が苦しくてはありませかと… 〈→苦しくはありません〉 [122]
(2) ～おかしじゃないかと思っている人… 〈→おかしい〉 [134]
(3) たばこはけんこうによないです。〈→よくない〉 [191]
(4) とてもよかないです。〈→よくない〉 [195]
(5) それでは安くではありませんけれども… 〈→簡単ではありません/たやすくはありません〉 [212]
(6) 女性にはあまりたのしなかった日… 〈→たのしくなかった〉 [234]

3.3 형용동사＋ない

'형용동사＋ない'형의 오용 예문은 다음과 같다.

(1) 私は元たばこが好きない。〈(好かない) →好きではない〉 [237]

3.4 (기타)+ない

'(기타)+ない'형의 오용 예문은 다음과 같다.

(1) またすわたいではありません。〈→すいたくありません〉[182]

4. 용언+[よ]う

4.1 동사+[よ]う

'동사+[よ]う'형에서는 '동사(ます형)+[よ]う'의 오용[(2)~(4), (6), (7)]이 대부분이다. '동사+[よ]う'형의 오용 예문은 다음과 같다.

(1) ~取り立てて言ようとするのは…〈→言おう〉[78]
(2) 煤煙を減らしようとする…〈→減らそう〉[85]
(3) ~について話しようとする。〈→話そう〉[116]
(4) 煙草を吸いようか吸えないようかは…〈→吸おう〉[146]
(5) たばこをやめろうと思い…〈→やめよう〉[190]
(6) 良心を取り返しようとする…〈→取り返そう〉[214]

(7) ～として話しようと思います。〈→話そう〉[230]

4.2 형용사+[よ]う

'형용사+[よ]う'형의 오용은 보이지 않는다.

4.3 형용동사+[よ]う

'형용동사+[よ]う'형의 오용은 보이지 않는다.

5. 동사+[さ]せる/[ら]れる

5.1 동사+[さ]せる

'동사+[さ]せる'형의 오용 예문은 다음과 같다.

(1) せんぱいたちがのまされるおおいりょうの…〈→のませる〉[102]

5.2 동사+[ら]れる

'동사+[ら]れる'형에서는 '동사+[ら 탈락]れる'형의 오용

[(1)～(3), (6), (11)]이 보인다. '동사+[ら]れる'형의 오용 예문은 다음과 같다.

(1) 他人にも間接的に被害をこうむれています。〈(こうむられて) →及ぼして/与えて〉 [10]

(2) 自分自身一人で生きれない…〈→生きられない〉 [58]

(3) ～として優勝がきまれることなかでいちばんおおきな点数…〈→きまる〉 [61]

(4) ぜんぶ売り切られました。〈→売り切れました〉 [110]

(5) 第4回目のときはだいぶぶん売り切れされました。〈→売り切れました〉 [114]

(6) どんなふうに感じれるか知りません。〈→感じられる〉 [126]

(7) 気楽にたばこが吸えられるたばこ専用の公間…〈→吸える〉 [129]

(8) 未成年者にはたばこを買われないようしなければ…〈→買えない〉 [168]

(9) たばこをすうれるじゆうなけんり…〈→すえる〉 [188]

(10) 韓国人に神話のように話しされる開天節…〈→話される〉 [207]

(11) 今までしばれた学校…〈→しばられた〉 [230]

(12) どのくらいわかられる。〈→わかる〉 [231]

6. 용언＋ます/です

6.1 동사＋ます

'동사＋ます'형에서는 '1단동사를 5단동사로 잘못 생각한 형＋ます'의 오용[(2)～(7), (9)～(12), (14), (15)]이 대부분이다. '동사＋ます'형의 오용 예문은 다음과 같다.

(1) 問題はここにあるます。〈→あります〉 [23]
(2) ～吸う行動をまねります。〈→まねます〉 [30]
(3) ～がなくなると感じります。〈→感じます〉 [78]
(4) 影響を与えります。〈→与えます〉 [91]
(5) 親交を深めります。〈→深めます〉 [150]
(6) だんだん消えります。〈→消えます〉 [175]
(7) しんせきも会えります。〈→会えます〉 [181]
(8) 香がふくとかみのけにしみいます。〈→しみます〉 [185]
(9) 吸煙がふえります。〈→ふえます〉 [195]
(10) ～悲惨な結末を得ります。〈→得ます〉 [202]
(11) 前より大きい増えります。〈→増えます〉 [206]
(12) 韓服を着りますか…〈→着ます〉 [213]
(13) 鐘を撞きります。〈→撞きます [216]
(14) お正月を迎えります。〈→迎えます〉 [220]
(15) うどん粉を振りかけります。〈→振りかけます〉 [230]

위와 같은 오용은 '조동사 [ら]れる＋ます'형에서도 보인다. 그 오용 예문은 다음과 같다.

(1) ～場合は問題が<u>起られります</u>。〈(起られます) →起ります〉[7]
(2) 現実的で<u>まもられりません</u>。〈(まもられません) →まもられていません〉[205]

그리고 '동사(ます형)＋です'형[(1), (3), (6), (8)]과 '동사 기본형＋です'형의 오용[(2), (4), (5), (7)]도 보인다.

(1) 私はこんなに<u>おもいです</u>。〈→おもいます〉[77]
(2) ～日々が<u>つつけるです</u>から…〈(つつけます) →続きます〉[98]
(3) ちょっと<u>違いです</u>。〈→違います〉[128]
(4) 参席が<u>できるです</u>。〈→できます〉[135]
(5) ～なることを<u>願いてあるです</u>。〈(願いてあります) →願います〉[150]
(6) しんがいすると<u>思いです</u>けど…〈→思います〉[187]
(7) ～縮めると<u>いうです</u>。〈→いいます〉[197]
(8) ～ありがたく思って<u>まつりです</u>。〈→まつります〉[215]

그리고 '동사＋だ'형의 오용 예문은 다음과 같다.

(1) ～禁止するのどハハ思うだと思ハますが、… 〈→考え〉 [244]

6.2 형용사＋です

'형용사＋です'형에서는 '형용사＋ます'의 오용이 보인다. 그 오용 예문은 다음과 같다.

(1) 子どもに悪います。〈→悪いです〉 [151]
(2) とてもくるしいます。〈→くるしいです〉 [175]
(3) 香からめがいたくてはなといたいます。〈→いたいです〉 [185]

위와 같은 오용은 '조동사 ない＋ます'형에서도 보인다. 그 오용 예문은 다음과 같다.

(1) たばこを吸えばならないます。〈→ないです〉 [91]
(2) 葬式はおわらないます。〈→ないです〉 [200]

그리고 '형용사＋だ/である'형의 오용 예문은 다음과 같다.

(1) ～ところが多いであるが、… 〈→多い〉 [48]
(2) 癖になって切るのが難しいだが、… 〈→難しい〉 [239]

6.3 형용동사＋です

‘형용동사＋です’형의 오용 예문은 다음과 같다.

(1) 日本とおなじいです。〈→おなじです〉 [215]

그리고 ‘형용동사 기본형’에서는 ‘형용동사 기본형＋と思う／という’형에서 형용동사의 어미(だ)가 생략된 오용만 보인다. 그 오용 예문은 다음과 같다.

(1) ～自由だから大丈夫と思います。〈→大丈夫だ〉 [7]
(2) それは不可能と思っている。〈→不可能だ〉 [20]
(3) ～としてはだめと思います。〈→だめだ〉 [27]
(4) ～ことが一番好きと思う。〈→好きだ〉 [45]
(5) 一番適当と思う… 〈→適当だ〉 [92]
(6) ～するのが当然と思います。〈→当然だ〉 [127]
(7) ～かんかえるのがひつようと思います。〈→ひつようだ〉 [177]
(8) ～という点で同じと思います。〈→同じだ〉 [211]
(9) ～吸えないもなるでも習慣的ということです。〈(習慣的だ) →習慣だ〉 [212]

그리고 ‘형용동사(연체형)＋だ’형의 오용 예문은 다음과 같다.

(1) つまり建康*は切大なだから… 〈→大切だ〉 [7]

6.4 (기타)＋ます/です

'(기타)＋ます/です' 형에서는 'だろう＋です'의 오용[(2), (4), (5)]이 보인다.

(1) ～かんかえることはできないですこともが… 〈→できない〉 [4]
(2) 人にはとても苦しいだろうです。〈→でしょう〉 [70]
(3) よく食べてよく暮したです。〈→暮しました〉 [118]
(4) ～大変なことだろうです。〈→でしょう〉 [122]
(5) ～じゅうようだろうです。〈→でしょう〉 [160]
(6) ～ために上元だとです。〈→だと言われます〉 [201]
(7) ～ことがありませんですから、… 〈→ませんから〉 [228]

7. 용언+て

7.1 동사+て

7. 1. 1 동사+っ(삽입)+て

'동사+っ(삽입)+て'형에서는 '동사+て'에서 촉음이 삽입된 오용[(2)~(11), (13), (14), (16)~(28), (30), (31)]이 대부분이다. 그리고 '동사(い음편)+て'를 '동사(っ음편)+て'로 활용시킨 오용[(1), (12), (15), (29)]도 보인다. '동사+っ(삽입)+て'형의 오용 예문은 다음과 같다.

(1) ～方へ歩って行きました。〈→歩いて〉[2]
(2) 人が増っていること…〈→増えて〉[7]
(3) たばこを吸いすぎっている…〈→吸いすぎて〉[30]
(4) 人が急に増って…〈→増えて〉[30]
(5) 韓国の錦山に来って、…〈→来て〉[39]
(6) 誰が見っても、…〈→見て〉[42]
(7) 雑煮を煮って…〈→煮て〉[43]
(8) 天を向けって…〈→向けて〉[43]
(9) ～場所ではこどもやあかちゃんもいって…〈→いて〉[45]
(10) ～ことも増加しっている…〈→増加して〉[46]
(11) ～の場所が増えっている。〈→増えて〉[46]

(12) 損失を招っている。〈→招いて〉 [63]

(13) きつえんを禁ずって… 〈→禁じて〉 [74]

(14) ひとりで生きって行く… 〈→生きて〉 [87]

(15) 教師の任用におってお金を使って… 〈→において〉 [109]

(16) 近くに集っていったので… 〈→いた〉 [116]

(17) 11日を記念にしっています。〈→して〉 [125]

(18) 新しい遊びが生ずって、… 〈→生じて〉 [150]

(19) ~場所では禁煙と決めって、… 〈→決めて〉 [170]

(20) かんげいをうけっています。〈→うけて〉 [175]

(21) 伝統のふくをきって… 〈→きて〉 [192]

(22) 吸煙がげんじっています。〈(げんじて) →減って〉 [195]

(23) 日本のおぼんとにっています。〈→にて〉 [198]

(24) あたたかい水をそえって… 〈→そえて〉 [201]

(25) 部分をしめっている。〈→しめて〉 [205]

(26) 認定を受けってあります。〈→受けて〉 [210]

(27) 1年を送れって… 〈→送って〉 [217]

(28) イニシャルを締めって持って… 〈→締めて〉 [222]

(29) ~場合がこんな対立を起っている… 〈→が起きて〉 [227]

(30) 緊張かんがきえって暫く… 〈→(きえて), なくなって〉 [228]

(31) 大衆ミディアで主意をあげって… 〈→あげて〉 [231]

위와 같은 오용은 '조동사 [ら]れる+て'형에서도 보인다.

그 오용 예문은 다음과 같다.

(1) 博物館で展示されって、…〈→展示されて〉[39]
(2) ～ふんいきで行われっています。〈→行われて〉[112]

7. 1. 2 동사＋っ(탈락)＋て

'동사＋っ(탈락)＋て'형에서는 '동사＋て'에서 촉음이 탈락된 오용[(1), (3)～(5), (7)～(9), (12), (14)～(18), (22)～(24), (27), (30), (31), (33), (34)]이 대부분이다. 그리고 '동사(っ음편)＋て'를 '동사(ます형)＋て'로 활용시킨 오용[(6), (10), (11), (13), (21), (29)]도 보인다. '동사＋っ(탈락)＋て'형의 오용 예문은 다음과 같다.

(1) 思考も変わています。〈→変わって〉[7]
(2) ～吸うてあり吸わないあり関係がない…〈(吸っても) →〉[7]
(3) ～育ている子供に…〈→育って〉[17]
(4) 円を成してまわで…〈→まわって〉[40]
(5) ～端に一人ずつ立て、…〈→立って〉[43]
(6) たばこをすいているすがたは…〈→すって〉[44]
(7) 私が知ている…〈→知って〉[44]
(8) 関心が高まている…〈→高まって〉[58]
(9) りょうしんの愛をもらで…〈→もらって〉[64]
(10) たばこを吸いている…〈→吸って〉[78]

(11) 多く吸いていで… 〈→吸って〉 [82]

(12) ひろく広まている… 〈→広まって〉 [89]

(13) ～うずくまってすいている… 〈→すって〉 [89]

(14) ともだちがつくてくれた… 〈→つくって〉 [103]

(15) 長い時間の列を立て待ちますが… 〈(を立って) →になって/をっつくて〉 [108]

(16) ねぎなどぜんぶまじで… 〈(まじって) →まぜて〉 [117]

(17) 他の結婚式側とまじで… 〈→(まじって)/まざって〉 [134]

(18) 私を知ている… 〈→知って〉 [135]

(19) ～禁煙だという標があるでも… 〈→あっても〉 [140]

(20) たばこを吸んでいます。〈→吸って〉 [149]

(21) ～ことを願いてある… 〈→願って〉 [150]

(22) ～混乱に陥てしまう… 〈→陥って〉 [156]

(23) たばこを吸ている… 〈→吸って〉 [160]

(24) それが伝わている… 〈→伝わって〉 [161]

(25) たばこを吸んでいます。〈→吸って〉 [163]

(26) どこへ行くでも… 〈→行っても〉 [175]

(27) 社会にはやくなったらと思て見ます。〈→思って〉 [176]

(28) たばこを吸んでいます。〈→吸って〉 [177]

(29) どんなに思いてみる… 〈→思って〉 [187]

(30) 自分が知で… 〈→知って〉 [189]

(31) おみやげを持てふるさとへ… 〈→持って〉 [192]

(32) ～興がりながら足裏をづづくういで… 〈(つづけてうって) →つづけてたたいて〉 [211]

(33) ～模様で切て置きます。〈→切って〉 [217]

(34) 意見をもています。〈→もって〉 [231]

7. 1. 3 '동사＋て'의 기타

'동사＋て'의 기타형에서는 'ん음편＋て'의 오용[(2), (4), (5)]이 보인다. '동사＋て'의 기타형의 오용 예문은 다음과 같다.

(1) これで酒をかもて… 〈→かもして〉 [80]

(2) 人々が込んている… 〈→込んで〉 [137]

(3) たばこのためにくるしている… 〈→くるしんで〉 [174]

(4) ～しながらたのしんています。〈→たのしんで〉 [198]

(5) ～別れて住んていた… 〈→住んで〉 [233]

7.2 형용사＋て

'형용사＋て'형에서는 '형용사 기본형＋て'의 오용[(1), (2)]이 보인다. '형용사＋て'의 오용 예문은 다음과 같다.

(1) けんこうによくないて… 〈→なくて〉 [185]

(2) 鼻が痛いて困まれません。〈→痛くて〉 [223]

(3) 影響がとても大きて、… 〈→大きくて〉 [243]

7.3 형용동사(で)

'형용동사(で)'형의 오용 예문은 다음과 같다.

(1) においもきらくて、… 〈→きらいで、〉 [69]
(2) わが国にも同じて祭りがあります。〈(同じで) →同じく〉 [217]

8. 용언+た/たり

8.1 동사+た/たり

'동사+た/たり'형에서는 '동사+て'형에서 보이는 촉음이 삽입된 오용[(4), (7), (10)]과 탈락된 오용[(1), (5), (17), (18))], '동사(ます형)'의 오용[(3), (6), (8), (11), (14), (15)]형, '동사 기본형'의 오용[(9), (12), (16)] 등이 보인다. '동사+た/たり'형의 오용 예문은 다음과 같다.

(1) 印象をくれたりもらたり… 〈(もらったり) →うけたり〉 [5]
(2) 昔聞たことがあり… 〈→聞いた〉 [7]
(3) 原動力になりたりします… 〈→なったり〉 [21]

(4) たべものをたべったり… 〈→たべたり〉 [64]

(5) ～上のようにほとんど変わっしまたのは… 〈→しまった〉 [84]

(6) ひをとりたりして… 〈(とったり) →決めたり〉 [106]

(7) えいきょうを受ったのです。〈→受けた〉 [111]

(8) 警告文を作りたり、… 〈→作ったり〉 [128]

(9) たばこを吸うたら… 〈→吸ったら〉 [129]

(10) うしろに追って行っていったら… 〈→いたら〉 [160]

(11) 前に言いたら、… 〈(言ったら) →〉 [166]

(12) たばこを吸うたら、… 〈→吸ったら〉 [168]

(13) お酒を飲たり、… 〈→飲んだり〉 [181]

(14) 一人ですいたり、… 〈→すったり〉 [186]

(15) もしすいたら… 〈→すったら〉 [186]

(16) たばこを吸うたら… 〈→吸ったら〉 [189]

(17) よく疾病になたり、… 〈→なったり〉 [209]

(18) 冬に弱た体力をため… 〈(弱った) →(落ちた)/衰えた〉 [245]

8.2 형용사＋た／たり

'형용사＋た／たり'형의 오용은 보이지 않는다.

8.3 형용동사＋た／たり

'형용동사＋た／たり'형의 오용은 보이지 않는다.

8.4 (기타)+た／たり

'(기타)+た／たり'형에서는 '조동사 ない+た／たり'형의 오용이 보인다. '(기타)+た／たり'형의 오용 예문은 다음과 같다.

(1) もちろんたばこを吸えないたらいいですが、…〈(吸えなかったら) →吸わないなら〉 [86]
(2) ～吸ったり、吸わないたり…〈→吸わなかったり〉 [155]

9. 용언+동사

9.1 동사+동사

'동사+동사'형에서는 '동사(기본형)+동사'형의 오용[(1)～(11), (12)～(16), (17), (20), (26), (30), (32), (33), (36)～(38), (41)]이 많이 보이는데, 특히 'という+동사'형의 오용[(1)～(11)]과 '동사(기본형)+できる'형의 오용[(12)～(16)]이 많다. 그 오용의 예문은 다음과 같다.

(1) 運動会という話すことがあります。〈→いう〉 [61]
(2) ～必要するという思います。〈→思い〉 [74]

(3) ～吸いはじまるというすれば問題が… 〈→吸いはじめるとすれば〉 [78]

(4) ～しゅっせきしていういます。〈→(しゅっせきすると)いい〉 [112]

(5) ～禁止するべきだという言いし、… 〈→いう〉 [127]

(6) ～大移動と言うするまたは… 〈→言う〉 [183]

(7) ～いけません！」という言うから… 〈→いう〉 [189]

(8) とてもいいというはなします。〈→いい〉 [195]

(9) ～という考えそうですけど、… 〈→という考えだそうですけど〉 [196]

(10) ～同じものという思います。〈→思い〉 [202]

(11) この日を「ツンナン」という呼びます。〈→いい/呼び〉 [217]

(12) ～言っていることは思うできない。〈→信じられない/考えられない〉 [46]

(13) みんなさんかするできるどようび… 〈→さんかできる〉 [106]

(14) ～吸ったたばこを切るできない… 〈→やめられない〉 [175]

(15) -～場所ですうできるように … 〈→すえる〉 [187]

(16) ～やすい切るできないように… 〈→やめられない〉 [202]

그리고 '동사(기본형)＋동사'형 이외의 것은 전부 '동사(ます형)＋동사'형의 오용[(18), (19), (21)～(25), (27), (28), (31), (34), (35), (39), (40), (42)]이다. 그 오용 예문은 다

음과 같다.

(17) ～にある喫煙室までなくなるわかりません。〈→なくなるかもしれません〉 [70]

(18) ～判断でおもいしなければなりません。〈→おもわなければ〉 [77]

(19) 一度思い見ることが… 〈→思ってみる〉 [88]

(20) 学校で行なうなった。〈→行なう〉 [104]

(21) 大希望をむねにいだきいる。〈→いだいている〉 [104]

(22) 影響をあたえり得るのです。〈→あたえ得る〉 [107]

(23) 友人の必要性を感じならないように機戒化に… 〈→感じられない機械化された〉 [109]

(24) ～と思いするしだいです。〈→思う〉 [131]

(25) 自分の自由だと話ししでも、… 〈→話しても〉 [139]

(26) たばこを吸う始めたと言って… 〈→吸い始めた〉 [157]

(27) 大変な被害をこうむりなります。〈→こうむります〉 [180]

(28) 病にかかるしゃかいになりわかりません。〈→なるかもしれません〉 [186]

(29) ～場所ではたばこをすあなりません。〈→すってはなりません/すってはいけません〉 [186]

(30) そこでだけ吸えるしてことです。〈→吸えるようにする〉 [189]

(31) ほかの人々までも考えあげますのが… 〈→考えてあげる〉 [196]

(32) つづくしてたばこを吸い…〈→つづけて〉[197]

(33) 家族がぜんぶ会う言いために…〈→会って話す〉[201]

(34) 以前にくらべしてて今日は…〈→くらべて〉[206]

(35) 神話のように話しされる…〈→話される〉[207]

(36) ～興がりながら足裏をづづくういで…〈→つづけてたたいて〉[211]

(37) 前よりしないですけどつづくする人も…〈→つづけて〉[215]

(38) 統制になるしたり、…〈→なったり〉[222]

(39) 人を少しでも思いやりしったら、…〈→(思いやれば)/思いやるなら(ば)〉[235]

(40) ～について考え見ると、…〈→考えてみる〉[243]

(41) あいてを思うすること…〈→思う〉[244]

(42) たばこの香を嗅きなれば、…〈→嗅げば〉[223]

9.2 형용사+동사

'형용사+동사'형에서는 '형용사(기본형)+동사'형의 오용[(1), (3), (6), (7), (10), (12), (13), (15)～(19)]이 많이 보인다. 그리고 '형용사[연용형く(て)]+동사'형의 오용[(2), (4), (5), (8), (9), (11)]이 보인다. '형용사+동사'형의 오용 예문은 다음과 같다.

(1) 柄が長いすぎてとても…〈→長すぎて〉[10]

(2) 人たちをもっともうれしくてします。〈→楽しませます〉
[39]

(3) 近いいる人、… 〈→近くに〉 [46]

(4) 気もちをわるくてしないで、… 〈→わるくしないで〉 [60]

(5) ～許すのにありがたく思って… 〈→ありがたいと〉 [92]

(6) 呼吸困難をしていたいしていないんじゃありませんか。
〈→いたりするのでは〉 [126]

(7) ～買いにくいするほうが… 〈→買いにくく〉 [137]

(8) ほんとうにうれしく思いました。〈→うれしいと〉 [141]

(9) どんどん少なってなること… 〈→少なくなる〉 [159]

(10) やすいせつするから… 〈(やすく) →簡単に/たやすく〉
[185]

(11) 女性の吸煙はわるくておもいます。〈→わるいとおもい〉
[186]

(12) ～ことがもっといい思っています。〈→いいと思って〉
[189]

(13) とおい住い家族が… 〈→とおくに〉 [201]

(14) やすい切るできないように作ります。〈(やすく) →簡単に
/たやすく〉 [202]

(15) 頭をいたいしで… 〈→いためて〉 [203]

(16) 青少年などと大きい吸います。〈(大きく) →多く(の人
が)〉 [206]

(17) 新正が新しい年をよい行くが… 〈→新正(正月)がよい年
を迎えるための(もの)で〉 [215]

(18) くわしい説明すれば…〈→くわしく〉[218]

(19) ひがいが大いおこります。〈→大きなひがいが及びます/ひがいが多く及びます〉[241]

그리고 '형용사 연용형(く)+동사(になる)'의 오용이 보인다.

(1) 壽命も短くになれる。〈→短く〉[16]

(2) さびしくに立っている場面…〈→さびしく〉[38]

(3) 自由を正しくに使用する…〈→正しく〉[223]

9.3 형용동사+동사

'형용동사[연용형(に)]+…동사'형의 오용[(1)~(10)]이 많이 보인다. '형용동사+동사'형의 오용 예문은 다음과 같다.

(1) 社会的こういう行動採取するのは…〈→社会的に〉[6]

(2) 法的で女性がたばこを吸っては…〈→法的に〉[20]

(3) 結論的で公共場所での喫煙は反対します。〈→結論的に〉[44]

(4) 身体的でも精神的で成熟になくない人が…〈→身体的にも精神的にも〉[74]

(5) 結論的で私はたばこを吸うことに…〈→結論として〉[77]

(6) ～吸えないように法的で定めて…〈→法的に〉[79]

(7) 社会的で相對にあげる…〈→社会的に〉[111]

(8) 現実的でまもられりません。〈(現実的に) →現実には〉[205]

(9) 強制的で遮ろうという考えは…〈→強制的に〉[223]

(10) 伝統的で陰暦の一月一日を…〈(伝統的に) →昔から/古くから〉[234]

(11) たばこを好きのすること…〈→好きな〉[244]

(12) 人に對して不正的に思いました。〈→不正的だと〉[177]

9.4 (기타)+동사

'(기타)+동사'형의 오용 예문은 다음과 같다.

(1) ～吸うてあり吸わないあり関係がない…〈→吸っても吸わなくても〉[7]

(2) ～をFDAに一任したすることで…〈→一任した〉[15]

(3) 人間に役に立てたいして、父に頼まれて…〈→の, 立ちたくて〉[17]

10. 용언＋명사

10.1 동사＋명사

'동사＋명사'형에서는 '동사(ます형)＋명사'형의 오용[(1)～(9), (11)～(15), (17)～(21)]이 대부분이다. 이 경우 예문 (2)～(8)의 경우는, 동사가 '(ま)ちがう'인데, 이는 연용형[(ま)ちがい]이 형용사의 어미와 같아서, 형용사로 잘못 생각하고 쓴 것 같다. '동사＋명사'형의 오용 예문은 다음과 같다.

(1) 人勸をむししきりのことだと思います。〈→むししきっている〉[27]

(2) このときにまちがい喫煙は… 〈→まちがった〉[75]

(3) ははのまちがい行動… 〈→まちがった〉[78]

(4) ちょっと違いかごを乗って… 〈→違う〉[84]

(5) ～ちがいことはあるのが… 〈→ちがう〉[135]

(6) 韓国とのちがいてんは… 〈→ちがう〉[198]

(7) 他国とちがい陽曆… 〈→ちがう〉[217]

(8) 問違い行動だと思います。〈→間違った〉[225]

(9) 私か思いことは… 〈→思う〉[91]

(10) 人々があつまって昼ごはんをたべのたのしみは… 〈→たべる/たべた〉[61]

(11) もちにちをえらびためにてらや… 〈→えらぶ〉[106]

(12) 觀光、日常生活の休み所でとても大切な場所…〈→休む所/休み場所〉[113]

(13) けんきに住みけんりがいる…〈→住む〉[175]

(14) いつもかんかえはずと思います。〈→かんがえる〉[177]

(15) たばこをすい人は…〈→すう〉[187]

(16) そこでだけ吸えるしてことです。〈→吸えるようにすること〉[189]

(17) たばこを吸い人が大きい。〈→吸う〉[206]

(18) 自身の自由を考えのが、…〈→考える〉[223]

(19) ～をわかってとめようとすのに…〈→する〉[85]

(20) もちにちをえらびために…〈→えらぶ〉[106]

(21) ぜんぶ会う言いためにとても楽です。〈→会い話す/会い話をする〉[201]

10.2 형용사＋명사

‘형용사＋명사’형에서는 ‘형용사를 형용동사로＋명사’형의 오용[(1), (6)]이 보인다. ‘형용사＋명사’형의 오용 예문은 다음과 같다.

(1) もっともおとこらしく、すばらしくために…〈→すばらしい〉[38]

(2) 呼吸已がよわいなこどもや…〈→よわい〉[45]

(3) 一年の中で一番明かるので…〈→明るい〉[108]

(4) ジャガルチの大きの長点は… 〈→大きい〉 [113]

(5) ～するのはむずかしことです。〈→むずかしい〉 [184]

(6) けむりに弱いな人々… 〈→弱い〉 [244]

10.3 형용동사＋명사

'형용동사＋명사'형에서는 '형용동사의 어간＋명사'형의 오용[(1)～(9), (17)～(21)]이 많다. 이 가운데 'きらい／きれい＋명사'형의 오용[(1)～(9)]과, '형용동사(的)＋명사'형의 오용[(19)～(21)]이 많다. 한편 예문(10)～(16)은 'きれい＋조사'형이지만, 예문(1)～(9)의 오용 원인[きれい(형용동사 어간)를 형용사 기본형으로 잘못 사용함]과 같아서 여기서 제시했다. 그 오용 예문은 다음과 같다.

(1) ～嫌いのならたばこのけむりを… 〈→嫌い(なの)〉 [22]

(2) とてもきらい人… 〈→きらいな〉 [140]

(3) けむりがきれいとき… 〈→きらいな〉 [149]

(4) それがきらいのは… 〈→きらいな〉 [176]

(5) たばこがきらい人… 〈→きらいな〉 [180]

(6) ～すうときらいのことです。〈→きらいになります〉 [182]

(7) ～吸わない人もきれい空気を… 〈→きれいな〉 [188]

(8) たばこがきらいりゆう… 〈→きらいな〉 [191]

(9) 香りをきらい人… 〈→きらいな〉 [223]

(10) 臭いも嫌いので… 〈→嫌いな〉 [46]

(11) そのにおいも嫌*いし、… 〈→嫌いだ〉 [23]

(12) においがきらいから… 〈→きらいだ〉 [126]

(13) においが本当にきらいからです。〈→きらいだ〉 [140]

(14) 煙をきらいからです。〈→きらいだ〉 [182]

(15) 私がきらいとして、… 〈→きらいだからといって〉 [223]

(16) 臭いがきらいので… 〈→きらいな〉 [237]

(17) けんき時に守とる方が… 〈→けんきな〉 [7]

(18) ～禁止するのは当然のだ。〈→当然な〉 [129]

(19) 大きい国家的の行事… 〈→国家的(な)〉 [40]

(20) 社会的の問題で… 〈→社会的(な)〉 [94]

(21) こじんてきのもんだいです。〈→こじんてきな〉 [194]

그리고 '형용동사(同じだ)＋명사'의 경우에 일어나는 여러 형태의 오용[(22)～(26)]이 보인다. 그 오용 예문은 다음과 같다.

(22) ～同じなものではない… 〈→同じ〉 [120]

(23) 紅茶などと同じで気好品で、… 〈→同じ〉 [157]

(24) ～おなじい東南アジアです… 〈→おなじ〉 [198]

(25) 同じいおかね… 〈→同じく〉 [200]

(26) わが国にも同じて祭りがあります。〈→同じ〉 [217]

10.4 (기타)＋명사

‘(기타)＋명사’형에서는 ‘いろいろ＋の＋명사’형의 오용[(1)～(4)]이 보인다. ‘(기타)＋명사’형의 오용 예문은 다음과 같다.

(1) 肺などのいろいろの器官に… 〈→いろいろな〉 [32]
(2) いろいろの悪影響を及ぼせる… 〈→いろいろな〉 [50]
(3) いろいろの規制をして… 〈→いろいろな〉 [75]
(4) いろいろの異なる気管支… 〈→いろいろな〉 [89]
(5) たばこについた広告もふやしている。〈→についての〉 [48]

11. 용언＋ば

11.1 동사＋ば

‘동사＋ば’형에서는 ‘동사＋れ(삽입)＋ば’형’의 오용[(1), (6), (12), (14), (19), (20), (23), (25), (26)]과 ‘동사＋れ(탈락)＋ば’형’의 오용[(8), (9), (11), (21), (24)]이 보인다. 그리고 ‘동사(어미う)→동사(어미わ)＋れば’형’의 오

용[(2), (8), (13)]과 '동사(어미す)→する동사 가정형(すれば)'형'의 오용[(7), (15), (22)]이 보인다. '동사+ば'형의 오용 예문은 다음과 같다.

(1) 影響を考えば…〈→考えれば〉[22]
(2) たばこをすわれば…〈→すえば〉[27]
(3) 煙草を吸れば、…〈→吸えば〉[46]
(4) 煙草をすいれば…〈→すえば〉[55]
(5) ～ありえないことにならば、…〈→なれば〉[60]
(6) 被害を与えば…〈→与えれば〉[72]
(7) 意見を話すれば、…〈→話せば〉[73]
(8) たばこをすわれば…〈(すえば) →すえれば〉[73]
(9) ～について偏見をもてればいけない…〈→もっては/(もてば)〉[91]
(10) けんこうをそこなれば…〈→そこなっては/(そこなえば)〉[91]
(11) たばこを吸えれば相手方に…〈→吸えば〉[91]
(12) いけんを折衝がらまれて申し合わせば…〈→申し合わせれば〉[91]
(13) 自信の健康を思われば、…〈→思えば〉[94]
(14) 時間が流れば流れるほど…〈→流れれば〉[124]
(15) 両親が許すれば婚約したり…〈→許せば〉[153]
(16) 論理どおりにならば…〈→なれば〉[176]
(17) たばこを公共の場所ではすれば…〈→すえば〉[185]

(18) ～すう人がいるれば…〈→いれば〉[185]

(19) ～ことがちゅうどくできば…〈(できれば) →になれば〉[195]

(20) 習慣だけ入れれば健康にも…〈(入れれば) →身につければ〉[212]

(21) 公共の場所にいったくれば着物でたばこの…〈→いってくれば〉[212]

(22) 権利を話すれば…〈→話せば〉[212]

(23) 自然かんきょうを考えば、…〈→考えれば〉[214]

(24) 一度故郷は行ければ…〈→行けば〉[220]

(25) 喫煙室を設けば…〈→設ければ〉[225]

(26) ～遅くれば警察がオートバイで…〈→(遅れれば)/遅れそうになれば〉[222]

위와 같은 오용은 '조동사 [ら]れる＋ば'형에서도 보인다. 그 오용 예문은 다음과 같다.

(1) ～すごいだとみらればだめだ…〈→みられれば〉[163]

11.2 형용사＋ば

'형용사＋ば'형의 오용 예문은 다음과 같다.

(1) 行事がないれば…〈→なければ〉[162]

위와 같은 오용은 '조동사 ない＋ば'형에서도 보인다. 그 오용 예문은 다음과 같다.

(1) ～ちゅういしなけらばならない… 〈→ちゅういしなければ〉 [70]

11.3 형용동사＋ば

'형용동사＋ば'형의 오용은 보이지 않는다.

12. べき 및 기타

12.1 べき

'べき'형에서는 'べき＋명사'형의 오용[(2)～(5)]과 'べき의 부정형'의 오용[(6), (9)]이 보인다. 'べき'형의 오용 예문은 다음과 같다.

(1) 少数ががまんすべきのようなやり方… 〈→す(る)べきという〉 [27]

(2) ～盛んになるべきの時期… 〈→べき〉 [29]

(3) 尊敬すべきな人…〈→べき〉[109]

(4) ～広告できないようにするべきだの意見に…〈→す(る)べきだという〉

(5) わたしたちが思うべきなことは…〈→べき〉[155]

(6) 法規というのは法規だけでたてるはないべきです。〈→だけではいけないものです〉[160]

(7) 影響についてよく知れるようべきします。〈→す(る)べきです〉[189]

(8) 人々を拝礼べきような道徳性…〈→すべきという〉[199]

(9) 私がたばこを吸って見ないべき、そんな人々をりかいするのは…〈→みなければ〉[214]

12.2 기타

기타 형태상의 오용에는 '용언+から'형의 오용[(17), (19), (22), (25), (39)]과 '용언+そうだ／ようだ'형의 오용[(5), (9), (13), (16), (42)]이 보인다. 그 밖의 오용 예문은 다음과 같다.

(1) たばこをすうながらほかの人の自由を…〈→すい〉[4]

(2) それのためな最小の努力だけと社会的反省が…〈→ために〉[22]

(3) ～という心が生じかもしれない。〈→生じる〉[47]

(4) 煙草の会社ではきらがるが、…〈(きらいがる) →いやが

る〉[48]

(5) ゼロに近くようになっているつつある。〈(近いように) → 近い状態(状況)に〉[58]

(6) ～を悪いというは思うではありません、…〈→思いはしません/思うのではありません〉[74]

(7) ～すいたいとおもいはありません。〈→おもいはしません〉[68]

(8) ～楽しいさえするのはない。〈→楽しいばかりではない〉[80]

(9) 人はいなさそうです。〈→いなそうです〉[87]

(10) ～ために労力しないなければならない。〈→努力しなければ〉[104]

(11) 農業中心の社会で商工業中心に変えりながら…〈→変わりながら〉[116]

(12) それはゆうめいしひろがってあるので…〈→ゆうめいだし〉[117]

(13) 前から言いように、…〈→言うように〉[127]

(14) 充分に守られていないようとおもいます。〈→ように〉[130]

(15) 自分の自由だと話ししでも、…〈→話しても/話をしても〉[139]

(16) もっと危ないそうなテレビ…〈→危なそうな〉[140]

(17) 原則に食い違いからです。〈→食い違う〉[143]

(18) きもちわるいことらしとおもいます。〈→だ〉[149]

(19) 遊*びに興味を取りませからです。〈→なくした〉[150]

(20) 他の人々も飲んたくないたばこ…〈→吸いたく〉[157]

(21) あまりおおぜくあいません。〈(おおぜいありません)→おおくありません〉[162]

(22) ～悪いえいきょうをもらいから…〈→及ぼす/与える〉[177]

(23) またすわたいではありません。〈→すいたくありません〉[182]

(24) 彼がすきなとすうと…〈→すきなら〉[182]

(25) 反対をたくさんしからです。〈→する〉[182]

(26) 15日間が過きとたこを揚げません。〈→過ぎたら/過ぎれば〉[183]

(27) たばこは中毒*がなりるから…〈→なる〉[185]

(28) ～とかんがえをできません。〈→かんがえることができません/かんがえられません〉[186]

(29) 悪い影響についてよく知れるようべきします。〈→知られるようにするべきです/知らせるべきです〉[189]

(30) ～でもすわなさいと言いません。〈→すってはいけない/すうな〉[193]

(31) わたしはたばこを吸いじゃありません。〈→吸いはしません〉[195]

(32) 吸煙はとうぜんにこんぜつになろうすると思います。〈→こんぜつされるべきだ〉[195]

(33) おさけをのりながらはなしをします。〈→のみながら〉[198]

(34) 祝祭と表現しれたいあります。〈→も言えます〉[200]

(35) たばこを吸うと話しと… 〈→言い、〉[212]

(36) 健康にもよくとなりの人にもよくと思います。〈→よい〉[212]

(38) 11月11日になってぺぺろはよくおられます。〈→うれます〉[218]

(39) 生活がいそがしからです。〈→いそがしい〉[220]

(40) ~なれば、鼻が痛いて困まれません。〈→困まります〉[223]

(41) これは民族大移動というもします。〈→もいいます/いいもします〉[233]

(42) 電車などはたばこを吸えようところをじゅうびする… 〈→吸える〉[242]

(43) 時々たばこをすうたハです。〈→すいたい〉[244]

(41) 煙草を吸いようか吸えないようかは… 〈(吸えなかろう)→吸うまい〉[146]

13. 맺는 말

본고에서는 일본어 상급 학습자의 작문에 나타나는 형태상의 오용에 대하여 살펴보았다. 그 주요한 결과는 다음과 같다.

(1) '용언+ない'형에서는 '동사(ます형)+ない'의 오용이 대부분이며, '동사 기본형+ない'의 오용도 보인다.
(2) '용언+[よ]う'형에서는 '동사(ます형)+[よ]う'의 오용이 많다.
(3) '동사+[さ]せる'형의 오용은 거의 보이지 않으며, '동사+[ら]れる'형에서는 '동사+[ら 탈락]れる'형의 오용이 나타난다.
(4) '용언+です/ます'형에서, 동사의 경우는 '1단동사를 5단동사로 잘못 생각한 형+ます', '동사(ます형)+です', '동사 기본형+です'의 오용, 형용사의 경우는 '형용사+ます'와 '형용사+だ/である'의 오용, 형용동사의 경우는 '형용동사 기본형(だ 탈락)+と思う/という'의 오용, 그 밖의 경우는 'だろう+です'의 오용이 있다.
(5) '용언+て'형에서는 '동사+て'에서 촉음이 삽입·탈락된 오용이 대부분이며, '동사 (い음편)+て'를 '동사(っ음편)+て'로, '동사(っ음편)+て'를 '동사(ます형)+て'로 활용시킨 오용도 보인다.
(6) '용언+た/たり'형에서는 '동사+て'형에서 보이는 촉음

이 삽입·탈락된 오용과 '동사(ます형)+た／たり'의 오용, '동사 기본형+た／たり'의 오용이 있다.

(7) '용언+동사'형에서 동사의 경우는 '동사(기본형)+동사'의 오용이 많으며, 특히 'という+동사'의 오용과 '동사(기본형)+できる'의 오용이 많다. 그리고 '동사(ます형)+동사'의 오용도 많이 보인다. 형용사의 경우는 '형용사(기본형) +동사'의 오용이 많으며, '형용사[연용형く(て)]+동사'의 오용도 보인다. 형용동사의 경우는 '형용동사[연용형(に)]+…동사'의 오용이 많다.

(8) '용언+명사'형에서 동사의 경우는 '동사(ます형, 특히 (ま)ちがい)+동사'의 오용이 많으며, 형용동사의 경우는 '형용동사의 어간(특히 きらい, -的)+명사'형의 오용이 많으며, '형용동사(同じだ)+명사'의 여러 오용도 보인다. 그밖에 'いろいろ+の+명사'형의 오용이 보인다.

(9) '용언+ば'형에서는 '동사+れ(삽입·탈락)+ば'의 오용이 많으며, 어미가 う·す로 끝나는 동사의 오용도 나타난다.

(10) 'べき'형에서는 'べき+명사'의 오용과 'べき의 부정형'의 오용이 보인다. 그리고 기타 형태상에서는 '용언+から'형의 오용과 '용언+そうだ／ようだ'형의 오용 등이 보인다.

위의 결과에서는, 일반적으로 상급 학습자에게는 초급 단계의 형태상 오용이 많이 나타나지 않을 것이라는 예상과는 달리 여러 종류의 오용이 나타나고 있다는 점과, 특히 '동사의 음편형',

'용언(특히 동사)+동사', '용언(주로 동사, 형용동사)+명사'의 오용이 많이 나타나는 것을 알 수 있다.

끝으로 본고에서는 상급 학습자의 형태상 오용에 대한 현상 조사에 머물렀지만, 이에 대한 원인 분석은 금후의 과제로 하고 싶다. 이는 본고의 결과만으로는 오용의 근본적인 원인을 정확히 파악할 수 없기 때문이다. 이를 위해서는 초급, 중급, 상급 학습자에게 공통된 오용의 종류인지, 어떠한 교수·학습의 방법을 취했는지, 작문(또는 회화)상의 특징인지, 등을 고려한 연구가 병행되어야 하고, 다양한 테스트를 통한 오용의 추출이 있어서 비로소 가능하기 때문이다.

조사 오용의 평가

1. 들어가는 말
2. 조사 방법
3. 결과 및 고찰
4. 맺는 말

1. 들어가는 말

본고는 오용 평가에 관한 실험적인 연구이다. 오용 평가란, 오용의 중요도를 조사하는, 외국어교육에 직접 응용을 지향하는 실천적인 것이다. 그 이론적 근거는 오용 분석에 있다.[1] 오용 평가에서는 학습 목표에 따라서 어떤 오용을, 누가, 어떤 기준으로 판단하는지가 문제된다. 특히 언어전달상에서 오용 평가는 학습자의 모어화자인 교사보다 학습자의 언어전달의 상대인 모어(목표언어)화자의 언어적 직관에 의한 판단이 중요할 것이다.

본고에서는 우선 평가의 재료인 조사의 오용을 조사한다. 그리고 그것을 모어화자와 비모어화자에게 이해도(오용이 이해를 방해하는 정도)와 자연도(오용이 일본어로서 부자연스러운 정도)의 관점에서 판단하게 한다. 구체적으로는 다음의 3가지 사항을 조사한다.

(1) 일본어학습자(한국어화자)의 조사 오용.
(2) 조사 오용에 대한 모어화자(일본어화자)와 비모어화자(한국어화자인 일본어교사)의 평가.
(3) 조사 오용의 평가에 있어서 모어화자와 비모어화자의 관점 차이.

2. 조사 방법

2.1 조사 I : 일본어학습자의 조사 오용

2. 1. 1 조사 참여자

한국어화자인 일본어학습자〈이하, K라고 한다.〉는 서울의 S대학과 D대학의 일어일문학과 107명을 말한다.[2] 일본어의 학습 시간은 2, 3학년 각각 약 30, 40시간으로,[3] 그 시간 수에 의해서 3, 2학년 순으로 학습 레벨이 높다고 간주한다. 고등학교에서의 일본어 학습력은 거의 없다.

2. 1. 2 재료

K에게 자주 나타나는 조사 오용 46개를 재료로 했다. 이들은 모두 K가 학습한 것이다. 조사 오용은 文化庁의『外国人のための基本語用例辞典』의 용례 문장에 넣어 나타냈다. 그것은 격조사 37(2개는 복합조사), 접속조사 3, 부조사 5, 종조사 1개이다. (〈표9〉, '2. 2. 2'[4]).

2. 1. 3 순서

질문지에는 51문제(5문제는 조사의 신뢰성을 위한 바른 문장)을 무작위로 나열했다. 조사는 1993년 11월에 실시하였다. K에게는 수업 시간에 기입해 받았지만 시간제한 등은 하지 않았다. 그리고 조사(__의 것)가 바르면 ○표, 잘못된 것은 가장 적절하다고 생각되는 형태(하나 만)로 정정하게 하였다.

2. 1. 4 분석 방법

인정률(認定率)은 오용을 어느 정도 인정(정정)할 수 있는지를 말한다. 따라서 이 인정률을 학습 난이도라고 간주해도 좋을 것이다. 인정률이 낮은, 즉 난이도가 높은 것은, 빈도가 높은 것이다. (〈표2〉). 〈표1〉에서 오답(바르게 인정하지 못한 것)에는 무응답을 포함했다. 이는 시간제한 등을 설정하지 않은 조사이기에, 무응답을 모르거나 어렵기 때문에 대답할 수 없었던 것으로 간주했기 때문이다.

2.2 조사II : 조사 오용에 대한 모어화자와 비모어화자의 평가

2. 2. 1 조사 참여자

모어화자(일본어화자)〈이하, NS라고 한다.〉는, 도쿄의 대학에서 국어(일본어)또는 국문학(일본문학)을 전공하는 25명이다.[5] 전원 한국어 학습력 및 한국인과 일본어로 이야기한 경험은 거의 없다. 비모어화자(한국어화자인 일본어교사)〈이하, NNS라고 한다.〉는 한국의 대학 또는 고등학교에서 제2외국어로서 일본어를 가르치고 있는 교사 26명이다.[6] 그 내역은 대학 교원 17명,

고등학교 교원 9명이다. 교사의 경험 연수는 평균 4.2년(0.5~10년)이다. 대부분 일본 유학 경험은 없다.

2.2.2 재료

조사 I 에서 2, 3학년을 합쳐서 인정률이 80%이상[7]인 11문제를 제외한 35문제이다(〈표2〉). 평가 재료는 각각의 문제에서 오용을 바르게 인정하지 못한 것 중에서 가장 빈도가 높은 것(〈표2〉에서 ○표의 것)을 대상으로 했다.

2.2.3 순서

질문지에는 __에 오용이 있는 35문제를 무작위로 나열했다. 조사는 1994년 1월(NS)과 4월(NNS)에 실시했다. 각 개인에게 의뢰하고 직접 회수하였다. 회수율은 NS, NNS 각각 93, 96%이다. 조사에서는 다음과 같은 지시를 하였다.

> 1~35문장 전체를 읽은 후에, ① 각 문장의 __의 오용에 대해서 가장 적절한 형태를 하나만 ( ) 안에 써주세요. ② 그리고 각 문장의 오용에 대해서 이해도와 자연도의 관점에서 자신의 판단을 0%, 25%, 50%, 75%, 100% 중에서 하나를 골라 ○표 해주세요.

양 화자가 어떻게 인정하고, 판단했는지 알 수 있도록, 가장 적절한 형태를 쓰게 했다. 이해도와 자연도의 5단계 척도는 다음과 같이 나타냈다.

전혀 이해할 수 없다 0%, 25%, 50%, 75%, 100% 완전히 이해할 수 있다
극히 부자연스럽다 0%, 25%, 50%, 75%, 100% 완전히 자연스럽다

2.2.4 분석 방법

이해도와 자연도의 평균득점은 각각 척도치의 백분율을 더해서 얻어진 것이다. 그리고 여기서 오용의 중요도란 두 기준의 평균득점을 더해서 얻은 것으로 평균득점(최저0, 최고100)이 낮을수록 이해할 수 없는, 부자연스러운 것을 나타낸다. 즉, 보다 중요도가 있는(엄하게 평가하고 있다)것을 나타낸다. 〈표3〉에서의 정답(+표시)은 K가 의도했다고 생각되는 것과 일치한 것으로 한다. 오답에는 무응답을 포함했다.(〈표4〉). 그것은 시간제한을 하지 않은 조사이므로 무응답을, K의 의도를 알 수 없기 때문에 인정할 수 없었다고 간주했기 때문이다. 이해도와 자연도는 정답에서 생각했다. 그리고 〈표7〉, 〈표8〉, 〈표10〉에서는 NS와 NNS의 평가에 대한 유의성을 조사하기 위해 t검정을 사용했다.

3. 결과 및 고찰

3.1 조사 I 에 대해서

〈표1〉에서 알 수 있듯이 인정률은 학습 레벨이 높은 3학년이 21% 정도 높다. 그리고 〈표2〉에서 알 수 있듯이 문제 문장에서 학습 레벨에 의한 인정률 차이가 큰 것은 문6, 11, 9, 18, 33, 5, 35(30% 이하) 순이다. 차이가 작은 것은 문25, 3, 15, 17, 19, 13(10% 이하) 순이다. 문31은 학습 레벨이 높은 쪽이 약간 낮다. 학습 레벨에서 난이도를 보면 2학년은 문6, 1, 5(10% 이하), 3학년은 문3, 1, 4, 2(40% 이하) 순으로 높다. 〈표2〉의 번호는 K의 난이도 순위를 나타내고 있고, 그 중에서 문36~46은 인정률이 80% 이상으로 학습하기 쉬운, 오용 빈도가 낮은 것이라고 생각된다.

〈표1〉 학습 레벨에 따른 오용 인정률

학습 레벨(학년) (인원수)	2학년 (54명)	3학년 (53명)	합계
정답 (%)	41. 3 (52. 9)	62. 4 (67. 9)	51. 9 (60. 4)
오답	58. 7 (47. 1)	37. 6 (32. 1)	48. 2 (39. 6)

주 1) 정답은 〈표2〉(문1～35)에서 +표의 것이다.
2) ( ) 안의 숫자는 문36～46을 포함해서 생각한 것이다.

〈표2〉 문제 문장에서의 오용 인정과 난이도

번호	문제 문장 (___의 부분은 오용)	인정의 유형	2 학년 54명	3 학년 53명	인정률(난이도) 〈%〉 2 학년	3 학년	합계
1 17	ごはんのしたくができる ＿と＿私をよんでください。	＋できたら	3	17	5. 6 (2)	32. 1 (2)	18. 9 (1)
		できれば	2	3			
		できるなら	2	3			
		Ø	2	－			
		○	39	27			
		무답	6	3			
2 8	ちょっとお待っ ＿て＿くださいませんか。	＋お待ち	7	19	13. 0 (4)	35. 8 (4)	24. 4 (2)
		Ø	3	3			
		になって	－	2			
		○	44	26			
		무답	－	3			
3 31	象はあつい国 ＿＿＿しかいない。	＋に	13	14	24. 1 (9)	26. 4 (1)	25. 3 (3)
		で	5	8			
		だけ	2	2			
		○	15	23			
		기타/무답	8/11	3/3			
4 12	必ずお会いできるもの ＿に＿信じております。	＋と	10	18	18. 5 (8)	34. 0 (3)	26. 3 (4)
		を	8	6			
		で	5	5			
		Ø	3	－			
		として	－	2			
		○	21	18			
		기타/무답	1/6	2/2			

5	わたしは留学生	＋として	5	23	9.3	43.4	26.4
26	__で__来ました。	に	6	6	(3)	(5)	(5)
		○	39	21			
		기타/무답	1/3	1/2			
6	その話しは聞けば、	＋によって	2	26	3.7	49.1	26.4
2	人__にしたがって__はお	にとって	2	4	(1)	(9)	(5)
	こるかもしれない。	Ø	2	–			
		○	37	18			
		기타/무답	2/9	3/2			
7	この外国人はこれ__ほど	＋ぐらい	9	24	16.7	45.3	31.0
24	__の本はらくに読めます。	Ø	3	–	(5)	(7)	(7)
		○	39	28			
		무답	3	1			
8	電車がとまれ__ば__、	＋と	15	23	27.8	43.4	35.6
11	のっていた人がおり始め	たら	1	12	(11)	(5)	(8)
	た。	Ø	5	3			
		○	25	12			
		기타/무답	5/3	1/2			
9	すわって__だけ__いない	＋ばかり	9	29	16.7	54.7	35.7
18	で、たまには運動しなさ	しか	4	6	(5)	(14)	(9)
	い。	Ø	11	4			
		○	24	11			
		기타/무답	–/6	1/2			
10	子どものけんかです。親	＋ほど	14	27	25.9	50.9	38.4
21	が出て行く__ぐらい__の	Ø	9	5	(10)	(10)	(10)
	ことではありません。	○	20	19			
		기타/무답	2/9	1/1			

11 28	自分のことは自分＿が＿しなさい。	＋で に ø ○ 기타/무답	9 3 3 37 -/2	32 3 - 14 2/2	16. 7 (5)	60. 4 (17)	38. 6 (11)
12 27	お会いしたとき、はじめ＿に＿(は)あなただとはわかりませんでした。	＋ø て で ○ 무답	16 11 5 21 1	28 8 - 16 1	29. 6 (12)	52. 8 (12)	41. 2 (12)
13 6	このえんぴつは3本＿に＿百円です。	＋で ø ○ 기타/무답	22 4 27 -/1	25 6 19 1/2	40. 7 (16)	47. 2 (8)	44. 0 (13)
14 20	「この夏、北海道へいけませんか。」 「そうです＿よ＿。まだ北海道へは行ったことがないから行きたいですね。」	＋ね ø が ○ 기타/무답	16 11 - 21 1/5	33 9 4 7 -/-	29. 6 (12)	62. 3 (18)	46. 0 (14)
15 25	あと＿に＿電話します。	＋で ø ○ 무답	25 10 18 1	27 6 20 -	46. 3 (17)	50. 9 (10)	48. 6 (15)
16 22	自動車が多すぎて、東京の町の中＿で＿歩くのはおそろしいようだ。	＋を に ø ○ 기타/무답	21 3 4 22 -/4	31 3 1 16 1/1	38. 9 (15)	58. 5 (15)	48. 7 (16)

17 33	そんなことは小さな子ども ＿にも＿わかります。	＋でも も Ø さえ ○ 기타/무답	26 12 4 － 8 2/2	28 6 － 3 12 2/2	48. 1 (18)	52. 8 (12)	50. 5 (17)
18 16	きのう雨＿が＿ふられてこまった。	＋に ○ 무답	19 31 4	38 14 1	35. 2 (14)	71. 7 (23)	53. 5 (18)
19 5	これは千円＿に＿買いました。	＋で Ø ○ 기타/무답	29 3 20 1/1	31 － 20 －/2	53. 7 (23)	58. 5 (15)	56. 1 (19)
20 9	何をお待ち＿に＿いたしましょうか。	＋Ø ○ 기타/무답	27 20 1/6	36 16 －/1	50. 0 (19)	67. 9 (20)	59. 0 (20)
21 10	電話か手紙＿に＿お知らせいたします。	＋で Ø か ○ 기타/무답	28 5 2 8 4/7	35 1 3 12 1/1	51. 9 (21)	66. 0 (19)	59. 0 (20)
22 14	去年の夏は友だちと北海道へ旅行＿を＿行きました。	＋に Ø ○ 무답	27 1 24 2	37 2 12 2	50. 0 (19)	69. 8 (22)	59. 9 (22)
23 23	わたしは東京＿で＿住んでいます。	＋に ○ 기타/무답	31 22 1/－	39 12 －/2	57. 4 (25)	73. 6 (25)	65. 5 (23)

24	日本の家はたいてい木	＋で	31	40	57. 4	75. 5	66. 5
4	＿に＿できている。	か	6	3	(25)	(26)	(24)
		から	−	3			
		Ø	2	1			
		○	11	6			
		기타/무답	2/2	−/−			
25	わたしはきのう日本	＋に	36	36	66. 7	67. 9	67. 3
30	＿へ＿着いたばかりです。	で	3	1	(32)	(20)	(25)
		○	12	15			
		기타/무답	1/2	−/1			
26	「ここ＿が＿とこですか。」	＋は	30	42	55. 6	79. 2	67. 4
13	「ここは新宿です。」	Ø	3	2	(24)	(29)	(26)
		に	2	−			
		○	17	9			
		기타/무답	1/1	−/−			
27	わたしのうちは駅＿で＿	＋から	30	37	57. 4	77. 4	67. 4
7	近いです。	＋に	1	4	(25)	(27)	(27)
		Ø	3	−			
		○	16	11			
		기타/무답	2/2	1/−			
28	学生時代の友人＿を＿み	＋に	28	37	51. 9	83. 0	67. 5
19	ちでぐうぜん会った。	＋と	−	7	(21)	(30)	(28)
		○	24	9			
		무답	2	−			
29	戦争でたくさん＿＿人が	＋の	31	45	57. 4	84. 9	71. 2
34	死にました。	○	16	7	(25)	(32)	(29)
		무답	7	1			
30	そこには、本＿と＿新聞	＋や、や	36	41	66. 7	77. 4	72. 1
32	＿と＿ざっしなどがおい	○	17	10	(32)	(27)	(30)
	てある。	무답	1	2			

31 3	大学＿に＿出て会社にはいる。	＋を から で ○ 무답	40 － 3 8 3	38 7 1 7 －	74.1 (35)	71.7 (23)	72.9 (31)
32 35	あの人はお父さん＿と＿似ている。	＋に が ○ 무답	34 7 12 1	44 － 9 －	63.0 (30)	83.0 (30)	73.0 (32)
33 1	あの人は日本人＿が＿ありません。	＋で(は) は ○ 기타/무답	31 2 18 2/1	49 1 3 －/－	57.4 (25)	92.5 (34)	75.0 (33)
34 29	こんなやさしい問題＿を＿わからないのはこまりますね。	＋が ○ 무답	36 17 1	46 7 －	66.7 (32)	86.8 (33)	76.8 (34)
35 15	入学試験＿＿ために、夜おそくまで勉強している。	＋の に ○ 기타/무답	34 4 14 2/1	51 1 1 －/－	63.0 (30)	96.2 (35)	79.6 (35)
36	ここにおかけ＿＿なってください。〈に〉				72.2	88.7	80.5
37	この子は兄弟の中＿に＿いちばんあたまがいい。〈で〉				75.9	88.7	82.3
38	私はアパートにひとり＿＿住んでいます。〈で〉				81.5	83.0	82.3
39	私たちはまいにち学校＿に＿日本語の勉強をしています。〈で〉				94.4	92.5	93.5

40	わたしは、カメラ_を_ほしいです。〈が〉		92.6	94.3	93.5
41	日本へ来る_の_前に、日本語を少し勉強した。〈Ø〉		92.6	96.2	94.4
42	うちで駅_まで_歩きます。〈から〉		94.4	94.3	94.4
43	わたしは医者_が_なるつもりです。〈に〉		92.6	98.1	95.4
44	冬には厚い_の_オーバーを着ます。〈Ø〉		96.3	98.1	97.2
45	わたしは、コーヒー_を_すきです。〈が〉		96.3	98.1	97.2
46	バス_を_乗って会社へかよう。〈に〉		98.1	100	99.1

주 1) 번호 아래의 숫자는 〈표2〉에서의 번호이다.
2) +표는 정답을 나타낸다.
3) ø표는 __ 부분이 없으면 바르다고 인정한 것이다.
4) ○표는 __ 부분이 바르다고 인정한 것이다.
5) '기타'는 2, 3학년 모두 2명 미만이 인정한 것이다.
6) '무답'은 무응답을 나타낸다.
7) 인정률의 ( ) 안의 숫자는 각각의 순위를 나타낸다.
8) 문36~40은 전체(2+3학년)의 인정률이 80% 이상으로, 〈 〉 안의 것은 정답을 나타낸다.

〈표3〉 문제 문장에서의 오용 인정과 중요도

번호	인정의 유형	NS 25명	NNS 26명	평균득점(중요도)					
				이해도		자연도		합계	
				NS	NNS	NS	NNS	NS	NNS
1	＋で(は)	24	26	29.0	74.0	19.0	26.0	24.0	50.0
34	무답	1	－					(1)	(1)
2	＋によって	21	25	32.5	72.0	22.5	39.0	27.5	55.5
6	Ø	1	－					(2)	(4)
	무답	3	1						
3	＋を	24	24	37.5	69.8	26.0	38.5	31.8	54.2
31	から	1	2					(3)	(3)
4	＋で	25	25	39.0	75.0	25,0	45.0	32.0	60.0
24	から	－	1					(4)	(11)
5	＋で	25	26	43.8	82.7	25.0	51.0	34.4	66.9
19								(5)	(20)
6	＋で	23	26	41.3	81.7	28.3	55.8	34.8	68.8
13	Ø	1	－					(6)	(21)
	무답	1	－						
7	＋に	18	9	44.0	72.2	26.0	53.1	35.0	62.7
27	＋から	7	16					(7)	(14)
	が	－	1						
8	＋お待ち	15	24	45.0	78.1	30.0	38.5	37.5	58.3
2	待って	5	1					(8)	(9)
	○	1	－						
	무답	4	1						
9	＋Ø	19	16	46.1	71.7	30.3	32.8	38.2	52.3
20	で	1	－					(9)	(2)
	○	－	3						
	무답	5	7						
10	＋で	24	26	47.0	80.8	30.0	47.1	38.5	64.0
21	にて	1	－					(10)	(16)

11 8	＋とまると とまり とまって とまったら ○ 무답	16 1 2 － 1 5	18 － 1 4 1 2	46. 9	69. 4	39. 1	47. 2	43. 0 (11)	58. 3 (9)
12 4	＋と を で 무답	25 － － －	19 5 1 1	51. 0	72. 4	36. 5	42. 1	43. 8 (12)	57. 3 (6)
13 26	＋は	25	26	54. 0	83. 7	34. 0	61. 0	44. 0 (13)	72. 4 (30)
14 22	＋に をしました	24 1	26 －	56. 5	85. 6	32. 6	51. 9	44. 6 (14)	68. 8 (21)
15 35	＋の	25	26	57. 6	83. 0	35. 2	47. 0	46. 4 (15)	65. 0 (17)
16 18	＋に ○	24 1	26 －	58. 3	76. 0	36. 5	40. 0	47. 4 (16)	58. 0 (7)
17 1	＋できたら できれば できるなら ○ 무답	17 － － 1 7	18 6 1 1 －	59. 4	77. 8	35. 9	50. 0	47. 7 (17)	63. 9 (15)
18 9	＋ばかり しか のみ Ø ○ 무답	22 － 1 － 1 1	20 3 － 1 － 2	58. 0	73. 8	37. 5	42. 1	47. 8 (18)	58. 0 (7)

19	+に	18	23	68.8	88.5	29.2	56.5	49.0	72.5
20	+と	7	1					(19)	(32)
	무답	–	2						
20	+ね	25	25	59.0	68.0	40.0	44.0	49.5	56.0
14	Ø	–	1					(20)	(5)
21	+ほど	22	25	61.4	68.0	40.9	55.2	51.2	61.6
10	までも	1	–					(21)	(13)
	として	–	1						
	무답	2	–						
22	+を	23	26	65.2	84.6	42.0	55.8	53.6	70.2
16	○	2	–					(22)	(23)
23	+に	25	26	70.0	83.7	39.0	59.6	54.5	71.7
23								(23)	(26)
24	+ぐらい	24	26	65.6	72.0	43.8	58.0	54.7	65.0
7	だけ	1	–					(24)	(17)
25	+で	25	26	77.1	76.0	40.0	57.3	58.6	66.7
15								(25)	(19)
26	+として	18	23	68.1	66.7	50.0	53.8	59.1	60.3
5	に	–	2					(26)	(12)
	のために	1	–						
	무답	6	1						
27	+Ø	17	9	68.1	83.3	52.8	61.1	60.5	72.2
12	て	–	9					(27)	(29)
	で	–	5						
	のうち	–	1						
	무답	8	2						
28	+で	23	24	78.3	83.0	51.1	60.4	64.7	71.7
11	○	1	1					(28)	(26)
	무답	1	1						

29	+が	24	24	80. 2	85. 4	58. 3	60. 4	69. 3	72. 9
34	さえ	−	1					(29)	(34)
	무답	1	1						
30	+に	24	26	83. 3	79. 8	61. 5	60. 6	72. 4	70. 2
25	○	1	−					(30)	(23)
31	+に	22	20	79. 8	76. 3	67. 5	65. 8	73. 7	71. 1
3	で	−	3					(31)	(25)
	だけ	−	2						
	무답	3	1						
32	+や、や	17	26	88. 2	87. 5	61. 8	56. 0	75. 0	71. 8
30	が	1	−					(32)	(28)
	○	2	−						
	무답	5	−						
33	+でも	18	17	86. 8	82. 4	75. 0	63. 7	80. 9	73. 1
17	さえ	−	3					(33)	(35)
	にでも	1	1						
	に	1	−						
	も	−	1						
	しか	−	1						
	までも	−	1						
	무답	5	2						
34	+の	23	25	86. 9	87. 5	76. 1	57. 6	81. 5	72. 6
29	○	1	−					(34)	(33)
	무답	1	1						
35	+に	24	26	85. 4	82. 7	79. 2	62. 0	82. 3	72. 4
32	○	1	−					(35)	(30)

주 1) 번호 아래의 숫자는 〈표2〉에서의 번호이다.

2) +표는 정답을 나타낸다.

3) ∅표는 ___의 오용이 없으면 바르다고 인정한 것이다.

4) ○표는 ___의 오용이 바르다고 인정한 것이다.

5) '무답'은 무응답을 나타낸다.

6) ( ) 안의 숫자는 NS와 NNS 각각의 중요도 순위를 나타낸다.

3.2 조사II에 대해서

3. 2. 1 오용의 인정

〈표4〉는 양 화자가, K가 의도했다고 생각되는 것을 어느 정도 헤아려 고쳤는지를 나타낸 것이다. 〈표4〉에서 알 수 있듯이 인정률에서 양 화자는 거의 같다. 그러나 〈표3〉에서 알 수 있듯이 NNS가 바르게 인정할 수 없었던 것 중에는, 조사 용법의 어려움(미습득)에 의한 것도 있다. 특히 문11, 12, 17, 27, 31, 33 등이다. 이들은 조사 I 에서 난이도가 높은 편이다(〈표2〉에서의 문8, 4, 1, 12, 3, 17 등). 양 화자에게 있어서 NS는 문8, 11, 17, 27, 22, NNS는 문27, 9, 33, 11, 17 순으로 인정률이 낮은 편(70% 이하)이다. 문27은 양 화자에 의한 인정률이 가장 낮다. 양 화자의 차이는 특히 문27, 8, 32, 12 순으로 크다(20% 이상).

〈표4〉 NS와 NNS에 의한 오용의 인정률

	NS	NNS
정답 (%)	89.5	90.0
오답 (무응답)	10.5 (6.7)	9.9 (2.7)

3. 2. 2 오용의 중요도

⑴ 오용의 중요도에 대한 태도

〈표5〉에서 알 수 있듯이 척도치의 사용수는 NS, NNS 각각 88,

81% 이상이 4개의 척도치를 사용하고 있어서, 조사의 오용에도 중요도가 있는 것을 잘 나타내고 있다. NS는 NNS보다 사용수 '5'의 비율이 높고, NS가 오용의 중요도를 보다 넓게 판정하고 있다고 생각된다. 그리고 사용수 '3' '4'에서의 양 화자는 척도치 '0%'인 가장 엄한 평가를 피하고 있다.[8)]

〈표5〉 척도치 사용수의 비율

척도치의 사용수	5	4	3	2	1
NS (%)	64.0	24.0	12.0	-	-
NNS	53.8	26.9	19.2	-	-

(2) 척도치의 사용 분포

〈표6〉에서 알 수 있듯이 이해도에서 양 화자는 똑같이 척도치의 백분율이 높을수록 사용률이 높다. 한편 자연도에서 NS는 척도치 '100%', NNS는 척도치 '0%' '100%' 비율이 낮은 편이다. 양 화자는 이해도의 척도치 '100%'(NS〈NNS), 자연도의 척도치 '0%'(NS〉NNS)에서 차이가 가장 크다.

〈표6〉 척도치 사용의 분포

척도치		0%	25%	50%	75%	100%
이해도 (%)	NS	12.2	14.4	21.9	22.3	29.2
	NNS	1.5	5.7	16.2	30.4	46.3
자연도	NS	26.2	21.1	23.1	18.6	11.1
	NNS	14.8	20.2	25.6	25.2	14.2

⑶ 오용의 중요도

〈표7〉에서 알 수 있듯이 NS는 NNS보다 평균득점이 낮고, 엄하게 평가하고 있다. 양 기준에서 같은 경향을 나타내고 (양 화자는 각 기준에서 1% 레벨에서 유의차가 있다.)있지만, 그 차이는 자연도보다 이해도 쪽이 약간 크다. 양 화자는 모두 자연도보다 이해도의 관점에서 관대하게 평가하고 있다.

〈표7〉 오용의 중요도

	오용의 중요도 [평균득점 (표준편차)]		
	이해도	자연도	합계
NS	60.5 (16.60)	41.6 (15.77)	51.1
NNS	78.1 (6.27)	51.3 (9.46)	64.7

〈표3〉에서 알 수 있듯이 양 기준(합계)에 있어서, 양 화자의 평균득점의 차이가 큰 것[9]은 문6, 13, 2, 4, 7, 1, 10 (2 이상) 순이다. 그리고 이해도에 있어서는 문1, 6, 2, 5, 4, 10, 8, 3(30 이상), 자연도에 있어서는 문6, 19, 7, 13, 5(25 이상으로 30 이상인 것은 없다) 순이다. NS에 있어서 양 기준의 평균득점 차이가 큰 것은 문19, 25, 23(30 이상)순으로, NNS에 있어서는 문1이 최고 48로 30 이상[10]이 43%이다. 문1, 2, 3은 양 화자가 모두 상당히 엄하게 평가하고 있다.

⑷ 오용의 중요도 분포

〈표8〉에서 알 수 있듯이 이해도에 있어서 NS, NNS는 각각 C~D, D~E의 범위에서 주로 분포하고, A, A~C의 범위에서는 전혀

분포하고 있지 않다. 한편, 자연도에 있어서 NS, NNS는 각각 B~C, C~D의 범위에서 주로 분포하고 E, A•E의 범위에서는 전혀 분포하고 있지 않다. 여기서는 이해도에서 NNS가 관대하게 평가하고 있는 것과, 자연도에서 양 화자가 양 극단(A, E)의 평가를 피하고 있는 것을 알 수 있다.

〈표8〉 오용의 중요도

평균득점의 범위		A 20.0 미만	B 20.0~40.0	C 40.0~60.0	D 60.0~80.0	E 80.0 이상
이해도 (%)	NS	-	11.4	42.9	28.6	17.1
	NNS	-	-	-	54.3	45.7
자연도	NS	2.9	54.3	25.7	17.1	-
	NNS	-	14.3	62.9	22.9	-

3.2.3 조사 오용의 평가에 있어서 NS와 NNS의 관점 차이

NS는 모두 한국어의 학습력도 없고 한국인과 일본어로 이야기한 경험도 거의 없다. 따라서 NS는 K의 오용을 주로 문제 문장의 의미를 단서로 평가할 것이다. 그리고 NS는 국어·국문학을 전공하고 있어서, 그 관점(보다 정확한 언어 표현의 요구)에서 엄하게 평가하는 것이 예상된다. 그것은 자연도의 관점에서 NS가 NNS보다 엄한 것에서도 알 수 있다(〈표7〉).

한편 NNS는 조사 오용을 학습 과정상의 단순한 문법 오용으로서 관대하게 평가할 것이다. 그리고 NNS는 자신의 학습 경험, K와 같은 모어를 가지고 있기 때문에, 무엇을, 왜 틀렸는지를 거

의 알 수 있을 것이다. 그것은 양 화자가 두 기준에서 평가 차이가 큰 것이, 대부분 K의 모어 간섭에서 일어난 것에서도 알 수 있다('3.3.2의 (3)', 〈표10〉).

3.2.4 오용의 중요도

(1) 오용의 중요도

〈표9〉에서 알 수 있듯이 모든 종류(격조사 や, 부조사 でも를 제외하고)에서 NS는 NNS보다 엄하게 평가하고 있다. 특히 부조사 は는 가장 차이가 크다(28.4). 오용의 각 종류에서도 NS는 NNS보다 엄하게 평가하고 있다. 그러나 양 화자는 각각 오용 종류에 의한 차이를 그다지 보이고 있지 않다. 그리고 종류별 NS와 NNS는 각각 격조사 から·と, 접속조사 て·と, 부조사 は·ばかり를 가장 엄하게 평가하고 있다.

(2) 오용의 표층적인 원인별 중요도

〈표10〉에서 알 수 있듯이 양 원인에서 NS는 NNS보다 엄하게 평가하고 있다. 특히 원인②의 이해도에서 가장 차이가 크다(19.4). 그러나 양 화자는 각각 오용 원인에 의한 차이를 그다지 보이고 있지 않다.

〈표9〉 오용 종류별 중요도

조사 오용의 종류												
	격조사	유형〈8〉		から	を	で	が	と	に	の	や	
		문제 문장의 번호〈26문〉		7	3, 22	4, 5, 6, 10, 25, 28	1, 29	12, 26	2, 9, 14, 16, 19, 23, 27, 30, 31, 35	15, 34	32	
		중요도	NS	35.0	42.7	43.8	46.7	51.5	55.0	64.0	75.0	51.7
			NNS	62.7	62.2	66.4	61.5	58.8	66.5	68.8	71.8	64.8
	접속조사	유형〈2〉		て	と							
		문제 문장의 번호〈3문〉		8	11, 17							
		중요도	NS	37.5	45.4							41.5
			NNS	58.3	61.1							59.7
	부조사	유형〈5〉		は	ばかり	ほど	ぐらい	でも				
		문제 문장의 번호〈5문〉		13	18	21	24	33				
		중요도	NS	44.0	47.8	51.2	54.7	80.9				55.7
			NNS	72.4	58.0	61.6	65.0	73.1				66.0
	종조사	유형〈1〉		ね								
		문제 문장의 번호〈1문〉		20								
		중요도	NS	49.5								49.5
			NNS	56.0								56.0

주 1) 문19는 정답이 2개 있지만, 연구 편의상 정답이 많은 쪽에 넣어서 생각했다.
문7의 경우 : NS는 から・に 각각 35.7・34.7, NNS는 64.4・55.0이다.
문19의 경우 : NS는 に・と 각각 55.3・33.9, NNS는 37.5・62.5이다.
2) NS와 NNS는 격조사에서 1% 수준에서 유의차가 있다.

〈표10〉 오용의 표층적인 원인별 중요도

오용의 표층적인 원인	평가자	이해도	자연도	합계
① 조사 용법의 미습득(10문)	NS	61.6	43.4	52.5
8, 9, 11, 17, 18, 20, 21, 24, 32, 33 ① 조사 용법의 미습득(10문) 8, 9, 11, 17, 18, 20, 21, 24, 32, 33	NNS	74.9	48.8	61.9
② 모어 간섭(25문)	NS	60.1	40.9	50.5
1, 2, 3, 4, 5, 6, 7, 10, 12, 13, 14, 15, 16, 19, 22, 23, 25, 26, 27, 28, 29, 30, 34, 35 ② 모어 간섭(25문) 1, 2, 3, 4, 5, 6, 7, 10, 12, 13, 14, 15, 16, 19, 22, 23, 25, 26, 27, 28, 29, 30, 34, 35	NNS	79.5	52.3	65.9

주) NS와 NNS는 원인 ①의 이해도에서 5% 수준, 원인 ②의 이해도와 자연도에서 모두 1% 수준에서 유의차가 있다.

4. 맺는 말

본고에서는 K에게 자주 나타나는 조사 오용에 대해서 이해도와 자연도의 관점에서 NS와 NNS의 평가를 조사했다. 그 주요한 결과는 다음과 같다.

양 기준에 있어서 NNS는 NS보다 조사 오용을 엄하게 평가하고 있다. 그것은 오용 종류별, 원인별에서도 같다. 그리고 양 화자의 평가 차이가 큰 오용은, 대부분 K의 모어 간섭에 의한 것이다.

위의 결과는 교수·학습상 중요한 점을 시사하고 있다. 그것은 전달능력 양성을 주요 목표로 하는 수업으로 NS는 K의 조사 오용을 이해도와 자연도의 관점에서 (NNS의 지금까지의 평가보다) 보다(NS와 같이) 엄하게 평가하는 것이다.

〈주〉

1) 오용 분석과 오용 평가에 대해서는, Johansson(1975: 17)의 Papers in Contrastive Linguistics and Language Testing (Lund: CWK Gleerup) 를 참조할 것.
2) 2, 3학년은 각각 54(S대학 26, D대학 28), 53(S대학 23, D대학 30)명, 성별은 남·여 각각 11·96명, 평균 연령은 만 21.3세이다.
3) 일본어의 숙련 과목(주로 독해, 회화, 청해, 작문 등)만을 나타낸다.
4) 李賢起(1983:110~111)의 '日本語誤用例에 關한 研究 -助詞를 中心으로-'에서는, 일본어 전공자인 대학교 2학년 학생의 작문에서 조사 오용 195개를 모았다. 빈도 순위를 보면 격조사 に, の, で, が… 순이다. 종류별로는 격조사 75%, 접속조사 11%, 부조사 14%, 종조사 0%이다.(『日本学誌』2·3 계명대학교 일본문화연구소). 오용(의 수)은 주로 이것과 森田芳夫(1983: 54~67)의 『韓国学生의 日本語学習에 있어서의 誤用例』(성신여자대학교출판부)를 참조했다. 그리고 조사 오용의 분석(분류)은, 한국에서는 거의 학교문법을 가르치고 있기 때문에 교수·학습상의 편의상 이에 준했다.
5) 학력은 대학(재학), 대학원(재학) 각각 5, 20명, 성별은 남·여 각각 10·15명, 평균 연령은 23.3세이다.
6) 학력은 대졸, 대학원졸 각각 7, 19명, 성별은 남·여 각각 10·16명, 평균 연령은 32.3세이다.
7) 본 조사에서의 인정률이 80% 이상인 것은 학습하기 쉽고, 오용

의 빈도가 낮은 것으로 판단되어 제외했다.

8) 척도치의 5개 중에서 4개를 사용한 양 화자 13명은 모두 척도치 '0%', 또 척도치 3개를 사용한 NS 3명과 NNS 3명은 척도치 '0%' '25%'를 사용하지 않았다.

9) 문제 문장에 있어서도 NS가 NNS보다 각 기준의 관점에서도 엄하게 평가하고 있다. 그러나 양 화자의 평가가 비교적 관대한(60 이상) 문제 문장(문30~35) 중에는 NS가 NNS보다 관대하게 평가하고 있는 것도 있다. 그 차이는 거의 10 이하로 양 기준에서는 문35, 34, 33, 32, 31, 30, 이해도에서는 문33, 30, 31, 35, 26, 25, 32, 자연도에서는 문34, 35, 33, 32, 31, 30 순이다.

10) 문1, 8, 9, 15, 16, 10, 14, 2, 19, 5, 18, 32, 3, 12, 4 순이다.

〈참고문헌〉

- 李賢起(1983)「日本語誤用例에 関한 研究ー助詞를 中心으로ー」『日本学誌』2 · 3, 계명대학교 일본문화연구소
- 森田芳夫(1983)『韓国学生의 日本語学習에 있어서의 誤用例』, 성신여자대학교출판부
- Johansson(1975), Papers in Contrastive Linguistics and Language Testing (Lund: CWK Gleerup)

4장

한국인 일본어학습자의 한자어 유의어 습득

1. 들어가는 말

한국어와 일본어에는 한자어(漢字語)가 많고, 같은 형태와 의미로 사용하는 한자어도 많다. 이에 한국인 학습자는 일본어 학습이 용이한 면도 있다. 그러나 한국어와 일본어의 동의이자어(同義異字語), 동자이의어(同字異義語)는 습득에 적지 않은 어려움이 있다. 또한 작문에서는 일본어에서만 사용하는 어휘를 구사하기 어려워, 이에 대응하는 유의어인 한국어 한자어를 사용하고 있다. 자유 작문 등에서는 그 오용이 잘 나타나지 않지만, 언어 항목을 제한한 조건 작문 등에서는 많을 것으로 예상된다. 이들 한자어 유의어를 잘 구분해서 사용하면 보다 일본적 표현 즉 자연스러운 일본어 표현이 가능할 것이다.

본 연구에서는 한국인 일본어학습자의 한자어 유의어의 습득에 대하여 기술한다. 한국어와 일본어의 한자어 오용에 관한 연구는 적지 않게 보이고 있다[[学番→学籍番号/大学の入学年度, 英美→英米 (佐藤, 2006:361), 敵愾心→敵対心, 協商→交渉 (조, 2006:261), 所願→願い, 相對側→相手側 (金, 2003:295～296), 不便→不自由, 演藝人→芸能人(김, 2002:51, 53), 食口→家族, 男便→夫(趙, 1993:38)]. 그러나 특정의 한자어를 대상으로 학습 수준별 그 습득을 조사한 연구는 보이지 않는다. 본 연구에서의 특정 한자어란, 한국어에서 사용하지 않는 일본어 한자어에 대응하는 한국어 한자어가 있고, 그 한국어 한자어가 일본어에서 사용되고, 유의어 관계에 있는 한자어이다. 이 일본어 한자어에는 또 다른 유의어로 한자어(漢語) 및 고유어(和語)가 있기도 하다.

2. 연구 방법

2.1 조사 참여자

조사 참여자는 한국에서 일본어를 전공하는 4개 대학의 학생으로, 2, 3, 4학년 각각 34, 34, 34명으로 총 102명이다. 조사 참여자는 대학생이므로 학교 수업 이외의 학습 시간도 많으므로, 1년 정도의 학습 기간, 이 차이를 기준으로 학습 수준이 다른 것으로 간주한다. 즉 연구의 편의상 2, 3, 4학년을 각각 초급, 중급, 상급으로 한다. 한편 초급의 2학년(2학기 후반) 학생은 2년 정도 일본어를 전공으로 학습했으므로, 2급 정도의 어휘는 학습한 것으로 간주한다. 따라서 조사 참여자인 모든 한국인 일본어학습자는 본 조사 대상인 2급 어휘의 한자어 유의어를 학습한 것으로 된다.

2.2 조사 대상의 한자어

2. 2. 1 한자어 선정

조사 대상의 일본어 한자어는 아래의 기준에 따라서 선정했다.

Ⓐ 한국어에서 사용하지 않는 (또는 일상생활에서 그다지 사용하지 않는) 일본어 한자어이다. [*일본어 한자어에는 한자로 표기되는 고유어도 있다. 이 어휘는 실제 한국인 일본어학습자에게는 한자로 표기되기 때문에 한자어로 생각될 것이다.]

Ⓑ 『日本語能力試験出題基準』에서 제시하고 있는 2급 이하의 어휘이다.

Ⓒ Ⓐ의 일본어 한자어에 의미상 대응하는 한국어의 한자어가 있는 것이다. [*한국어 한자어는 일본어의 한자어(漢語)에 해당한다. 이에 논문 제목에 '한자어 유의어'라는 키워드를 사용했다.]

Ⓓ Ⓒ의 한국어 한자어는 일본어에서도 사용하고 있는 한자어이다.
[*일본어 한자어에 유의어가 있는 경우에는 한자어, 고유어에 상관없이 제시한다.]

Ⓔ Ⓒ와 Ⓓ의 일본어 한자어는 의미가 유사한 것이다. [*明日/来日는 예외]

Ⓕ Ⓓ의 일본어 한자어도 『日本語能力試験出題基準』에서 제시하고 있는 2급 이하의 어휘이다. [*自己는 예외]

위에 해당하는 일본어 한자어를 선정한 이유는, Ⓐ의 일본어 한자어는 한국어에서 사용하지 않는 한자어이기 때문에 습득하기 어렵고, 실제 작문 등에서 한국어 한자어로 잘못 대응시켜 사용하는 경우가 많기 때문이다. Ⓒ의 한자어는 일본어에서도 사용하고 있으며(Ⓓ), 그 의미가 매우 유사하기 때문에(Ⓔ), 학습하여도 올바른 사용이 어려운 경우가 많다.

2. 2. 2 한자어의 종류

〈표1〉은 '한자어의 종류'를 나타내고 있다. 〈표1〉에서 보면, 조사 대상의 한자어(42문제의 96개)는, 일본어에서만 사용하는 한자어(50개:52. 1%)와, 일본어에서도 사용하지만 한국어에서도 사용하는 한자어(46개:47. 9%)로 나눌 수 있다. 즉 한자어 두 개(①, ②)를 대상으로 한 문제에서, ①은 전자 ②는 후자에 해당한다. 그리고 3개 이상의 한자어를 다루는 문제, 즉 문10-①③/②, 13-①②/③④, 15-①/②③, 16-①②/③, 17-①②/③, 19-①/②③, 20-①③/②, 24-①③/②, 29-①②/③, 34-①②/③, 41-①/②③은 전자/후자를 나타낸다.

〈표1〉 한자어의 종류

〈일본어에서만 사용하는 한자어〉 문1 ①挨拶, 문2 ①合図, 문3 ①明日, 문4 ①案外, 문5 ①以降, 문6 ①一応, 문7 ①医者, 문8 ①火事, 문9 ①勘定, 문10 ①機嫌 ③気持ち, 문11 ①休憩, 문12 ①具合, 문13 ①苦情 ②文句, 문14 ①稽古, 문15 ①仕方, 문16 ①辞書 ②字引, 문17 ①支度 ②用意, 문18 ①芝居, 문19 ①自分, 문20 ①書物 ③本, 문21 ①親類, 문22 ①生徒, 문23 ①祖先, 문24 ①大事 ③大切, 문25 ①近頃, 문26 ①調子, 문27 ①都合, 문28 ①出来事, 문29 ①適度 ②手頃, 문30 ①天候, 문31 ①特長, 문32 ①年寄, 문33 ①仲間, 문34 ①中身 ②中味, 문35 ①値段, 문36 ①物騒, 문37 ①勉強, 문38 ①方角, 문39 ①目安 , 문40 ①役者, 문41 ①役目, 문42 ①用心
〈일본어와 한국어에서 사용하는 한자어〉 문1 ②人事, 문2 ②信号, 문3 ②来日, 문4 ②意外, 문5 ②以後, 문6 ②一旦, 문7 ②医師, 문8 ②火災, 문9 ②計算, 문10 ②気分, 문11 ②休息, 문12 ②状態, 문13 ③不平 ④不満, 문14 ②練習, 문15 ②方法 ③手段, 문16 ③辞典, 문17 ③準備, 문18 ②演劇, 문19 ②自身 ③自己, 문20 ②册, 문21 ②親戚, 문22 ②学生, 문23 ②先祖, 문24 ②重要, 문25 ②最近, 문26 ②状態, 문27 ②事情, 문28 ②事件, 문29 ①適度 ②手頃, 문30 ②気候, 문31 ②特徴, 문32 ②老人, 문33 ②同僚, 문34 ③内容, 문35 ②価格, 문36 ②危険, 문37 ②工夫, 문38 ②方向, 문39 ②目標, 문40 ②俳優, 문41 ②役割 ③責任, 문42 ②注意

2. 2. 3『日本語能力試験出題基準』에 따른 한자어의 급수별 분류

〈표2〉는 '『日本語能力試験出題基準』에 따른 한자어의 급수별 분류'를 나타내고 있다. 〈표2〉에서 본 조사 대상의 한자어를

급수별로 보면, 4급 12개, 3급 17개, 2급 67개로 총 96개이다.

〈표2〉『日本語能力試験出題基準』에 따른 한자어의 급수별 분류

〈4급 어휘〉

문3 ①明日, 문7 ①医者, 문14 ②練習, 문16 ①辞書 ②字引, 문19 ①自分, 문20 ②册 ③本, 문22 ①生徒 ②学生, 문24 ③大切, 문37 ①勉強 [12개]

〈3급 어휘〉

문1 ①挨拶, 문8 ①火事, 문10 ②気分 ③気持ち, 문12 ①具合, 문15 ①仕方, 문16 ③辞典, 문17 ①支度 ②用意, 문17 ③準備, 문24 ①大事, 문25 ②最近, 문27 ①都合, 29 ③適当, 문35 ①値段, 문36 ②危険, 문42 ②注意 [17개]

〈2급 어휘〉

문1 ②人事, 문2 ①合図 ②信号, 문3 ②来日, 문4 ①案外 ②意外, 문5 ①以降 ②以後, 문6 ①一応 ②一旦, 문7 ②医師, 문8 ②火災, 문9 ①勘定 ②計算, 문10 ①機嫌, 문11 ①休憩 ②休息, 문12 ②状態, 문13 ①苦情 ②文句 ③不平 ④不満, 문14 ①稽古, 문15 ②方法 ③手段, 문18 ①芝居 ②演劇, 문19 ②自身 문20 ①書物, 문21 ①親類 ②親戚, 문23 ①祖先 ②先祖, 문24 ②重要 문25 ①近頃, 문26 ①調子 ②状態, 문27 ②事情, 문28 ①出来事 ②事件, 문29 ①適度 ②手頃, 문30 ①天候 ②気候, 문31 ①特長 ②特徴, 문32 ①年寄 ②老人, 문33 ①仲間 ②同僚, 문34 ①中身 ②中味 ③内容, 문35 ②価格, 문36 ①物騒, 문37 ②工夫, 문38 ①方角 ②方向, 문39 ①目安 ②目標, 문40 ①役者 ②俳優, 문41 ①役目 ②役割 ③責任, 문42 ①用心, 문19③自己 [67개]

주 1) 문19 ③自己는 1급 어휘이나 1개이므로 연구의 편의상 2급으로 취급한다.

2) 문12 ②状態와 문26 ②状態는 같은 한자어이나, 의미가 다르므로 개별 한자어로 취급한다.

2.3 조사 방법

조사는 2006년 10~11월에 했으며, 사전 사용은 금지하였으나 시간제한은 두지 않았다. 각 학년의 조사 참여자는 모두 34명으로 조정하여 실시하였다. 조사의 일례는 아래와 같다.

▸ 문제1-42 각각의 ( ) 안에 가장 적당한 말을 ⓔ에서 하나만 선택하여 번호를 쓰세요.
1. ⓔ 1. 挨拶 2. 人事
(1) 手を振って( )する。(2)( )異動。(3)( )を交す。
2. ⓔ 1. 合図 2. 信号
(1) 片手を挙げて( )を送る。(2)( )を確認して横断する。
(3) 目で( )する。

한편, 조사 문제의 예문은 주로 사전(특히 『使い方の分かる類語例解辞典』)에서 얻었다.

3. 조사 결과 및 고찰

3.1 학습 수준별 한자어 유의어의 습득

〈그림1〉은 '학습 수준별 한자어 유의어의 습득'을 나타내고 있다. 〈그림1〉에서 보면, 학습 수준별 한자어 유의어의 습득(정

답률)은 증가하고 있지만, 그 정도의 차이는 크지 않은 편이다. 초급과 중급은 그 차이가 미미하다.

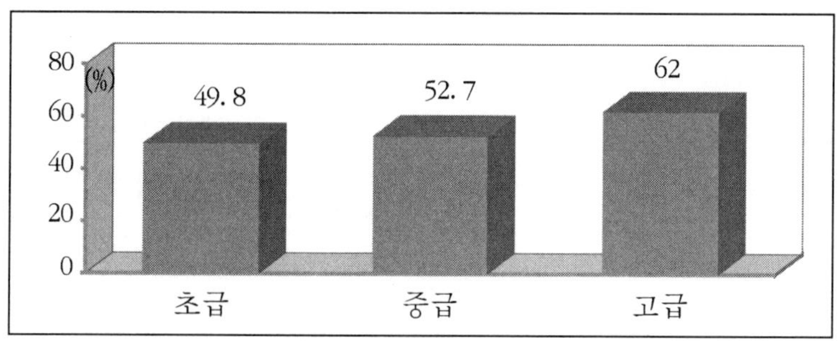

〈그림1〉 학습 수준별 한자어 유의어의 습득

〈표3〉('한자어 유의어 테스트의 응답 내역')의 정답률을 학습 수준별로 정리하면 〈표4〉('학습 수준별 한자어 유의어')와 같다. 〈표4〉에서 보면, 20문(47.6%:문1, 2, 3, 8, 10, 15, 20, 21, 22, 23, 26, 27, 30, 32, 33, 35, 37, 39, 40, 41)은 '상급〉중급〉초급', 5문(11.9%:문5, 6, 14, 36, 38)은 '초급〉중급〉상급' 학습자 순으로 습득 정도가 높다. 그리고 17문('상급?중급?초급', 40.5%:문7, 9, 11, 12, 13, 16, 17, 18, 19, 24, 25, 28, 29, 31, 34, 42)은 일정한 형태를 보이고 있지 않다.

여기서는 중급에서 한자어 유의어의 습득이 잘 이루어지고 있지 않으며, '초급〉중급〉상급', '초급?중급?상급', '상급〉중급〉초급'의 한자어 유의어 순으로 지도에 주의가 필요한 것을 알 수 있다. 그리고 3그룹의 한자어 유의어 내에서는 각각의 정답률이 낮은 것의 지도에 좀 더 주의가 요구된다.

〈표3〉 한자어 유의어 테스트의 응답 내역

번호	문제 [( ) 안에 예의 번호를 선택하는 문제로, 이하의 문장에는 정답을 넣어서 제시한다.]	예 [아래의 위 첨자 숫자는 『日本語能力試験出題基準』의 어휘 급수이다.]	응답 유형별 인원수				문제 정답률 (%)			42문제의 정답률 (%)
				초급	중급	상급	초급	중급	상급	
				2학년 34명	3학년 34명	4학년 34명	2학년 34명	3학년 34명	4학년 34명	
							[ ] 안의 숫자는 정답률 '합계'의 순위이다.			
1	(1) 手を振って(①挨拶)する。	①挨拶³ ②人事²	①	33	33	34	97.1	97.1	100	
			②	1	1	-				
	(2) (②人事)異動。		①	5	1	-	85.3	97.1	100	
			②	29	33	34				
	(3) (①挨拶)を交す。		①	14	29	31	41.2	85.3	91.2	
			②	20	3	3				
			무	-	2	-	[1]	[1]	[1]	[1]
	합계						74.5	93.2	97.1	88.3
2	(1) 片手を挙げて(①合図)を送る。	①合図² ②信号²	①	10	15	17	29.4	44.1	50.0	
			②	24	19	17				
	(2) (②信号)を確認して横断する。		①	13	7	6	61.8	79.4	82.4	
			②	21	27	28				
	(3) 目で(①合図)する。		①	21	25	28	61.8	73.5	82.4	
			②	13	9	6	[20]	[8]	[12]	[12]
	합계						51.0	65.7	71.6	62.8
3	(1) (①明日)の午後お伺いします。	①明日⁴ ②来日²	①	27	31	32	79.4	91.2	94.1	
			②	7	3	2				
	(2) (①明日)改めてご連絡します。		①	18	15	24	52.9	44.1	70.6	
			②	16	19	10				
	(3) (②来日)を促す。		①	13	11	6	61.8	67.6	82.4	
			②	21	23	28	[5]	[7]	[5]	[5]
	합계						64.7	67.6	82.4	71.6
4	(1) (②意外)な所で先生と会った。	①案外² ②意外²	①	14	18	13	58.8	47.1	61.8	
			②	20	16	21				

	(2)今回の選挙は(①案外)な結果であった。		①	12	9	7	35.3	26.5	20.6	
			②	22	25	27				
	(3)いいかと思ったが(① 案外)悪かった。		①	14	14	21	41.2	41.2	61.8	
			②	20	20	13	[30]	[37]	[34]	[35]
	합계						45.1	38.3	48.1	43.8
5	(1)去年風邪をひいて(② 以後)調子が悪い。	①以降[2] ②以後[2]	①	14	13	21	58.8	61.8	38.2	
			②	20	21	13				
	(2)午後七時(①以降)は家にいます。		①	9	3	4	26.5	8.8	11.8	
			②	25	31	30				
	(3)(②以後)、失敗しないように注意します。		①	18	16	17	47.1	50.0	50.0	
			②	16	17	17				
			무	-	1	-	[32]	[35]	[40]	[38]
	합계						44.1	40.2	33.3	39.2
6	(1)痛みは(①一応)おさまった。	①一応[2] ②一旦[2]	①	16	19	19	47.1	55.9	55.9	
			②	18	15	15				
	(2)(②一旦)決心したら必ず実行せよ。		①	23	17	7	32.4	50.0	79.4	
			②	11	17	27				
	(3)(①一応)考えておこう。		①	25	17	29	73.5	50.0	85.3	
			②	9	17	5	[20]	[20]	[10]	[15]
	합계						51.0	52.0	73.5	58.8
7	(1)近所の(①医者)にみてもらう。	①医者[4] ②医師[2]	①	17	13	25	50.0	38.2	73.5	
			②	17	21	9				
	(2)風邪を引いて、(①医者)に行く。		①	22	18	25	64.7	53.0	73.5	
			②	12	16	9				
	(3)(②医師)の免許を取り消された。		①	11	13	9	67.6	58.8	73.5	
			②	23	20	25				
			무	-	1	-	[7]	[23]	[10]	[13]
	합계						60.8	50.0	73.5	61.4
8	(1)(①火事)でアパートが全焼した。	①火事[3] ②火災[2]	①	26	17	21	76.5	50.0	61.8	
			②	8	17	13				
	(2)空気が乾燥しているので(①火事)に気をつけよう。		①	15	20	19	44.1	58.8	55.9	
			②	19	14	15				
	(3)豪華客船で起こった(②火災)は大惨事となった。		①	17	13	11	50.0	61.8	67.6	
			②	17	21	23	[13]	[15]	[23]	[17]
	합계						56.9	56.9	61.8	58.5
9	(1)太陽までの距離を(②計算)する。	①勘定[2] ②計算[2]	①	16	11	11	52.9	67.6	67.6	
			②	18	23	23				
	(2)箱をあけて品数を(①勘定)する。		①	13	21	16	38.2	61.8	47.1	
			②	21	13	18				

	(3)彼の落選は(①勘定)にいれてなかった。		①	17	15	14	50.0	44.1	41.2	
			②	17	18	20				
			무	-	1	-	[26]	[14]	[32]	[27]
	합계						47.0	57.8	52.0	52.3
10	(1)彼のふるまいは(③気持ち)がいい。	①機嫌[2] ②気分[3] ③気持ち[3]	①	8	12	1	44.1	41.2	73.5	
			②	11	8	8				
			③	15	14	25				
	(2)もっと(②気分)のいいときにお話ししましょう。		①	6	6	11	41.2	32.4	47.1	
			②	14	11	16				
			③	14	17	7				
	(3)(①機嫌)をそこねる。		①	14	14	24	41.2	41.2	70.6	
			②	10	15	5				
			③	10	5	5				
	(4)社長の(①機嫌)をとる。		①	11	18	26	32.4	53.0	76.5	
			②	12	11	7				
			③	11	5	1	[36]	[34]	[14]	[30]
	합계						39.7	42.0	66.9	49.5
11	(1)一時まで(①休憩)時間です。	①休憩[2] ②休息[2]	①	9	13	24	26.5	38.2	70.6	
			②	25	21	12				
	(2)そろそろ(①休憩)にしないか。		①	23	19	19	67.6	55.9	55.9	
			②	11	15	15				
	(3)作業の合間に(②休息)する。		①	13	19	15	58.8	44.1	55.9	
			②	20	15	19				
			무	1	-	-	[20]	[30]	[26]	[22]
	합계						51.0	46.1	60.8	52.6
12	(1)機械の(①具合)が悪い。	①具合[3] ②状態[2]	①	11	9	10	32.4	26.5	29.4	
			②	23	25	23				
			무	-	-	1				
	(2)味の(①具合)を見る。		①	21	20	26	61.8	58.8	76.5	
			②	13	14	7				
			무	-	-	1				
	(3)今からこんな(②状態)では将来が心配だ。		①	16	15	6	53.0	55.9	79.4	
			②	18	19	27				
			무	-	-	1	[23]	[27]	[23]	[25]
	합계						49.1	47.1	61.8	52.7
13	(1)(①苦情)を持ち込む。	①苦情[2] ②文句[2] ③不平[2] ④不満[2]	①	16	16	14	47.1	47.1	41.2	
			②	8	7	1				
			③	4	3	11				
			④	6	8	8				
	(2)そのやり方には(②文句)がある。		①	3	13	5	35.3	20.6	14.7	
			②	12	7	5				
			③	5	1	6				
			④	14	13	18				

	(3) (②文句)を言うな。		①	6	1	-	5.9	52.9	79.4	
			②	2	18	27				
			③	15	8	5				
			④	11	7	2				
	(4) その決定には僕は(④不満)だ。		①	5	2	3	67.6	82.4	85.3	
			②	3	2	-				
			③	3	2	1				
			④	23	28	29				
			무	-	-	1				
	(5) (③不平)を鳴らす。		①	8	7	14	17.6	47.1	26.5	
			②	16	7	9				
			③	6	16	9				
			④	4	4	2				
	(6) (①苦情)処理。		①	7	15	14	20.6	44.1	41.2	
			②	10	5	5				
			③	8	4	8				
			④	8	10	4				
			무	1	-	3	[41]	[26]	[34]	[36]
	합계						32.4	49.0	48.1	43.2
14	(1) 先生に会う前に自分で(①稽古)しておく。	①稽古[2] ②練習[4]	①	9	4	5	26.5	11.8	14.7	
			②	25	30	29				
	(2) お茶の(①稽古)に通う。		①	31	29	31	91.2	85.3	91.2	
			②	3	5	3				
	(3) おじぎの仕方を(②練習)する。		①	12	10	13	64.7	70.6	61.8	
			②	22	24	21	[7]	[16]	[30]	[19]
	합계						60.8	55.9	55.9	57.5
15	(1) 勉強の(①仕方)が悪い。	①仕方[3] ②方法[2] ③手段[2]	①	7	5	12	20.6	14.7	35.3	
			②	27	24	22				
			③	-	5	-				
	(2) あいさつの(①仕方)が悪い。		①	13	18	18	38.2	53.0	53.0	
			②	16	13	13				
			③	5	2	2				
			무	-	1	1				
	(3) 連絡の(②方法)がない。		①	6	8	5	14.7	5.9	14.7	
			②	5	2	5				
			③	23	24	24				
	(4) 卑劣な(③手段)に出る。		①	17	10	8	38.2	50.0	35.3	
			②	4	7	14				
			③	13	17	12	[42]	[41]	[39]	[41]
	합계						27.9	30.9	34.6	31.1

16	(1) (②字引)がないと手紙も書けない。	①辞書[4] ②字引[4] ③辞典[3]	①	18	25	17	32.4	20.6	41.2	
			②	11	7	14				
			③	5	2	3				
	(2) この言葉は(①辞書)に出ていない。		①	20	14	23	58.8	41.2	67.6	
			②	5	7	1				
			③	8	13	9				
			무	1	-	1				
	(3) 言葉の意味がわからないときは(①辞書)を引く。		①	21	18	23	61.8	88.2	73.5	
			②	6	8	4				
			③	7	7	6				
			무	-	1	1				
	(4) 国語(③辞典)。		①	10	2	7	61.8	88.2	73.5	
			②	3	2	2				
			③	21	30	25	[18]	[22]	[21]	[20]
	합계						53.7	50.8	62.5	55.7
17	(1) 会議の(③準備)を進める。	①支度[3] ②用意[3] ③準備[3]	①	7	9	3	58.8	441.	61.8	
			②	7	10	10				
			③	20	15	21				
	(2) 食事は(②用意)しておきます。		①	5	5	8	35.3	32.4	35.3	
			②	12	11	12				
			③	17	18	13				
			무	-	-	1				
	(3) 出かける(①支度)をする。		①	8	10	9	23.5	29.4	26.5	
			②	14	9	4				
			③	12	15	21				
	(4) (①支度)金。		①	16	15	13	47.1	44.1	38.2	
			②	6	9	12				
			③	12	10	8				
			무	-	-	1	[35]	[38]	[36]	[37]
			합계				41.2	37.5	40.5	39.7
18	(1) (①芝居)じみた言動。	①芝居[2] ②演劇[2]	①	23	20	28	67.6	58.8	82.4	
			②	11	13	6				
			무	-	1	-				
	(2) 素人(①芝居)。		①	17	22	26	50.0	64.7	76.5	
			②	17	11	8				
			무	-	1	-				
	(3) (②演劇)を上演する。		①	6	9	8	82.4	70.6	76.5	
			②	28	24	26				
			무	-	1	-	[3]	[9]	[7]	[6]
	합계						66.7	64.7	78.5	70.0

19	(1)それは(①自分)が考えました。	①自分[4] ②自身[2] ③自己[1]	①	23	23	29	67.6	67.6	85.3	
			②	9	5	4				
			③	2	6	1				
	(2)(①自分)のことは、(①自分)で決めろ。		①①	6	11	22	17.6	32.4	64.7	
			②①	9	3	1				
			①②	5	7	2				
			③①	6	6	3				
			기타	7	7	6				
			무	1	-	-				
	(3)(①自分)(②自身)を大切にしなければならない。		①②	9	18	18	26.5	53.0	53.0	
			③②	17	11	14				
			③①	3	1	-				
			기타	4	2	1				
			무	1	2	1				
	(4)彼(②自身)の問題だ。		①	14	10	8	44.1	53.0	70.6	
			②	15	18	24				
			③	5	6	1				
			무	-	-	1				
	(5)(③自己)の生き方を考える。		①	14	22	22	20.6	20.6	14.7	
			②	13	5	5				
			③	7	7	5				
			무	-	-	2	[40]	[31]	[29]	[33]
	합계						35.3	45.3	57.7	46.1
20	(1)(①書物)をかかえた大学生。	①書物[2] ②冊[4] ③本[4]	①	13	9	12	38.2	26.5	35.3	
			②	6	7	6				
			③	15	18	16				
	(2)研究成果を(③本)にまとめる。		①	16	15	7	14.7	20.6	47.1	
			②	13	12	11				
			③	5	7	16				
	(3)貴重な(①書物)書物。		①	15	19	23	44.1	55.9	67.6	
			②	13	3	1				
			③	6	11	9				
			무	-	1	1				
	(4)(③本)を読む。		①	2	1	-	94.1	94.1	100	
			②	-	-	-				
			③	32	32	34				
			무	-	1	-	[25]	[25]	[21]	[24]
	합계						47.8	49.3	62.5	53.2

21	(1) (①親類)のおばさんがたずねて来る。	①親類[2] ②親戚[2]	①	19	13	3	55.9	38.2	8.8	
			②	15	20	31				
			무	-	1	-				
	(2) トラはネコの(①親類)だ。		①	19	22	32	55.9	64.7	94.1	
			②	15	11	2				
			무	-	1	-				
	(3) 彼女は私の遠い(②親戚)に当たる。		①	16	12	3	52.9	61.8	91.2	
			②	18	21	31				
			무	-	1	-	[15]	[17]	[18]	[18]
	합계						54.9	54.9	64.7	58.2
22	(1) Aさんは私の茶道の(①生徒)です。	①生徒[4] ②学生[4]	①	24	23	22	70.6	67.6	64.7	
			②	10	11	12				
	(2) △△大学の(②学生)。		①	2	6	5	94.1	82.4	82.4	
			②	32	28	28				
			무	-	-	1				
	(3) △△中学校の(①生徒)。		①	12	19	21	35.3	55.9	61.8	
			②	22	15	13	[3]	[4]	[13]	[7]
	합계						66.7	68.6	69.6	68.3
23	(1) (②先祖)代々伝わる家宝。	①祖先[2] ②先祖[2]	①	17	15	11	50.0	53.0	67.6	
			②	17	18	23				
			무	-	1	-				
	(2) (①祖先)の名を辱しめる行い。		①	12	14	17	35.3	41.2	50.0	
			②	22	19	17				
			무	-	1	-				
	(3) 家の(①祖先)をさぐる。		①	15	19	18	44.1	55.9	52.9	
			②	19	14	15				
			무	-	1	1	[34]	[24]	[28]	[29]
	합계						43.1	50.0	56.8	50.0
24	(1) (①大事/③大切)なかたみの時計。	①大事[3] ②重要[2] ③大切[4]	①	7	6	10	61.8	50.0	82.4	
			②	8	7	5				
			③	19	11	18				
			무	-	-	1				
	(2) (①大事)な話をメモする。		①	10	7	9	29.4	20.6	26.5	
			②	20	23	24				
			③	4	4	1				
	(3) 毎日勉強することが(①大事)だ。		①	9	8	10	26.5	23.5	29.4	
			②	15	16	6				
			③	10	10	18				

	(4)道路を横断するときには注意が(③大切)だ。		①	15	15	8	23.5	29.4	44.1	
			②	10	8	10				
			③	8	10	15				
			무	1	1	1				
	(5)友人に借りた(③大切)な本。		①	6	6	11	47.1	41.2	55.9	
			②	12	14	4				
			③	16	14	19				
	(6)彼の行動には(②重要/①大事)な意味がある。		①	11	16	17	82.4	76.5	97.1	
			②	17	10	16				
			③	6	8	1	[30]	[35]	[31]	[32]
	합계						45.1	40.2	53.5	46.3
25	(1)(①近頃)では珍しい孝行息子。	①近頃[2] ②最近[3]	①	23	19	20	67.6	55.9	58.8	
			②	11	15	14				
	(2)(①近頃)彼には会ってない。		①	8	6	11	23.5	17.6	32.4	
			②	25	28	23				
			무	1	-	-				
	(3)彼は(②最近)帰国した。		①	16	16	13	50.0	52.9	61.8	
			②	17	18	21				
			무	1	-	-	[26]	[33]	[33]	[31]
	합계						47.0	42.1	51.0	46.7
26	(1)胃の(①調子)がよくない。	①調子[2] ②状態[2]	①	18	22	28	53.0	64.7	82.4	
			②	16	12	6				
	(2)病人は寝たきりの(②状態)だ。		①	21	16	9	38.2	53.0	73.5	
			②	13	18	25				
	(3)落としたら腕時計の(①調子)がおかしくなった。		①	14	8	14	41.2	23.5	41.2	
			②	20	26	20	[32]	[27]	[16]	[28]
	합계						44.1	47.1	65.7	52.3
27	(1)自分の(①都合)ばかり考える。	①都合[3] ②事情[2]	①	18	13	19	53.0	38.2	55.9	
			②	16	21	15				
	(2)(①都合)がよい日を選ぶ。		①	16	23	30	471.	67.6	88.2	
			②	18	11	4				
	(3)複雑な(②事情)がある家庭。		①	11	6	4	67.6	82.4	88.2	
			②	23	28	30	[14]	[10]	[8]	[10]
	합계						55.9	62.7	77.4	65.3
28	(1)身のまわりのささいな(①出来事)。	①出来事[2] ②事件[2]	①	24	13	29	70.6	38.2	85.3	
			②	10	21	5				
	(2)日々の(①出来事)を日記につける。		①	16	22	29	47.1	64.7	85.3	
			②	18	12	5				
	(3)へたをすると大変な(②事件)になる。		①	12	13	5	64.7	61.8	85.3	
			②	22	21	29	[7]	[17]	[4]	[8]
	합계						60.8	54.9	85.3	67.0

29	(1) (①適度)に飲めば酒も薬。	①適度[2] ②手頃[2] ③適当[3]	①	16	6	10	47. 1	17. 6	29. 4	
			②	6	7	1				
			③	12	21	23				
	(2) (①適度)の運動。		①	11	6	12	32. 4	17. 6	35. 3	
			②	10	6	8				
			③	13	22	14				
	(3) (②手頃)な棒を武器にする。		①	14	5	7	41. 2	61. 8	44. 1	
			②	14	21	15				
			③	6	8	12				
	(4) (②手頃)な価格の家。		①	7	9	9	38. 2	20. 6	26. 5	
			②	13	7	9				
			③	14	18	16				
	(5) (③適当)な大きさにきざむ。		①	11	10	5	29. 4	44. 1	61. 8	
			②	13	9	8				
			③	10	15	21	[38]	[39]	[38]	[39]
	합계						37. 7	32. 3	39. 4	36. 5
30	(1) (①天候)が不順だ。	①天候[2] ②気候[2]	①	14	21	19	41. 2	61. 8	55. 9	
			②	20	12	15				
			무	-	1	-				
	(2) (①天候)に恵まれる。		①	18	17	19	53. 0	50. 0	55. 9	
			②	16	16	15				
			무	-	1	-				
	(3) 暖かくて雨の多い(②気候)。		①	19	15	12	44. 1	53. 0	64. 7	
			②	15	18	22				
			무	-	1	-	[28]	[17]	[27]	[23]
	합계						46. 1	54. 9	58. 8	53. 3
31	(1) 自分の(①特長)を生かした職につく。	①特長[2] ②特徴[2]	①	23	17	23	67. 6	50. 0	82. 4	
			②	11	16	11				
			무	-	1	-				
	(2) (②特徴)のあるしゃべり方。		①	13	15	6	61. 8	53. 0	82. 4	
			②	21	18	28				
			무	-	1	-				
	(3) このフィルムの(①特長)は色の鮮やかさにある。		①	18	8	14	53. 0	23. 5	41. 2	
			②	16	25	19				
			무	-	1	1	[7]	[32]	[20]	[21]
	합계						60. 8	42. 2	63. 7	55. 6
32	(1) (①年寄)の冷や水。	①年寄[2] ②老人[2]	①	28	29	31	82. 4	85. 3	91. 2	
			②	6	4	2				
			무	-	1	1				
	(2) (①年寄)に昔の話を聞く。		①	13	12	16	38. 2	35. 3	47. 1	
			②	21	22	18				

	(3) (②老人)問題。		①	12	6	4	64.7	82.4	85.3	
			②	22	28	29				
			무	-	-	1	[6]	[5]	[9]	[4]
	합계						61.8	67.7	74.5	68.0
33	(1) (①仲間)に加わる。	①仲間[2] ②同僚[2]	①	18	22	31	53.0	64.7	91.2	
			②	15	12	3				
			무	1	-	-				
	(2) 遊びの(①仲間)。		①	24	24	33	70.6	70.6	97.1	
			②	10	10	1				
	(3) 会社の(②同僚)といっしょに昼食をとる。		①	16	7	1	53.0	79.4	97.1	
			②	18	27	33	[12]	[3]	[2]	[3]
	합계						58.9	71.6	95.1	75.2
34	(1) かばんの(①中身)を入れ換える。	①中身[2] ②中味[2] ③内容[2]	①	9	12	21	26.5	35.3	61.8	
			②	12	11	6				
			③	13	11	7				
	(2) 人間は(①中身)が大切だ。		①	23	23	21	67.6	67.6	61.8	
			②	7	11	13				
			③	4	-	-				
	(3) 見掛けより(③内容/①中身)が大切だ。		①	12	12	12	70.6	82.4	58.8	
			②	10	6	14				
			③	12	16	8				
	(4) 会議の(③内容)は次のとおりである。		①	3	1	4	76.5	85.3	85.3	
			②	5	4	1				
			③	26	29	29	[11]	[5]	[14]	[11]
	합계						60.3	67.7	66.9	65.0
35	(1) 古道具に高い(①値段)をつける。	①値段[3] ②価格[2]	①	19	18	25	55.9	52.9	73.5	
			②	15	16	8				
			무	-	-	1				
	(2) 商品の(②価格)を調査する。		①	18	15	13	47.1	55.9	55.9	
			②	16	19	19				
			무	-	-	2				
	(3) (①値段)の張る品。		①	12	15	22	35.3	44.1	64.7	
			②	22	19	11				
			무	-	-	1	[28]	[21]	[18]	[22]
	합계						46.1	51.0	64.7	53.9
36	(1) 刃物など(①物騒)な物をふりまわすな。	①物騒[2] ②危険[3]	①	21	11	12	61.8	32.4	35.3	
			②	12	23	22				
			무	1	-	-				
	(2) この辺りは夜になると(①物騒)だ。		①	9	10	8	26.5	29.4	23.5	
			②	24	24	26				
			무	1	-	-				

	(3) (②危険)な目にあう。		①	23	23	22	29.4	32.4	35.3	
			②	10	11	12				
			무	1	-	-	[37]	[40]	[41]	[40]
	합계						39.2	31.4	31.4	34.0
37	(1) 失敗がいい(①勉強)になった。	①勉強[4] ②工夫[2]	①	14	18	26	41.2	52.9	76.5	
			②	20	16	8				
	(2) 外国語を(①勉強)する。		①	31	33	34	91.2	97.1	100	
			②	3	1	-				
	(3) 限られた道具を(②工夫)して使う。		①	9	4	2	73.5	88.2	94.1	
			②	25	30	32	[2]	[2]	[3]	[2]
	합계						68.6	79.4	90.2	79.4
38	(1) 公園は駅から東の(①方角)になる。	①方角[2] ②方向[2]	①	11	6	11	32.4	17.6	32.4	
			②	23	28	23				
	(2) 駅から港の(①方角)に車を走らせる。		①	18	15	11	52.9	44.1	32.4	
			②	15	19	23				
			무	1	-	-				
	(3) 風の(②方向)が変わる。		①	13	7	15	58.8	79.4	55.9	
			②	20	27	19				
			무	1	-	-	[24]	[29]	[37]	[34]
	합계						48.0	47.0	40.2	45.1
39	(1) これを漢字使用の(①目安)とする。	①目安[2] ②目標[2]	①	17	23	24	50.0	67.6	70.6	
			②	17	11	10				
	(2) 仕事に(①目安)がつく。		①	18	14	10	52.9	41.2	29.4	
			②	16	20	24				
	(3) 売り上げが(②目標)に達する。		①	14	9	5	58.8	73.5	85.3	
			②	20	25	29	[17]	[12]	[23]	[16]
	합계						53.9	60.8	61.8	58.8
40	(1) 歌舞伎の(①役者)。	①役者[2] ②俳優[2]	①	15	14	22	50.0	41.2	64.7	
			②	19	20	12				
	(2) 映画(②俳優)。		①	20	14	3	41.2	58.8	91.2	
			②	14	20	31				
	(3) 旅(①役者)。		①	25	28	31	73.5	82.4	91.2	
			②	9	6	2				
			무	-	-	1	[15]	[12]	[5]	[9]
	합계						54.9	60.8	82.4	66.0
41	(1) (①役目)を退く。	①役目[2] ②役割[2] ③責任[2]	①	18	17	16	53.0	50.0	47.1	
			②	16	10	9				
			③	-	7	9				

	(2) 課長としての(①役目/②役割)を果たす。		①	9	4	7	58.8	70.6	73.5	
			②	11	20	18				
			③	14	10	8				
			무	-	-	1				
	(3) その決定に大きな(②役割)を演じた。		①	8	8	12	58.8	50.0	44.1	
			②	20	17	15				
			③	6	9	7				
	(4) 事故の(③責任)は私にある。		①	11	6	1	44.1	76.5	97.1	
			②	8	1	-				
			③	15	26	33				
			무	-	1	-	[18]	[11]	[17]	[14]
	합계						53.7	61.8	65.5	60.3
42	(1) 風邪をひかないように(①用心)する。	①用心[2] ②注意[3]	①	11	6	9	32.4	17.6	26.5	
			②	23	28	25				
	(2) こわさないように(①用心)する。		①	16	7	6	47.1	20.6	17.6	
			②	18	27	28				
	(3) 細心の(②注意)を払う。		①	23	24	25	32.4	29.4	26.5	
			②	11	10	9	[39]	[42]	[42]	[42]
	합계						37.3	22.5	23.5	27.8

〈표4〉 학습 수준별 한자어 유의어

	문제 *( ) 안의 숫자는 초급, 중급, 상급 전체의 정답률(%)이다.
상급〉중급〉초급 (20문:47.6%)	문1①挨拶 ②人事(88.3), 문2 ①合図 ②信号(62.8), 문3 ①明日 ②来日(71.6), 문8 ①火事 ②火災(58.5), 문10 ①機嫌 ②気分 ③気持ち(49.5), 문15 ①仕方 ②方法 ③手段(31.1), 문20 ①書物 ②冊 ③本(53.2), 문21 ①親類 ②親戚(58.2), 문22 ①生徒 ②学生(68.3), 문23 ①祖先 ②先祖(50.0), 문26 ①調子 ②状態(52.3), 문27 ①都合 ②事情(65.3), 문30 ①天候 ②気候(53.3), 문32 ①年寄 ②老人(68.0), 문33 ①仲間 ②同僚(75.2), 문35 ①値段 ②価格(53.9), 문37 ①勉強 ②工夫(79.4), 문39 ①目安 ②目標

	(58. 8), 문40 ①役者 ②俳優(66. 0), 문41 ①役目 ②役割 ③責任(60. 3)
상급?중급?초급 (17문:40. 5%)	문7 ①医者 ②医師(61. 4), 문9 ①勘定 ②計算(52. 3), 문11 ①休憩 ②休息(52. 6), 문12 ①具合 ②状態(52. 7), 문13 ①苦情 ②文句 ③不平 ④不満(43. 2), 문16 ①辞書 ②字引 ③辞典(55. 7), 문17 ①支度 ②用意 ③準備(39. 7), 문18 ①芝居 ②演劇(70. 0), 문19 ①自分 ②自身 ③自己(46. 1), 문24 ①大事 ②重要 ③大切(46. 3), 문25 ①近頃 ②最近(46. 7), 문28 ①出来事 ② 事件(67. 0), 문29 ①適度 ②手頃 ③適当(36. 5), 31 ①特長 ②特徴(55. 6), 문34 ①中身 ②中味 ③内容(65. 0), 문42 ①用心 ②注意(27. 8)
초급〉중급〉상급 (5문:11. 9%)	문5 ①以降 ②以後(39. 2), 문6 ①一応 ②一旦(58. 8), 문14 ①稽古 ②練習(57. 5), 문36 ①物騒 ②危険(34. 0), 문38 ①方角 ②方向(45. 1)

3.2 한자어 유의어의 종류별 습득

조사 대상의 한자어 유의어는 (A)일본어에서만 사용하는 한자어(50개:96문제)와 (B)일본어에서도 사용하지만 한국어에서도 사용하는 한자어(46개:47문제)로 나눌 수 있다('2. 2. 2 한자어의 종류'). 〈그림2〉('한자어 유의어의 종류별 습득')에서 보면, (A)의 경우는 초급과 중급 학습자는 거의 차이가 없다. 초·중급과 상급은 약간의 차이를 보이고 있다. (B)의 경우는 학습 수준이 높아짐에 따라서 정답률이 높아지고 있어서, 습득되고 있으나, 그 증가율은 크지 않은 편이다. 그리고 (A)보다는 (B)의 한자어 유의어의 정답률이 높아서 습득하기 쉬운 것을 알 수 있다.

여기서는 한자어 유의어 내에서도 일본어에서만 사용하는 한자어가 일본어에서도 사용하지만 한국어에서도 사용하는 한자어보다 습득하기 어려운 것을 알 수 있다.

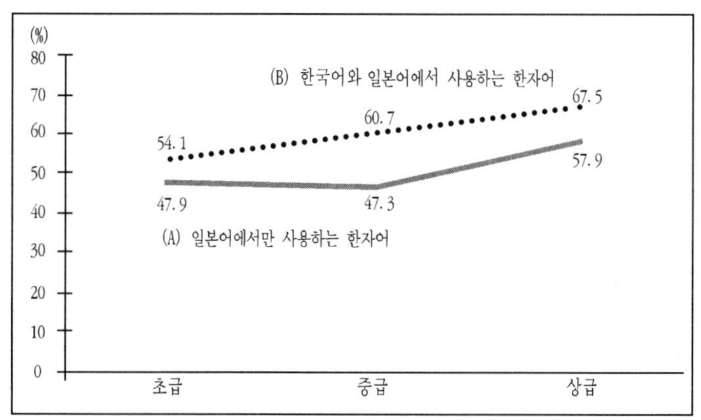

〈그림2〉 한자어 유의어의 종류별 습득

3.3 급수별 한자어 유의어의 습득

3. 3. 1 한자어 유의어의 급수별 습득

〈그림3〉은 '한자어 유의어의 급수별 습득'을 나타내고 있다. 〈그림3〉에서 보면, 모든 학습 수준에서 4급, 2급, 3급 어휘 순으로 정답률이 높다. 그리고 초급과 중급 학습자보다는 초·중급과 상급 학습자의 정답률 차이가 커서, 초급과 중급 시기에는 습득에 거의 변화가 없는 것을 알 수 있다.

여기서는 일반적으로 2급보다 3급 어휘의 습득률이 높다고 예상되는데, 모든 학습 수준에서 약간의 차이이지만 반대의 현상을 보이고 있다. 이는 한국어와 일본어에서 사용하는 한자어 유의어 습득에 그 원인이 있지 않나 생각한다(〈그림5〉).

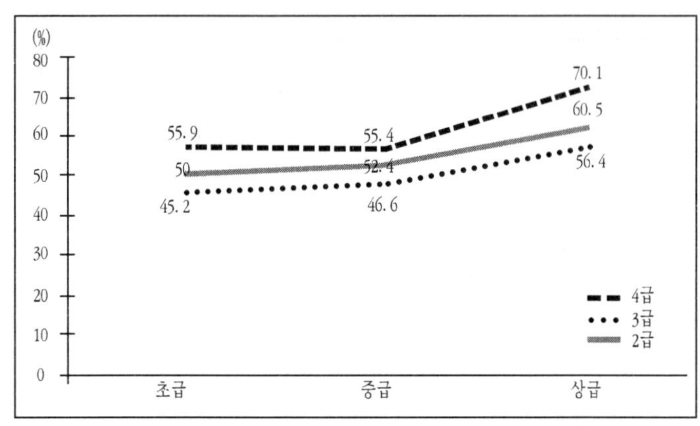

〈그림3〉 한자어 유의어의 급수별 습득

3.3.2 일본어에서만 사용하는 한자어의 급수별 습득

〈그림4〉는 '일본어에서만 사용하는 한자어의 급수별 습득'을 나타내고 있다. 〈그림4〉에서 보면, 모든 학습 수준에서 4급, 3급, 2급 어휘 순으로 정답률이 높다. 그리고 초급과 중급 학습자보다는 초·중급과 상급 학습자의 정답률 차이가 커서, 초급과 중급 시기에는 습득에 변화가 거의 없는 것을 알 수 있다. 2급과 4급 어휘의 경우에는 초급보다도 중급 학습자의 정답률이 낮다.

여기서는 일본어에서만 사용하는 한자어가 중급 시기에 습득이 어려운 것을 알 수 있는데, 이는 이들 한자어의 사용 구분

(습득)이 상당한 시간을 요하고 있는 것을 나타내고 있는 것이다.

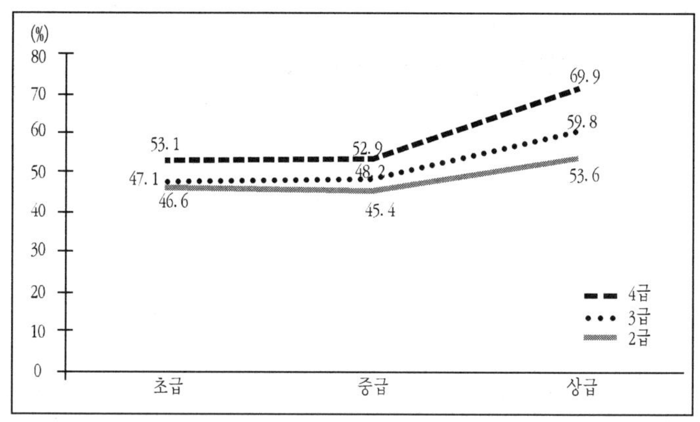

〈그림4〉 일본어에서만 사용하는 한자어의 급수별 습득

3.3.3 한국어와 일본어에서 사용하는 한자어의 급수별 습득

〈그림5〉는 '한국어와 일본어에서 사용하는 한자어의 급수별 습득'을 나타내고 있다. 〈그림5〉에서 보면, 모든 학습 수준에서 4급, 2급, 3급 어휘 순으로 정답률이 높다. 그러나 4급 한자어는 학습 수준이 높아짐에 따라 정답률이 떨어지고 있다.

여기서는 일반적으로 2급보다 3급 어휘의 습득률이 높다고 예상되는데, 모든 학습 수준에서 일정하게 낮은 현상을 보이고 있어서, 한국어와 일본어에서 사용하는 한자어의 교수 학습에 주의가 필요한 것을 알 수 있다. 또한 4급의 한자어는 학습 수준이 높아짐에 따라 정답률이 떨어지고 있는 것을 보면, 초급 학습 시기의 한국어와 일본어에서 사용하는 한자어 유의어 학습은, 상급 학습 시기에 새로운 한자어 유의어와 비교 학습이 필요한 것으로 판단된다.

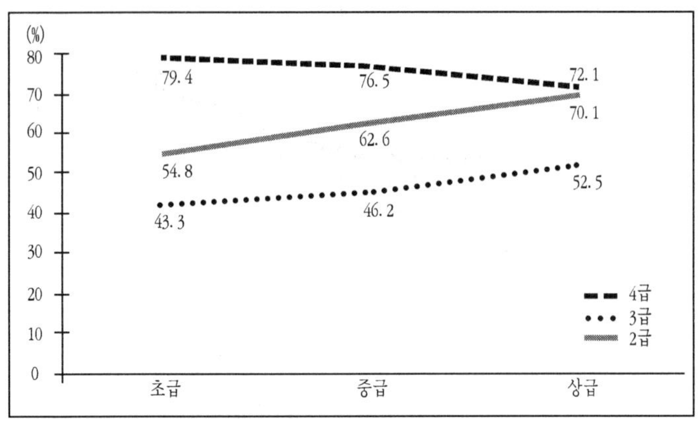

〈그림5〉 한국어와 일본어에서 사용하는 한자어의 급수별 습득

3.4 학습자의 정답률 (습득률)에 따른 한자어 유의어의 난이도

3. 4. 1 학습자 전체의 정답률에 따른 난이도

〈표5〉는 '학습자 전체의 정답률에 따른 난이도'를 나타내고 있다. 〈표5〉에서 보면, 난이도 上은 정답률이 40% 미만의 6문(14. 3%), 中은 40% 이상~ 60% 미만의 22문(52. 4%), 下는 60% 이상의 14문(33. 3%)으로 크게 분류된다.

〈표5〉 학습자 전체의 정답률에 따른 난이도

난이도	문제 *( ) 의 숫자는 초급, 중급, 상급의 전체의 정답률(%)
上 40.0% 미만	문17 ①支度 ②用意 ③準備(39.7), 문5 ①以降 ②以後(39.2), 문29 ①適度 ②手頃 ③適当(36.5), 문36 ①物騒 ②危険(34.0), 문15 ①仕方 ②方法 ③手段(31.1), 문42 ①用心 ②注意(27.8) [6문]
中 40.0% 이상 ~ 60.0% 미만	문6 ①一応 ②一旦(58.8), 문39 ①目安 ②目標(58.8), 문8 ①火事 ②火災(58.5), 문21 ①親類 ②親戚(58.2), 문14 ①稽古 ②練習(57.5), 문16 ①辞書 ②字引 ③辞典(55.7), 문31 ①特長 ②特徴(55.6), 문35 ①値段 ②価格(53.9), 문30 ①天候 ②気候(53.3), 문20 ①書物 ②册 ③本(53.2), 문12 ①具合 ②状態(52.7), 문11 ①休憩 ②休息(52.6), 문9 ①勘定 ②計算(52.3), 문26 ①調子 ②状態(52.3), 문23 ①祖先 ②先祖(50.0), 문10 ①機嫌 ②気分 ③気持ち(49.5), 문25 ①近頃 ②最近(46.7), 문24 ①大事 ②重要 ③大切(46.3), 문19 ①自分 ②自身 ③自己(46.1), 문38 ①方角 ②方向(45.1), 문4 ①案外 ②意外(43.8), 문13 ①苦情 ②文句 ③不平 ④不満(43.2) [22문]
下 60.0% 이상	문1 ①挨拶 ②人事(88.3), 문37 ①勉強 ②工夫(79.4), 문33 ①仲間 ②同僚, 문32 ①年寄 ②老人(68.0), (75.2), 문3 ①明日 ②来日(71.6), 문18 ①芝居 ②演劇(70.0), 문22 ①生徒 ②学生(68.3), 문28 ①出来事 ②事件(67.0), 문40 ①役者 ②俳優(66.0), 문27 ①都合 ②事情(65.3), 문34 ①中身 ②中味 ③内容(65.0), 문2 ①合図 ②信号(62.8), 문7 ①医者 ②医師(61.4), 문41 ①役目 ②役割 ③責任(60.3) [14문]

한편, 난이도별로 초급, 중급, 상급 학습자의 정답률 차이가 큰 것(20%)을 보면 다음과 같다. 난이도 上에서는 보이지 않고, 中에서는 문6 초급(51. 0)·중급(52. 0)〈상급(73. 5), 문제10 초급(39. 7)· 중급(42. 0)〈상급(66. 9), 문19 초급(35. 3)〈상급(57. 7), 문31 중급(42. 2)〈상급(63. 7) 등이다. 下에서는 문1 초급(74. 5)〈상급(97. 1), 문2 초급(51. 0)〈상급(71. 6), 문제7 중급(50. 0)〈상급(73. 5), 문27 초급(55. 9)〈상급(77. 4), 문28 초급(60. 8)·중급(54. 7)〈상급(85. 3), 문33 초급(58. 9)·중급(71. 6)〈상급 (95. 1), 문37 초급(68. 6)〈상급(90. 2), 문40 초급(54. 9)·중급(60. 8)〈상급(82. 4) 등이다. 이 중에서 30% 이상의 차이를 보이는 것은 문28 중급(54. 7)〈상급(85. 3), 문33 초급(58. 9)〈상급(95. 1)이다.

3. 4. 2 학습 수준별 정답률에 따른 난이도

〈표6〉은 '학습 수준별 정답률에 따른 난이도'를 나타내고 있다. 〈표6〉에서 보면, 난이도 上의 문제는 초급 7문, 중급 5문, 상급 5문으로 큰 차이가 없다. 문15, 29, 36, 42는 학습 수준에 상관없이 난이도 上에 해당한다. 난이도 中의 문제는 초급 25문, 중급 24문, 상급 11문으로 초급과 중급은 거의 비슷하나, 상급에서 적게 나타나고 있다. 문9, 23, 24, 25, 26, 30, 38은 학습 수준에 상관없이 난이도 中에 해당한다. 난이도 下의 문제는 초급 11문, 중급 14문, 상급 26문으로, 초급과 중급은 약간의 차이를 보이나 상급에서 많이 나타나고 있다. 문1, 3, 16, 18, 22, 32, 34, 37은 학습 수준에 상관없이 난이도 下에 해당한다.

〈표6〉 학습 수준별 정답률에 따른 난이도

<table>
<tr><th rowspan="2">난이도
(정답률)</th><th colspan="3">문제</th></tr>
<tr><th>초급</th><th>중급</th><th>상급</th></tr>
<tr><td rowspan="2">上
40.0%
미만</td><td colspan="3">문15 ①仕方 ②方法 ③手段, 문29 ①適度 ②手頃 ③適当, 문36 ①物騒 ②危険, 문42 ①用心 ②注意</td></tr>
<tr><td>문10 ①機嫌 ②気分 ③気持ち
문13 ①苦情 ②文句 ③不平 ④不満
문19 ①自分 ②自身 ③自己</td><td>문4 ①案外 ②意外</td><td>문5 ①以降 ②以後
문17 ①支度 ②用意 ③準備</td></tr>
<tr><td rowspan="5">中
40.0%
이상
～
60.0%
미만</td><td colspan="3">문9 ①勘定 ②計算, 문23 ①祖先 ②先祖, 문24 ①大事 ②重要 ③大切, 문25 ①近頃 ②最近, 문26 ①調子 ②状態, 문30 ①天候 ②気候, 문38 ①方角 ②方向</td></tr>
<tr><td colspan="2">문5 ①以降 ②以後, 문6 ①一応 ②一旦, 문8 ①火事 ②火災, 문11 ①休憩 ②休息, 문12 ①具合 ②状態, 문14 ①稽古 ②練習, 문16 ①辞書 ②字引 ③辞典, 문17 ①支度 ②用意 ③準備, 문20 ①書物 ②冊 ③本, 문21 ①親類 ②親戚, 문35 ①値段 ②価格</td><td>*</td></tr>
<tr><td>*</td><td colspan="2">문13 ①苦情 ②文句 ③不平 ④不満, 문19 ①自分 ②自身 ③自己</td></tr>
<tr><td></td><td>*</td><td>문4 ①案外 ②意外</td></tr>
<tr><td>문2 ①合図 ②信号, 문27 ①都合 ②事情, 문33 ①仲間 ②同僚, 문</td><td>문7 ①医者 ②医師
문10 ①機嫌 ②気分 ③気持ち</td><td>–</td></tr>
</table>

<table>
<tr><td></td><td>39 ①目安 ②目標, 문40 ①役者 ②俳優, 문41 ①役目 ②役割 ③責任</td><td>문28 ①出来事 ②事件
문31 ①特長 ②特徴</td><td></td></tr>
<tr><td rowspan="5">下
60.0%
이상</td><td colspan="3">문1 ①挨拶 ②人事, 문3 ①明日 ②来日, 문16 ①辞書 ②字引 ③辞典, 문18 ①芝居 ②演劇, 문22 ①生徒 ②学生, 문32 ①年寄 ②老人, 문34 ①中身 ②中味 ③内容, 문37 ①勉強 ②工夫</td></tr>
<tr><td colspan="2">-</td><td>*</td></tr>
<tr><td>*</td><td colspan="2">문2 ①合図 ②信号, 문27 ①都合 ②事情, 문33 ①仲間 ②同僚, 문39 ①目安 ②目標, 문40 ①役者 ②俳優, 문41 ①役目 ②役割 ③責任</td></tr>
<tr><td></td><td>*</td><td>문7 ①医者 ②医師, 문28 ①出来事 ②事件</td></tr>
<tr><td>문31 ①特長 ②特徴</td><td>-</td><td>문6 ①一応 ②一旦, 문8 ①火事 ②火災, 문10 ①機嫌 ②気分 ③気持ち, 문11 ①休憩 ②休息, 문12 ①具合 ②状態, 문14 ①稽古 ②練習, 문20 ①書物 ②册 ③本, 문21 ①親類 ②親戚, 문31 ①特長 ②特徴, 문35 ①値段 ②価格</td></tr>
</table>

3.5 한자어 유의어의 개수에 따른 습득

어떤 어휘의 유의어로 생각되는 개수가 많으면, 사용 구분이 좀 더 어려지지 않나 생각된다. 본고의 한자어 유의어 테스트에서 선택 어휘로 제시한 예의 개수는 2개[31문(73.8%):문1, 2, 3, 4, 5, 6, 7, 8, 9, 11, 12, 14, 18, 21, 22, 23, 25, 26, 27, 28, 30, 31, 32, 33, 35, 36, 37, 38, 39, 40, 42)와 3개 이상(11문(26.2%):문10, 13, 15, 16, 17, 19, 20, 24, 29, 34, 41)로 대별된다.

〈그림6〉은 '한자어 유의어의 개수에 따른 습득'을 나타내고 있다. 〈그림6〉에서 보면, 모든 학습 수준에 상관없이 한자어 유의어의 개수가 많은 쪽이 정답률이 낮아서, 습득하기 어려운 것을 알 수 있다.

여기서는 유의어의 개수가 많으면 사용 구분, 즉 습득이 어려운 것을 알 수 있다.

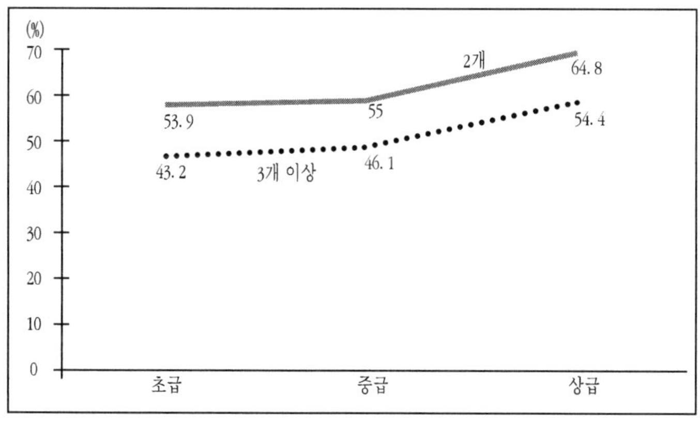

〈그림6〉 한자어 유의어의 개수에 따른 습득

4. 맺는 말

본고에서는 한국인 일본어학습자의 한자어 유의어 습득에 대하여 살펴보았다. 그 주요한 결과는 다음과 같다.

(1) 학습 수준별 한자어 유의어의 습득 : 학습 수준이 높아짐에 따라서 습득률은 증가하고 있지만, 그 차이는 크지 않다. 특히 초급과 중급의 경우에는 미미한 차이를 보이고 있다.

이는 한자어이므로 초급에서 쉽게 접근되지만, 유의어인 관계로 중급 또는 상급에서 그 습득이 크게 증가하고 있지 않은 것 같다.

(2) 한자어 유의어의 종류별 습득 : 일본어에서만 사용하는 한자어가 한국어와 일본어에서 사용하는 한자어보다 습득하기 어렵다. 후자는 (1)의 경우와 같이 초급과 중급의 경우 거의 차이를 보이고 있지 않다.

한국어에서 사용하지 않는 일본어 한자어는 그 의미의 유추가 어려울 것이다. 한자어 어원 등을 설명하면 그 의미의 학습에도움이 될 것 같다.

(3) 급수별 한자어 유의어의 습득 : 학습 수준에 상관없이 4급, 2급, 3급의 순으로 습득률이 높은데, 이는 한국어와 일본어에서 사용하는 한자어의 습득과 같은 경향을 보이고 있다. 일본어에서만 사용하는 한자어의 경우는 거의 학습 수준에 상관없이 4급, 3급, 2급의 순으로 습득되고 있다. 그러나 양자의 경우는 초급과 중급보다, 초·중급과 상급에서 차이를 보이고 있다.

난이도별로 습득이 어렵지 않은 것은, 급수별 한자어는 여러 나라의 일본어학습자를 대상으로 한 분류이므로, 한자어를 많이 사용하는 한국인 학습자에게는 적용되지 않을 수도 있겠다(특히 한국어에서도 사용하고 있는 한자어).

(4) 학습자의 정답률(습득률)에 따른 한자어 유의어의 난이도 : 난이도 上(정답률이 40% 미만)은 6문(14.3%), 中(40% 이상~ 60% 미만)은 22문(52.4%), 下(60% 이상)는 14문(33.3%)으로 크게 나눌 수 있다.

습득률에 따른 분류는 교재 및 테스트 작성 등에 그 활용이 가능하겠다.

(5) 한자어 유의어의 개수에 따른 습득 : 한자어의 유의어 개수가 많은 쪽이 정답률이 낮아서, 습득률이 낮다.

한 어휘에 유의어가 많으면 상호 비교 대상이 많아지므로 학습에 부담이 되겠다. 개별 어휘 학습보다는 동시에 비교하며 가르치는 것도 효과적인 지도 방법의 하나이겠다.

위 결과에 무엇보다도 중요한 것은, 한자어 유의어는 중급에서 습득이 어렵고, 상급에서도 그다지 높지 않은 것이다. 특히 한국어와 일본어에서 사용하는 한자어 유의어의 경우에 나타나므로 교수 학습에 주의를 요한다.

앞으로 1급 어휘를 포함한 한국어와 일본어의 한자어 유의어의 습득에 관한 조사를 하고 싶다. 물론 이는 한국어에서 한자어 사용이 일본어 학습을 용이하게 하는 면이 있지만, 그렇지 않은 면을 고찰해 가는 일련의 연구의 하나이다.

〈참고문헌〉

- 佐藤揚子(2006)「サイバー大学日本語学習者の作文での漢字使用分析」『일본문화연구』19, 동아시아일본학회, pp.349-365
- 조남성(2006)『일본어의 오용 분석』, 보고사
- 金潤哲(2003)「名詞に関する誤用例の分析」『人文學論叢』3, pp.291-303
- 金藝羅(2002)『한국인 학습자의 일본어 한자·한어학습의 저해요인 분석 -쓰기 영역을 중심으로-』, 啓明大學校 教育大學院 碩士學位論文
- 趙南星(1993)「韓国人日本語学習者による漢字書き誤りの分析と評価」『日本語教育』80号, 日本語教育学会, pp.28-48
- 国際交流基金·日本国際教育協会(2002)『日本語能力試験出題基準【改訂版】』, 凡人社
- 小学館辞典編集部(1994)『使い方の分かる類語例解辞典』, 小学館

한국인 일본어학습자의 동사 유의어 습득에 대하여

1. 들어가는 말
2. 연구 방법
3. 연구 결과 및 고찰
4. 맺는 말

1. 들어가는 말

일반적으로 의사 전달에서는 부정확한 어휘와 정확한 문법에 의한 발화보다 정확한 어휘와 부정확한 문법에 의한 발화 쪽이 이해하기 쉬운 경우가 많다. 어휘는 문형·문법과 함께 학습할 중요한 사항의 하나이며, 어휘 중에서 유의어(그리고 다의성이 높은 어휘, 복합동사)는 학습자가 습득하기 어려운 부분의 하나이다. 학습자는 유의어의 구별을 위해서 주로 사전을 사용하고 있으나, 대부분의 사전은 그다지 도움을 주지 못하고 있다. 이는 장면이나 문맥에 따라 어휘가 내포한 미묘한 차이를 알고 사용해야 하기 때문일 것이다. 또한 단편적인 의미 지식으로 어떤 문장 내의 동사 유의어 사용은 가능하나, 또 다른 상황에서의 사용은 어려운 것도 주지의 사실이다. 대응하는 어휘(번역어 : 일본어에 대응하는 한국어) 이외에도 여러 가지 통사·의미 정보를 획득하지 않으면 유의어의 운용(運用)은 어려울 것이다.

한편 한국의 일본어교육에서 문형·문법과 달리, 체계적으로 어휘를 지도하고 있는지는 다소 의문이다. 그리고 동사 유의어의 습득(사용)에 관한 연구는 아직 초기 단계에 있다. 실제 의미(어휘)에 관한 연구는, 언어 연구 전체에서 가장 뒤지고 있다. 이는 통사(문법)와 달리 비규칙적이며 과학적 연구 대상이 아닌 탓도 있겠다.

지금까지 동사 유의어 습득에 관한 선행연구를 보면, 소수의 기본적인 유의어를 대상으로 학습자의 오용률을 찾고[한(2003),

신(2005), 오(2006)], 오용 분석 대상의 학습자는 학습 수준을 고려했으나 각 유의어에서의 구체적인 분석은 하지 않았다[梁(2000), 신(2005), 오(2006)]. 그리고 일본어 모어화자의 유의어 사용을 정답 기준으로 고려하지는 않았다.[1] 본 연구에서는 다수의 어휘를 대상으로 동사 유의어의 난이도(JLPT 어휘 급수), 학습자의 학습 수준(JLPT의 급수), 동사 유의어의 의미 분류, 동사 유의어의 개수 등을 고려한 종합적인 분석을 하고자 한다. 또한 일본어 모어화자의 사용 정도를 정답 기준으로 하여, 문제의 객관성 및 학습자와의 비교를 고려하였다.

이는 동사 유의어를 어떻게 가르칠 것인가에 대한 기초 연구로, 어느 동사 유의어를 얼마나 습득하고 있는지, 학습 수준별로 조사하는 데에 중점을 둔다. 구체적인 조사 사항은 다음과 같다.

(1) 학습 수준별 동사 유의어의 정답률
(2) 한국인 일본어학습자와 일본어 모어화자의 동사 유의어의 사용 내역
(3) 문제별 동사 유의어의 정답과 오답(오용)
(4) 동사 유의어 개수에 따른 정답률
(5) 동사 유의어 정답률과 학습 수준
(6) 정답 어휘 급수별 정답률
(7) 동사 유의어의 의미 분류에 따른 정답률
(8) 학습자 전체의 정답률에 따른 동사 유의어의 난이도

2. 연구 방법

조사 참여자는, 한국인 일본어학습자(K:58명)는 JLPT(Japanese Language Proficiency Test, 日本語能力試験) 1급 29명(K1), 2급 29명(K2), 3급 29명(K3)이고, 일본어 모어화자(20명)는 1·2차 조사 각각 10명씩이다. 조사는 기본적으로 다지선택식(多肢選択式)으로, 1차 조사에서는 동사 유의어 50쌍[2](123개 동사, 1쌍에 7~21문항)의 584문항(이들 문항의 문장은 인터넷에서 구했음.)을 대상으로, 일본어 모어화자(J1:대학생) 10명의 대답이 일치하는 255문항을 구했다. 2차 조사에서는 329(=584-255)문항을 10명(J2:일본어교사 7명, 주부 3명)에게 재조사하였다. K1이 참가한 것은 1차 조사이다. 그리고 각 문항 중에서 J1의 10명 또는 J1+J2의 18명이 동일하게 대답한 문항을 대상(정답)으로 해서, K1의 정답률이 가장 낮은 것을, 동사 유의어 1쌍에 1문항씩 선택하여 50문항을 선정했다(〈표2〉). K2와 K3은 이들 50문항의 조사에만 회답했다. 한편, 본고에서는 지면 제약의 관계로 50문항에 대해서만 분석의 대상으로 한다.

3. 연구 결과 및 고찰

3.1 학습 수준별 동사 유의어의 정답률

〈표1〉은 '학습 수준별 동사 유의어의 정답률'을 나타내고 있다. 〈표1〉에서 보면 학습 수준이 높아짐에 따라서 정답률이 높아지고 있으나(57. 7〉49. 3〉46. 6%), 그 차이는 크지 않다.

여기서는 동사 유의어가 상당히 습득하기 어려운 것을 잘 알 수 있다.

〈표1〉 학습 수준별 동사 유의어의 정답률

학습 수준	JLPT 1급 학습자	JLPT 2급 학습자	JLPT 3급 학습자
동사 유의어의 정답률 (표준편차)	57. 7%(14. 6)	49. 3%(20. 5)	46. 6%(16. 4)

3.2 한국인 일본어학습자와 일본어 모어화자의 동사 유의어의 사용 내역

〈표2〉는 '한국인 일본어학습자와 일본어 모어화자의 동사 유의어의 사용 내역'을 나타내고 있다. 〈표2〉에서 보면 J는 문 1, 2, 5, 6, 7, 9, 10, 11, 12, 13, 15, 18, 20, 21, 23, 24, 25, 29, 30, 33, 34, 35, 36, 37, 39, 41, 42, 46, 47, 50에

서 100% 같은 유형(10명)으로 대답하고 있다. K의 경우 정답률(습득률)이 가장 높은 것(1～3위)을 보면, 전체적(K1＋K2＋K3)으로는 문35(着る/はく:82.8)·7(帰る/戻る:79.3)·49(届ける/送る/出す:75.9)이다. 학습자별로는 K1은 문35(着る/はく:93.1%)·7(帰る/戻る:86.2)·1(思う/考える:82.8)/49(届ける/送る/出す:82.8), K2는 문2(住む/暮す/過ごす/生きる:93.1%)·7(帰る/戻る:82.8)/35(着る/はく:82.8)/49(届ける/送る/出す:82.8), K3은 문13(いる/ある:75.9%)·1(思う/考える:72.4)/35(着る/はく:72.4)이다. 그리고 정답률이 가장 낮은 것(1～3위)을 보면, 전체적으로는 문19(願う/望む/願望する/希望する/期待する:16.1%)·4(教わる/習う/学ぶ/勉強する:26.4)·3(わかる/知る/理解する:31.0)이다. 학습자별로는 K1은 문3(わかる/知る/理解する:31.0%)·19((願う/望む/願望する/希望する/期待する:34.5)·4(教わる/習う/学ぶ/勉強する:37.9)/24(する/やる/行う:37.9), K2는 문19(願う/望む/願望する/希望する/期待する:10.3%)·15(使う/用いる/使用する:17.2)·10(上がる/のぼる:20.7), K3은 문19(願う/望む/願望する/希望する/期待する:3.5%)·4(教わる/習う/学ぶ/勉強する:13.8)·15(使う/用いる/使用する:20.7)/16(終わる/済む:20.7)이다.

〈표2〉 한국인 일본어학습자와 일본어 모어화자의 동사 유의어의 사용 내역

번호	동사 유의어와 문항 * 숫자(1, 2, 3, 4)는 JLPT 어휘 급수	회답 내역 J						회답 내역 K						K의 (순위)
1	①おもう(思う)3 ②かんがえる(考える)3	①	②	무	①	②	무	정답률						
	本のタイトルは、今適当に私が(考え)たものです。	-	10	-	5	24	-	JLPT 1급 학습자 29명						82.8 (3)
					9	20	-	JLPT 2급 학습자 29명						69.0 (9)
					8	21	-	JLPT 3급 학습자 29명						72.4 (2)
2	①すむ(住む)4 ②くらす(暮す)2 ③すごす(過ごす)2 ④いきる(生きる)3	①	②	③	④	무	①	②	③	④	무			
	東京のアパートで一人で(暮らし)ながら高校に通っていた。	-	10	-	-	-	7	21	1	-	-			72.4 (6)
							2	27	-	-	-			93.1 (1)
							14	14	-	1	-			48.3(21)
3	①わかる4 ②しる(知る)4 ③りかいする(理解する)2	①	②	③	무	①	②	③	무					
	子供を(知る)と、その国の国民性が分かる気がします。子供は面白いです！	-	18	-	2	7	9	12	1					31.0(50)
						13	11	5	-					37.9(32)
						11	7	11	-					24.1(46)
4	①おそわる(教わる)2 ②ならう(習う)4 ③まなぶ(学ぶ)2 ④べんきょうする(勉強する)4	①	②	③	④	무	①	②	③	④	무			
	一流といわれるところには、それなりの雰囲気もあり、(学ぶ)ことが多い。	1	1	18	-	-	8	9	11	1	-			37.9(47)
		1	1				5	9	8	6	1			27.6(42)
		1	1				4	9	4	12	-			13.8(49)
5	①はなす(話す)4 ②いう(言う)4 ③かたる(語る)2 ④しゃべる2 ⑤のべる(述べる)2	①	②	③	④	⑤	무	①	②	③	④	⑤	무	
	とてもやさしく、きれいな英語を(話し)てくれた。	10	-	-	-	-	-	13	7	3	5	-	1	44.8(38)
								11	7	2	3	6	-	37.9(32)
								19	6	2	2	-	-	65.5 (7)
6	①でる(出る)4 ②でかける(出かける)4	①	②	무	①	②	무							
	外国人の出席が多いような集りには、着物で(出かける)のも良いでしょう。	-	10	-	15	14	-							48.3(33)
					15	14	-							48.3(22)
					11	18	-							62.1 (9)

7	①かえる(帰る)4 ②もどる(戻る)3	①	②	무	①	②	무			
	会社に(戻っ)て、倉庫で片づけをして、家に帰るのが夜6~7時ぐらい。	−	10	−	4	25	−			86.2 (2)
					5	24	−			82.8 (2)
					9	20	−			69.0 (4)
8	①ちがう(違う)4 ②まちがえる(間違える)3 ③まちがう(間違う)2	①	②	③	무	①	②	③	무	
	一度、交差点で道を(間違え)たらしい。	−	18	2	−	3	14	12	−	48.3(33)
						1	18	10	−	62.1(15)
						6	14	8	1	48.3(21)
9	①かける(駆ける)1 ②はしる(走る)4	①	②	무	①	②	무			
	朝、東京駅から会社に向かう途中に、自転車で(走っ)ている人を良く見かける。	−	10	−	8	21	−			72.4 (6)
					17	12	−			41.4(29)
					16	13	−			44.8(30)
10	①あがる(上がる)3 ②のぼる4	①	②	무	①	②	무			
	平成５年度からスタートした「ハングル」能力検定に挑戦した人は、11,300人に(のぼる)。	−	10	−	13	15	1			51.7(27)
					23	6	−			20.7(48)
					18	11	−			37.9(35)
11	①あける(開ける)4 ②ひらく(開く)3	①	②	무	①	②	무			
	午後11時閉店と書いてあっても、毎日3時や4時まで、お客さんがいる限り、店を(開け)ていたという。	10	−	−	14	15	−			48.3(33)
					17	12	−			58.6(17)
					17	12	−			58.6(11)
12	①のこる(残る)3 ②あまる(余る)2	①	②	무	①	②	무			
	身に(余る)優しいお言葉をいただき、こんなに嬉しいことはありません。	−	10	−	13	16	−			55.2(24)
					15	14	−			48.3(22)
					21	8	−			27.6(42)
13	①いる4 ②ある4	①	②	무	①	②	무			
	そこにはあたたかい飯、熱い汁、焼きたての魚が(ある)。	−	10	−	11	18	−			62.1(20)
					6	23	−			79.3 (5)
					7	22	−			75.9 (1)
14	①いる(要る)3 ②ひつようする(必要だ)3 ③かかる4	①	②	③	무	①	②	③	무	
	翻訳作業は大変根気の(要る)、時間のかかる仕事である。	18	2	−	−	21	5	2	1	72.4 (6)
						10	13	6	−	34.5(34)
						10	13	5	1	34.5(38)
15	①つかう(使う)4 ②もちいる(用いる)2 ③しようする(使用する)2	①	②	③	무	①	②	③	무	

	人を(使う)ことは簡単だと思っている人は少ない。	10	-	-	-	20 5 6	8 22 18	1 2 5	- - -					69.0(11) 17.2(49) 20.7(47)
16	①おわる(終わる)4 ②すむ(済む)3	①	②	무	①	②	무							
	社長は用が(済ん)た[だ]らレジが終わるのを待たずに帰ってしまう。	1	19	-	12 22 23	17 7 6	- - -							58.6(22) 24.1(45) 20.7(47)
17	①あたえる(与える)2 ②くれる3 ③あげる2	①	②	③	무	①	②	③	무					
	残念ながら、現在の日本では、道でくわえタバコをしている青少年に注意を(与える)ことをしない。	18	1	-	1	12 8 13	3 5 6	13 15 10	1 1 -					41.4(42) 27.6(42) 44.8(30)
18	①うける(受ける)3 ②もらう3	①	②	무	①	②	무							
	医師の診察または指示を(受け)た後入院手続きをして下さい。	10	-	-	19 21 14	10 8 15	- - -							65.5(15) 72.4 (8) 48.3(21)
19	①ねがう(願う)2 ②のぞむ(望む)2 ③がんぼうする(願望する) ④きぼうする(希望する)2 ⑤きたいする(期待する)2	①	②	③	④	⑤	무	①	②	③	④	⑤	무	
	私たちの考え、そして行動が理解して頂ける日が来ることを、切に(願っ)ています。	18	1	-	-	1	-	10 3 1	6 12 12	6 3 2	5 5 6	2 6 7	- - 1	34.5(49) 10.3(50) 3.5(50)
20	①あう(会う)4 ②であう(出会う)2	①	②	무	①	②	무							
	あの人、朝電車で(会っ)た人だ。	10	-	-	13 15 17	16 14 12	- - -							44.8(38) 51.7(21) 58.6(11)
21	①あらわす(表す)2 ②しめす(示す)2	①	②	무	①	②	무							
	グラフは増減を繰り返しながらも、明らかに右上がりの傾向を(示し)ている。	-	10	-	14 17 12	15 12 17	- - -							51.7(27) 41.4(29) 58.6(11)
22	①きめる(決める)3 ②さだめる(定める)1 ③けっていする(決定する)2	①	②	③	무	①	②	③	무					
	自分の物事は自分で(決める)。	18	1 1 1	1 1 1	-	21 20 20	1 1 3	7 8 6	- - -					72.4 (6) 69.0 (9) 69.0 (4)
23	①たすける(助ける)2 ②てつだう(手伝う)3	①	②	무	①	②	무							

	本文の内容理解を(助け)、読み進むヒントにもなる問いを本文の横に設けました。	10	-	-	12	17	-			41.4(42)
					7	22	-			24.1(45)
					14	15	-			48.3(21)
24	①する4 ②やる4 ③おこなう(行う)3	①	②	③	무	①	②	③	무	
	国民が直接に政治を(行う)ことは現実にはむずかしい。	-	-	10	-	12	5	11	1	37.9(47)
						6	1	22	-	75.9 (7)
						12	5	11	1	37.9(35)
25	①とおる(通る)3 ②つうじる(通じる)2 ③とおす(通す)2	①	②	③	무	①	②	③	무	
	昼夜を(通し)て働いている。	-	-	10	-	4	10	12	3	41.4(42)
						2	17	10	-	34.5(34)
						9	5	15	-	51.7(17)
26	①きく(聞く)4 ②たずねる3	①	②	무	①	②	무			
	人々から得た情報を確認しようと駅員に尋ねると、(聞く)度に違うことを言われ、混乱した。	18	2	-	18	11	-			62.1(20)
					14	14	1			48.3(22)
					9	20	-			31.0(40)
27	①こむ(込む)3 ②こんざつする(混雑する)2	①	②	무	①	②	무			
	日曜日の午後ともなれば、駅前の繁華街は、人で(混雑する)。	2	18	-	13	16	-			55.2(24)
					15	14	-			48.3(22)
					17	12	-			41.4(33)
28	①だます2 ②ごまかす1	①	②	무	①	②	무			
	泣いたら相手が妥協してくれると思って泣いて(ごまかす)。	2	18	-	15	14	-			48.3(33)
					12	17	-			58.6(17)
					17	12	-			41.4(33)
29	①たべる(食べる)4 ②のむ(飲む)4 ③くう(食う)2	①	②	③	무	①	②	③	무	
	あまりに暑いのでかき氷を(食べる)。	10	-	-	-	16	12	1	-	55.2(24)
						8	14	7	-	27.6(42)
						8	21	-	-	27.6(42)
30	①うつ(打つ)2 ②たたく(叩く)2	①	②	무	①	②	무			
	帰り道で肩を(叩い)て励ましてくれた。	-	10	-	8	20	1			69.0(11)
					12	17	-			58.6(17)
					18	11	-			37.9(35)
31	①すぎる(過ぎる)3 ②たつ(経つ)2	①	②	무	①	②	무			
	あなたと話していると、時間が(経つ)のも、忘れてる。	2	18	-	9	20	-			69.0(11)
					20	9	-			31.0(38)
					21	8	-			27.6(42)

32	①つく(着く)4 ②とどく(届く)2	①	②	무	①	②	무		
	お礼状は品物が届く頃か、少し早めに(着く)ように出しましょう。	18	2	-	12	17	-		41.4(42)
					10	19	-		34.5(34)
					20	9	-		69.0 (4)
33	①ねる(寝る)4 ②ねむる(眠る)3	①	②	무	①	②	무		
	郵便局に５０万円ほど余裕資金が(ねむっ)ているので、どこかに預け替えなくてはいけません。	-	10	-	10	19	-		65.5(15)
					9	20	-		69.0 (9)
					15	14	-		48.3(21)
34	①ひかる(光る)2 ②かがやく(輝く)2	①	②	무	①	②	무		
	つまり「観光」とは、国の光を見ること、人々の顔が(輝く)ことを見ることです。	-	10	-	16	13	-		44.8(38)
					9	20	-		69.0 (9)
					15	14	-		48.3(21)
35	①きる(着る)4 ②はく4	①	②	무	①	②	무		
	ところが足袋を履く時に(着る)服がわかりません。	10	-		27	1	1		93.1 (1)
					24	5	-		82.8 (2)
					21	8	-		72.4 (2)
36	①あそぶ(遊ぶ)4 ②やすむ(休む)4	①	②	무	①	②	무		
	家で(遊ん)でいる土地を有効に使いたい！	10	-	-	19	10	-		65.5(15)
					7	22	-		24.1(45)
					10	19	-		34.5(38)
37	①できる3 ②おこる(起こる)2	①	②	무	①	②	무		
	衣食が足りると、いろいろあらぬ欲望が(起こっ)てくるものです。	-	10	-	13	15	1		51.7(27)
					11	18	-		62.1(15)
					12	17	-		58.6(11)
38	①にげる(逃げる)2 ②のがれる(逃れる)1	①	②	무	①	②	무		
	仕事から(逃れ)て世界中を旅することを夢見る人は多い。	2	18	-	15	14	-		48.3(33)
					17	12	-		41.4(29)
					10	19	-		65.5 (7)
39	①もどす(戻す)2 ②かえす(返す)3	①	②	무	①	②	무		
	胃が疲れ過ぎると食べたものを(戻し)そうになります。	10	-	-	19	10	-		65.5(15)
					9	20	-		31.0(38)
					15	14	-		51.7(17)
40	①まねく(招く)2 ②よぶ(呼ぶ)4	①	②	무	①	②	무		
	手頃な代金で購入でき、持ち運びにも便利な文庫が人気を(呼ん)て[で]いるようだ。	-	18	2	16	13	-		44.8(38)
					19	10	-		34.5(34)
					16	13	-		44.8(30)

41	①ほす(干す)2 ②かわかす(乾かす)2	①	②	무	①	②	무				
	洗濯物はエアコンの吹き出し口に干して(乾かす)ことにした。	-	10	-	12 13 15	17 16 14	- - -				58.6(22) 55.2(20) 48.3(21)
42	①おこたる(怠る)2 ②なまける(怠ける)2 ③さぼる1	①	②	③	무	①	②	③	무		
	相手も早朝だから車も来ないだろうと油断して一時停止を(怠っ)ている のだろう。	10	-	-	-	20 9 8	4 13 12	4 7 9	1 - -		69.0(11) 31.0(38) 27.6(42)
43	①つかむ2 ②にぎる(握る)2	①	②	무	①	②	무				
	人間が何かを(つかむ)とき一番効率よくつかむためには薬指と小指で握るのが 一番です。	18	2	-	19 14 15	10 15 13	- - 1				65.5(15) 48.3(22) 51.7(17)
44	①こえる(超える)2 ②すぎる(過ぎる)3 ③こす(越す)2	①	②	③	무	①	②	③	무		
	常識を(超え)て不可能を可能に変えつづけてきた。	18	-	1 1 1	1 1 1	21 20 14	3 4 11	4 5 4	1 - -		72.4 (6) 69.0 (9) 48.3(21)
45	①こらえる2 ②がまんする(我慢する)2	①	②	무	①	②	무				
	ハハは一人先に読みたいのだけど、ぐっと(こらえ)て、がまんする。	18	2	-	15 20 17	14 9 12	- - -				51.7(27) 69.0 (9) 58.6(11)
46	①にる(煮る)2 ②ゆでる2	①	②	무	①	②	무				
	そうめんを(ゆで)て氷水でしめ、水気を切っておく。	-	10	-	11 16 14	18 13 15	- - -				62.1(20) 44.8(22) 51.7(17)
47	①りゃくする(略する)2 ②はぶく(省く)2 ③しょうりゃくする(省略する)2	①	②	③	무	①	②	③	무		
	一人用とか個人用のコンピュータという意味の、パーソナルコンピュータ(personal computer)を(略し)てパソコンと呼んでいます。	10	-	-	-	23 13 16	5 5 9	1 11 3	- - 1		79.3 (5) 44.8(22) 55.2(16)
48	①しめる(閉める)4 ②とじる(閉じる)2	①	②	무	①	②	무				
	個人商店オープン後、閉じるボタンで商店窓を(閉める)ことができます。	18	2	-	15 23 14	13 6 15	1 - -				51.7(27) 79.3 (5) 48.3(21)

49	①とどける(届ける)3 ②おくる(送る)3 ③だす(出す)4	①	②	③	무	①	②	③	무		
	私の質問を見てさっそくメールを(送っ)てくれた。	-	19	1	-	1	24	4	-		82.8 (3)
			19	1		-	24	1	-		82.8 (2)
			19	1		4	18	6	1		62.1 (9)
50	①さわる(触る)3 ②ふれる(触れる)2	①	②	무	①	②	무				
	展示品にはお手を(触れ)ないでください。	-	10	-	17	12	-				41.4(42)
					20	9	-				31.0(38)
					20	9	-				31.0(40)

3.3 문제별 동사 유의어의 정답과 오답(오용)

여기서는 문제별 동사 유의어의 설명[3]에 따른 정답과 오답(오용)을 살펴본다. 그리고 〈표2〉에 제시된 한국인 일본어학습자와 일본어 모어화자의 동사 유의어의 사용 내역 중에서 특징적인 사항을 기술한다. 이하 [韓]은 한국어, [日]은 일본어를 나타낸다.

(1) 문1 : [韓]의 '생각하다'는 [日]의 思う/考える와 대응한다. 思う는 상상, 결의, 걱정, 희망, 연정(戀情) 등, 주관적·감정적으로 마음을 움직이는 뜻이고, 考える는 조리 있게 머리를 써서 객관적으로 판단하는 뜻이다. 문1은 책의 제목을 생각하기 때문에 考える가 적절하다.

(2) 문2 : [韓]의 '살다/지내다'는 [日]의 住む/暮す/過ごす/生きる와 대응한다. 住む는 그 장소에서 생활을 영위한다는 뜻이고, 生きる는 생명을 유지하면서 생물로서 기능하고 있는 상태를 뜻한다. 暮す와 過ごす는 매우 유사한데,

過ごす는 어떤 특정의 시간을 일정의 장소에서 그 순간을 그럭저럭 헤어나가는 것을 뜻하고, 暮す는 나날의 생활을 하면서 그 시간을 보내고 있다는 뜻이 내포되어 있다. 따라서 문2는 혼자 생활하면서 고등학교에 다니기 때문에 暮す가 적절하다. 오용(오답)을 보면 모든 학습자는 정답(暮す)과 의미가 좀 더 유사한 過ごす보다 住む를 더 사용하고 있다.

(3) 문3 : [韓]의 '알다/이해하다'는 [日]의 わかる/知る/理解する와 대응한다. わかる/理解する는 사물의 내용을 조리 있게 논리적으로 이해하는 것을 뜻하지만, 知る는 사물 전체를 감각적으로 받아들이는 경우가 많다. 또한 知る는 경험이나 지식·정보를 가지고 있다는 뜻으로 많이 사용한다. 한편 理解する는 뭔가를 알고 나서 적극적으로 이해하려고 노력한다는 뜻의 한어적 표현이다. 따라서 문3은 知る가 적절하다. 오용을 보면 K1은 わかる보다 理解する를 많이 사용하고 있고, K2는 그 반대이다. K3은 똑같이 사용하고 있다. 이를 보면 문3에서 わかる/知る/理解する의 사용이 어려운 것 같다.

(4) 문4 : [韓]의 '배우다/공부하다'는 [日]의 教わる/習う/学ぶ/勉強する와 대응한다. 教わる/習う는 '가르쳐 받다, 지도를 받다'의 뜻으로, 教わる는 구어적 표현이다. 学ぶ는 가르침을 받거나 보고 익혀서, 지식이나 기술을 습득하는 것을 뜻한다. 勉強する는 학교뿐만 아니라 실용적인 지식이나 기능을 배우는 경우에 넓게 사용한다. 따

라서 문4는 一流라는 어휘를 생각하면 学ぶ가 적절하다. 오용을 보면 K1은 教わる/習う, K2는 教わる/習う/勉強する, K3은 習う/勉強する가 많다. 이를 보면 習う의 습득도 어려운 것 같다.

(5) 문5 : [韓]의 '말하다/이야기하다'는 [日]의 話す/言う/語る/しゃべる/述べる와 대응한다. 話す는 전하는 것(내용 전달)이 목적이고 반드시 상대가 있다. 또한 어느 나라의 언어를 이해하고 말하는 경우에도 사용한다. 話す/語る/しゃべる에는 상대와 대화를 하다는 뜻이 있다. 言う는 일방적인 전달로 생각한 것을 말로 표현하는 뜻이고, 語る는 들으려고 하는 청자에게 정리된 내용을 들려주는 뜻이고, しゃべる는 話す의 격의 없는 표현으로 話す와 달리 상대를 의식하지 않으며, 잡담처럼 내용이 가벼운 경우에 많이 사용한다. 述べる는 공적인 장면에서 일방적인 전달로 문장으로 써서 표현하는 뜻도 있다. 따라서 전달하는 내용과 상대를 생각하면 話す가 적절하다. 오용을 보면 K1과 K3은 述べる를 제외하고, K2는 모든 예를 사용하고 있으나, 특히 言う의 사용이 많다.

(6) 문6 : [韓]의 '나가다'는 [日]의 出る/出かける와 대응한다. 出る는 지금 있는 장소나 공간으로부터 밖으로 가는 뜻이고, 出かける는 뭔가 목적을 갖고 가는 뜻과, 단순히 집을 나와 밖으로 나간다는 뜻으로 사용한다. 出る/出かける는 각각 入る/帰る와 대응한다. 따라서 문6은 모임에 나가고 있으므로 出かける가 적절하다.

(7) 문7 : [韓]의 '돌아오다(돌아가다)'는 [日]의 帰る/戻る와 대응한다. 帰る는 사람이 본래 있어야 할 곳으로 가는 뜻이고, 戻る는 원래의 장소, 방향을 향해서 거꾸로 간다는 것을 뜻한다. 따라서 문7은 회사로 돌아오므로 戻る가 적절하다.

(8) 문8 : [韓]의 '다르다/틀리다'는 [日]의 違う/間違える/間違う와 대응한다. 違う는 정상의 상태에서 벗어난 뜻이나, 다른 것보다 뛰어난 뜻으로 사용한다. 間違える는 표면적으로 동작을 잘못하거나, 答えを間違える처럼 사고·판단의 과정에서 실수를 범해서 좋지 않은 결과를 내버리거나, 실수하여 다른 것을 집는 뜻으로 사용한다. 間違う는 사람이 실수나 실패하는 구체적인 동작을 가리키는 경우나, 판단이나 인식, 그에 따른 행위·태도·자세가 바르지 않거나, 答えが間違っている처럼 사고 판단의 과정에서 실수를 범해서 나온 결과가 좋지 않은 경우에 사용한다. 間違える는 본래 자동사 間違う에 대응하는 타동사이다. 따라서 문8은 길을(道を) 착각해버린 경우로 間違える가 적절하다. 오용을 보면 모든 학습자는 間違える와 間違う 즉 타동사와 자동사를 혼동하고 있는 것 같다.

(9) 문9 : [韓]의 '달리다'는 [日]의 駆ける/走る와 대응한다. 走る는 인간이나 동물, 그리고 전동차나 차 등이 빠르게 움직여서 이동하는 것을 뜻한다. 駆ける는 走る와 같이 빠르게 움직여서 이동할 때 사용하는 구어적 표현으로, 인간이나 동물 이외에는 사용하지 않는다. 따라서 문

9는 자전거로 달리고 있으므로 走る가 적절하다.

(10) 문10 : [韓]의 '오르다'는 [日]의 上がる/のぼる와 대응한다. 上がる는 그 전의 상황과 비교해서 높게 되는 경우, 일반적으로 높다고 인정되는 위치나 단계 등에 있는 경우에 사용한다. のぼる[上る]는 입장객이 ?만에 도달하거나, 화제에 오르거나 하는 뜻이 있지만, 높은 곳을 향해서 서서히 이동해 가는 과정에 중점을 둔다. 따라서 문10은 のぼる가 적절하다.

(11) 문11 : [韓]의 '열다'는 [日]의 開ける/開(ひら)く와 대응한다. 開ける는 닫히거나 덮여 있는 것의 일부나 전체를 비켜 놓거나 제거해서, 틈이나 출입구를 만드는 것을 뜻한다. 開く는 닫혀 있는 것을 펴거나, 넓어지는 것을 뜻하며, 그 대상이 될 수 있는 것은 물체 자체가 쌍을 이루는 것이나, 동작 결과가 쌍을 이루는 상태로 되는 것이다. 開ける는 타동사로 자동사 開(あ)く와 대응되며, 開く는 자·타동사로 사용한다. 따라서 문11의 가게의 경우는 開ける가 적절하다.

(12) 문12 : [韓]의 '남다'는 [日]의 残る/余る와 대응한다. 残る는 물건, 일, 사람 등의 일부 또는 전부가 어느 정도 시간이 지난 후에도 그 곳에 존재한다는 뜻이다. 余る는 필요한 수량이나 어느 기준을 넘어서 여분이 나오거나, 능력이나 한도, 범위를 넘는다는 뜻으로 사용한다. 따라서 문12는 余る가 적절하다. 문12의 身に余る는 보통 관용구로 사용한다.

(13) 문13 : [韓]의 '있다'는 [日]의 いる/ある와 대응한다. ある는 일반적으로 무생물·식물·사물 등의 존재를 말하고, 사람·동물·생물이나 탈것 등, 움직이는 것의 존재에는 いる를 사용한다. 따라서 문13은 구운 생선이므로 あるか 적절하다.

(14) 문14 : [韓]의 '필요하다'는 [日]의 要る/必要だ/かかる와 대응한다. 要る는 화자나 당사자에게 대상으로 되는 것이 불가결하고 없어서는 곤란한 것을 뜻한다. 사물·물건 이외 노력·능력·인내·끈기 등이 필요한 경우에 사용한다. かかる는 객관적인 사실로서 시간·돈·노력(労力) 등이 불가결한 것을 뜻한다. 시간에는 많이 사용하지만, 물건에는 사용하지 않는다. 必要だ는 그것이 없으면 어떤 일을 하는데 중대한 지장을 초래하는 경우에 사용한다. 要る의 한어적 표현으로 문장어이고, 要る만큼 주관성은 없고 객관적 판단·논리를 기술한다. 따라서 문14는 要る가 적절하다. 오용을 보면 모든 학습자는 かかる보다 必要だ로 잘못 사용하고 있는데, [韓]의 '필요하다'를 직역한 것 같다.

(15) 문15 : [韓]의 '사용하다'는 [日]의 使う/用いる/使用する와 대응한다. 使う는 목적을 가지고 사람·물건·사고·수단·방법 등을 활용하는 일반적인 말이다. 用いる는 그 사람·물건의 재능·능력·기능·성능 등을 충분히 살려서 사용한다는 뜻이다. 使う는 단순히 일을 시키는 뜻이고, 用いる는 그 사람을 평가해서 활용한다는 뜻이다. 用いる는

使う와 같은 뜻이나 딱딱한 표현으로 일상 회화에서는 잘 사용하지 않는다. 使用する는 특정 목적을 위해 사람, 물건, 시스템을 사용하는 것으로, 使う의 한어적 표현으로 문장어이다. 따라서 문15는 使う가 적절하다. 오용을 보면 모든 학습자는 使う와 用いる의 용법을 혼동하고 있는 것 같다. 문15에서 '사람을 사용하다'보다 '사람을 쓰다'가 자연스러워 使用する의 사용이 적은 것 같다.

(16) 문16 : [韓]의 '끝나다'는 [日]의 終わる/済む와 대응한다. 終わる는 계속되는 사항이 시간의 경과에 따라서 없어지게 되는 뜻으로 始まる와 대응한다. 済む는 문제·책임·의무 등, 번거로운 일·마음의 고민이 끝난다는 뜻으로, 사람의 행위가 완료하는 경우에만 사용한다. 따라서 문16은 볼일이 끝나는 경우로 済む가 적절하다.

(17) 문17 : [韓]의 '주다'는 [日]의 与える/くれる/あげる와 대응한다. 与える는 문장어로 위에서 아래로 물품의 이동 이외, 불이익이 되는 영향을 초래하거나, 상대에게 뭔가를 부과하거나 하는 추상적인 경우에 많이 사용한다. あげる는 Ⓐ로부터 Ⓑ에게 Ⓒ가 이동하는 것을 뜻하며, Ⓑ에 화자가 오지 않는다[ⒶがⒷにⒸ(物品)をあげる]. くれる는 あげる와 같으나 Ⓑ는 화자나 그 관계자이다 [ⒶがⒷにⒸ(物品)をくれる]. 따라서 문17은 주의를 주기 때문에 与える가 적절하다. 오용을 보면 모든 학습자는 くれる/あげる보다 与える/あげる의 사용 구분이 어려운 것 같다.

(18) 문18 : [韓]의 '받다'는 [日]의 受ける/もらう와 대응한다. 受ける는 외부로부터의 행위나 제시(상담·주문·지시·전화·질문·수술·시험·조사 등)에 응하는 것을 뜻한다. もらう는 문17의 あげる와 반대로 Ⓑ로부터 Ⓐ에게 Ⓒ가 이동하는 것을 뜻한다[ⒶがⒷ)に[から]Ⓒ(物品)をもらう]. 따라서 문14는 지시를 받기 때문에 受ける가 적절하다.

(19) 문19 : [韓]의 '바라다'는 [日]의 願う/望む와 대응하고, 願望する(원망하다)/希望する(희망하다)/期待する(기대하다)는 [韓]에서도 의미가 유사하다. 願う는 어떤 일이 잘 되도록 강하게 희망한다는 뜻이다. 상대에게 도움이나 배려를 청하는 뜻이 강하고, 신불(神佛)에게 기원하는 경우에도 많이 사용한다. 望む는 어떤 일에 대해서 그렇게 하고 싶거나, 그렇게 되었으면 한다는 뜻으로, 자기 자신의 원망(願望)을 나타내는 경우나, 상대에게 요구하는 경우에 사용한다. 願望する는 신에게 도움을 청하는 것에 가까워서 실현 가능성이 거의 없다. 希望する는 실현을 기다리거나 장래의 밝은 전망을 뜻하고, 願望する와 달리 실현 가능성이 높다. 期待する는 믿고 마음속으로 기다리는 뜻이다. 따라서 문19는 상대에게 절실히 이해를 바라고 있으므로 願う가 적절하다. 오용을 보면 K1은 望む/願望する/希望する, K2와 K3은 K1이 가장 적게 사용한 期待する([韓]의 '기대하다'와 대응)를 가장 많이 사용하고 願う/願望する/希望する로도 잘못 사용하고 있다.

(20) 문20 : [韓]의 '만나다'는 [日]의 会う/出会う와 대응한

다. 会う는 사람·물건, 의식적인 행위·무의식적인 우연의 행위라도 서로 이동할 수 있는 것과 그 결과 뭔가의 의미·관계가 발생하는 것이 필요조건인 경우에 사용한다. 出会う는 사람이 외출 중에 우연히 알고 있는 사람을 만나거나, 뭔가를 발견하는 경우에 사용한다. 따라서 문20은 会う가 적절하다.

(21) 문21 : [韓]의 '나타내다'는 [日]의 表す/示す와 대응한다. 表す는 지금까지 없었거나 보이지 않았던 것을 분명히 보이도록 한다는 뜻이다. 示す는 뭔가의 방법을 사용해서 직접·간접적으로 상대에게 알리도록 한다는 뜻이다. 예를 들면 絵(クラブ·図)に表す/示す의 경우, 表す는 머릿속에 있는 아이디어를 종이에 그린 것뿐이고, 示す는 그린 것을 남에게 보이는 것으로 된다. 따라서 문21은 그래프로 어떤 경향을 나타내므로 示す가 적절하다.

(22) 문22 : [韓]의 '(결)정하다'는 [日]의 決める/定める/決定する와 대응한다. 定める는 조직·단체 등의 의지로 미정인 사항·상태를 형식이 있는 것으로 변화시킨다는 뜻이다. 決める는 개인의 경우도 포함해서 일반적으로 넓게 사용된다. 決定する는 決める와 거의 같은 뜻으로 공적인 장면에서 이야기한 결과처럼 공적인 일에 사용한다. 따라서 문22는 자신의 일을 스스로 정하기 때문에 決める가 적절하다. 오용을 보면 모든 학습자는 定める보다 決定する를 잘못 사용하고 있는데, [韓]의 '결정하다'를 직역한 것 같다.

(23) 문23 : [韓]의 '돕다'는 [日]의 助ける/手伝う와 대응한다. 助ける는 직접·간접적으로 협조해 주는 경우에 사용한다. 手伝う는 자신이 상대와 공동으로 일을 행하는 상황을 만들어, 그 상대의 행위를 수행시키기 위해서 협조해 주는 경우에 사용한다. 이에 반해서 助ける는 어디까지나 부수적인 입장에 서서 주된 자의 행위에 협조해 주는 경우에 사용한다. 따라서 문23은 助ける가 적절하다.

(24) 문24 : [韓]의 '하다'는 [日]의 する/やる/行う와 대응한다. 이들 동사는 어떤 동작이나 행위를 나타나게 하는 뜻으로, する는 극히 일반적으로 여러 동작이나 행위에 대해서 말한다. 行う는 격식 차린 표현으로, 목적어도 공식적인 것이나 숙어 등이 많고, 분명히 정해진 내용의 사항을 받아서 사용되는 일이 많다. やる는 구어적인 표현으로, 구체적인 내용의 목적어를 취하기보다는 막연한 동작·행위를 나타내는 일이 많다. 따라서 문24는 정치를 행하기 때문에 行う가 적절하다. 오용을 보면 모든 학습자는 やる보다 する로 잘못 사용하고 있다.

(25) 문25 : [韓]의 통하다/통하게 하다'는 [日]의 通る/通じる/通す와 대응한다. 通る는 일정의 경로를 따라서 한쪽에서 다른 쪽으로 도달한다는 뜻으로, 사항에 대해서도 사용한다. 通じる는 두 개의 장소나 일의 사이가 경로 등으로 연결되어 있는 것을 뜻한다. '~을 통해서'(友人を通じて頼む), 一年を通じて暖かい처럼 끊이지 않고 모두에 걸친 뜻으로도 사용한다. 通す는 통하게 한다

는 뜻으로, 장소·사항 그리고 자신의 의견이나 희망을 추진하는 것을 나타낸다. 또는 어떤 동작이나 상태를 일정 기간, 또는 몇 개의 사항에 걸쳐서 계속한다는 뜻으로도 사용한다. 따라서 문25는 주야로 일하고 있기 때문에 通す가 적절하다. 오용을 보면 K1과 K2는 通る보다 通じる, K3은 그 반대로 잘못 사용하고 있다.

(26) 문26 : [韓]의 '묻다'는 [日]의 聞く/たずねる와 대응한다. たずねる(尋ねる)는 넓게 일반적으로 명확하지 않은 것을 남이 대답하도록 하는 것을 뜻한다. 聞く는 たずねる와 같은 뜻으로 聞く가 보통의 표현으로 たずねる가 약간 격식 차린 표현이다. 따라서 문26은 聞く가 적절하다.

(27) 문27 : [韓]의 '혼잡하다'는 [日]의 込む/混雑する와 대응한다. 込む는 한정된 공간에 사람·차 등이 너무 많아서 움직일 수 없을 정도의 상태를 뜻하고, 混雑する는 무질서·무통제로 사람이나 물건이 혼잡한 상태를 나타낸다. 따라서 문27은 번화가에 사람이 많이 모인 상태로 混雑する가 적절하다.

(28) 문28 : [韓]의 '속이다'는 [日]의 だます/ごまかす와 대응한다. 이들은 진실이 아닌 것을 거짓말을 해서 진실이라고 생각하게 하는 뜻으로, だます는 사람(상대)을 목적어로 하고, ごまかす는 보통 사항·내용을 목적어로 한다. ごまかす는 적당한 태도로 그 장면의 화제에서 벗어날 때 사용한다. 따라서 문28은 울면서 속이고 있어서

ごまかす가 적절하다.

(29) 문29 : [韓]의 '먹다'는 [日]의 食べる/飲む/食う와 대응한다. 食べる는 음식을 씹어서, 飲む는 액체 등을 씹지 않고 그대로 목에 넣어서 체내에 넣는다는 뜻이다. 食う는 食べる의 거친 말투이다. 따라서 문29는 食べる가 적절하다. 오용을 보면 K1과 K3은 飲む, K2는 飲む/食う로 잘못 사용하고 있다.

(30) 문30 : [韓]의 '치다'는 [日]의 打つ/叩く와 대응한다. 打つ는 손이나 물건 등을 뭔가에 강하게 대는 것으로, 소리를 내거나 물건을 날리는 등, 목적이 비교적 확실하다. 叩く보다 순간적인 기세나 충격이 있다. 叩く는 손이나 물건 등을 뭔가에 부딪치듯 대는 것으로, 그 동작을 반복하고 있는 느낌이 있다. 문30은 어깨를 두드리고 있어서 叩く가 적절하다.

(31) 문31 : [韓]의 '지나다'는 [日]의 過ぎる/経つ와 대응한다. 過ぎる는 어떤 기준이 되는 점, 대상으로 하는 점을 지나 앞으로 나아간다는 뜻이다. 시간을 거리로 간주하여 어떤 시점과 현재와의 시간 격차를 나타내는 경우는 변화가 오거나, 다른 방향으로 나아간다는 뜻이 있다. 過ぎる는 공간적으로 이동하는 경우에도 사용하지만, 経つ는 시간의 추이(推移)에만 사용하고 定刻を過ぎる처럼 어떤 기준을 넘는 경우에는 사용하지 않는다. 経つ는 단지 시간이 현재의 시점에서 멀어져 가는 뜻을 나타낸다. 따라서 문31은 이야기하고 있는 사이에 시간이 흘러

가고 있기 때문에 経つ가 적절하다.

(32) 문32 : [韓]의 ‘닿다’는 [日]의 着く/届く와 대응한다. 着く는 사람이나 물건이 목적으로 하는 장소에 오는 것을 뜻한다. 届く는 짐이나 편지 등 보낸 것이 받는 측에 오는 것이다. 着く는 단순히 물건이 받는 측에 왔다는 것을 나타낼 뿐이지만, 届く는 보내는 측이 의식되고 있다. 따라서 문32는 着く가 적절하다.

(33) 문33 : [韓]의 ‘자다’는 [日]의 寝る/眠る와 대응한다. 寝る와 眠る는 거의 같은 뜻으로, 원래 寝る에는 ‘드러눕다’의 뜻이 있지만 眠る에는 그와 같은 뜻이 없다. 그리고 寝る에는 大金が寝ている처럼 상품이나 자금 등이 충분히 활용되고 있지 않은 상태를 말하고, 眠る에는 地下に眠る資源, 倉庫に眠っている道具처럼 이용되지 않고 있다는 의미가 있다. 따라서 문33은 眠る가 적절하다.

(34) 문34 : [韓]의 ‘빛나다’는 [日]의 光る/輝く와 대응한다. 光る는 그 자체가 빛을 발하거나, 빛을 반사해서 밝게 보이는 데에 넓게 사용한다. 輝く는 눈부실 정도의 빛을 사방에 발한다는 뜻으로, 대개는 반짝반짝 아름답게 보이는 경우에 사용한다. 輝く에는 希望に輝く顔처럼 기쁨이나 명예를 얻어서 화려하게 느껴지는 뜻도 있다. 따라서 문34는 輝く가 적절하다.

(35) 문35 : [韓]의 ‘입다’는 [日]의 着る/はく와 대응한다. 着る는 상반신 또는 몸 전체에 의복을 걸친다는 뜻으로, 보통 의복의 소매에 팔을 넣는 상태에 사용한다. はく는

바지, 치마, 구두, 양말 등 하반신에 걸치는 의복에 발을 통해서 몸에 걸친다는 뜻이다. 따라서 문35는 着る가 적절하다.

(36) 문36 : [韓]의 '놀다/쉬다'는 [日]의 遊ぶ/休む와 대응한다. 遊ぶ는 그것이 가지고 있는 능력·기능·성능 등이 발휘되지 않은 상태로 해 둔다는 뜻이고, 休む는 일·노동·공부·활동 등을 일정 기간 멈추고, 부담·피로를 없애는 뜻이다. 따라서 문36은 토지를 유효하게 사용하고 싶다고 하기 때문에 遊ぶ가 적절하다.

(37) 문37 : [韓]의 '생기다(일어나다)'는 [日]의 できる/起こる와 대응한다. できる는 用事ができる처럼 무형의 사항의 생기(生起)·성립을 뜻하고, 起こる는 어떤 일이나 사건·발작·감정 등이 발생한다는 뜻이다. 따라서 문37은 욕망이 일어나는 것으로 起こる가 적절하다.

(38) 문38 : [韓]의 '피하다'는 [日]의 逃げる/逃れる와 대응한다. 逃げる는 구체적으로 그곳에서 떨어진다는 뜻이나, 逃れる는 추상적으로 그 일에 관계를 가지지 않는 상태로 된다는 뜻이다. 따라서 문38은 일에서 벗어나는 것으로 逃れる가 적절하다.

(39) 문39 : [韓]의 '되돌리다'는 [日]의 戻す/返す와 대응한다. 返す는 한번 이동한 것을 재차 원래의 장소·상태로 옮긴다는 뜻이다. 戻す는 返す와 비교해서 원래 있었던 장소로 옮긴다는 뜻이 강하고, 소유권은 이동하지 않는다. 또 일의 진행 방향, 전후의 순서를 반대로 한다는

뜻으로도 사용한다. 먹은 것을 입으로 토한다는 뜻도 있는데, 吐く보다 완곡한 표현이다. 따라서 문39는 戻す가 적절하다.

(40) 문40 : [韓]의 '부르다(초래하다/끌다)'는 [日]의 招く/呼ぶ와 대응한다. 呼ぶ는 상대를 소리 내어 부르거나, 이름을 부르거나, 집에 손님으로 오게 하거나, 어떤 일이 뭔가를 일으키는 경우에 사용한다. 招く는 부탁해서 오게 하는 것이다. 이 때 손님으로 부르는 경우에도 사용하는데, 呼ぶ보다 공손한 표현이다. 어떤 결과를 일으키는 경우에는 대부분 좋지 않은 결과를 나타낼 때 사용한다. 따라서 문40은 인기를 일으키고 있으므로 呼ぶ가 적절하다.

(41) 문41 : [韓]의 '말리다'는 [日]의 干す/乾かす와 대응한다. 乾かす는 수분이나 습기를 제거하는데 중점이 있고, 干す는 수분이나 습기를 제거하기 위해서, 통풍이 좋은 장소로 내놓거나 일광이나 불에 쬐어 말리는 것에 중점이 있다. 따라서 문41은 乾かす가 적절하다.

(42) 문42 : [韓]의 '게으름 피우다'는 [日]의 怠る/怠ける/さぼる와 대응한다. 怠ける는 해야 할 일을 할 여유가 있음에도 불구하고 내팽개쳐 두는 뜻이나, 怠る는 배려·준비·주의 등 자신에 부과된 의무를 하지 않고 있는 뜻이다. さぼる는 꾀를 부려 쉰다는 뜻이다. 따라서 문42는 일시 정지가 필요한데 하지 않기 때문에 怠る가 적절하다. 오용을 보면 K1은 怠ける/さぼる, K2와 K3은 さぼる

보다 怠ける로 잘못 사용하고 있다.

(43) 문43 : [韓]의 '잡다'는 [日]의 つかむ/握る와 대응한다. つかむ는 손으로 확실히 쥔다는 뜻으로, 자신한테 끌어당긴다는 뜻이 강하고, 손에 넣거나 자신의 것으로 한다는 뜻으로도 사용한다. 握る는 물건을 손바닥이나 손가락으로 완전히 싸는 것처럼 해서 확실히 쥔다는 뜻이다. 또는 손바닥을, 안에 뭔가를 넣은 것 같은 형태로 한다는 뜻으로도 사용한다. 도구로 握る는 다섯 손가락과 손바닥이고, つかむ는 손가락뿐이다. 握る에서는 다섯 손가락이 달라붙는 것이 보통이다. 따라서 문43은 つかむ가 적절하다.

(44) 문44 : [韓]의 '넘다'는 [日]의 超える/過ぎる/越す와 대응한다. 超える는 이동·변화·정도·범위의 장애·기준·한계를 돌파해서 앞으로 나아간다는 뜻이고, 越す는 수량·시간·거리·정도 등의 범위를 상회해서, 새로운 상황을 맞이한다는 뜻이다. 超える가 기준점 돌파의 순간 동작·작용인 것에 대해서 越す는 계속 동작의 의식이 짙다. 過ぎる는 시점·지점(地點) 등 대상점(對象點)을 지나 그 앞으로 나아간다는 뜻이다. 따라서 문44는 상식을 넘고 있어서 超える가 적절하다. 오용을 보면 모든 학습자는 過ぎる/越す로 잘못 사용하고 있다.

(45) 문45 : [韓]의 '참다'는 [日]의 こらえる/我慢する와 대응한다. こらえる는 내측으로부터 발생하는 감정을 억누르듯이 참는 경우에 사용한다. 我慢する는 아픔·시장·요

의(尿意) 등의 감각이나 생리적인 괴로움 등 일상적·구체적인 괴로움에 견디는 것을 말하는 경우가 많다. 따라서 문45는 읽고 싶은 감정을 누르고 있어서 こらえる가 적절하다.

(46) 문46 : [韓]의 '삶다'는 [日]의 煮る/ゆでる와 대응한다. 煮る는 야채·고기·생선 등의 식품을 조미한 국물에 넣어서 맛이 날 때까지 어느 정도의 시간, 가열 조리한다는 뜻이다. ゆでる는 야채·고기·생선 등을 조미하지 않은 뜨거운 물에 넣어서 열을 가하는 뜻이다. 따라서 문46은 소면을 삶고 있어서 ゆでる가 적절하다.

(47) 문47 : [韓]의 '생략하다'는 [日]의 略する/省く/省略する와 대응한다. 略する는 간단히 하는 것이 뜻의 중심이지만, 省略する/省く는 불필요한 것을 제거해서 전체를 간략하게 한다는 뜻이다. 省略する는 구체적으로 시간이나 수고가 들지 않도록 간편하게 한다는 뜻으로 사용한다. 따라서 문47은 略する가 적절하다. 오용을 보면 K1과 K3은 省略する보다 省く, K2는 省く보다 省略する로 잘못 사용하고 있다.

(48) 문48 : [韓]의 '닫다'는 [日]의 閉める/閉じる와 대응한다. 閉める는 열려 있는 공간을 뭔가로 덮는 것이고, 閉じる는 열려 있는 공간이 합쳐지거나 합치는 것을 뜻한다. 따라서 문48은 閉める가 적절하다.

(49) 문49 : [韓]의 '보내다'는 [日]의 届ける/送る/出す와 대응한다. 届ける/送る는 사람이나 물건을 자신의 곳에

서 목적한 장소에 도착하도록 한다는 뜻으로, 届ける는 欠席を届ける처럼 신고한다는 뜻으로, 送る는 月日を/送る처럼 추상적인 경우에도 사용한다. 그리고 届ける는 자신이 직접 또는 사람을 중간에 세워서 보내나, 送る는 매체(사람·교통수단·배선 배관·상대의 감수성 등)를 통해서 사람·물건·기분 등을 목적지로 이동시킨다. 出す는 물건을 어떤 장소에서 다른 장소로 가도록 하는 것으로, 出す는 보내는 쪽에 届ける/送る는 도착하는 쪽에 중점이 있다. 따라서 문49는 메일을 보내고 있으므로 送る가 적절하다.

(50) 문50 : [韓]의 '닿다'는 [日]의 触る/触れる와 대응한다. 触る는 손이나 발 등 신체의 일부가 뭔가에 접촉해서 그 존재나 형태를 느끼는 것이고, 触れる는 접근해서 사람이나 물건에 가볍게 (손을) 대는 것을 뜻한다. 따라서 문50은 触れる가 적절하다.

3.4 동사 유의어 개수에 따른 정답률

〈표3〉은 '동사 유의어 개수에 따른 정답률'을 나타내고 있다. 〈표3〉에서 조사 대상으로 한 문제별 동사 유의어 각각의 개수에 따른 정답률을 보면, 모든 학습자는 그 차이는 작지만 동사 유의어가 많은 쪽이 정답률이 낮다. 그리고 학습 수준이 높아짐에 따라서 정답률 차이는 커지고 있다.

여기서는 동사 유의어 개수가 많으면 상대적으로 습득하기 어려우나, 학습 수준이 높아짐에 따라서 그 차이가 커지고 있는 것을 알 수 있다.

〈표3〉 동사 유의어 개수에 따른 정답률

학습 수준	JLPT 1급 학습자	JLPT 2급 학습자	JLPT 3급 학습자
동사 유의어 2개 (33문)의 경우 (%)	58.3	51.0	49.9
동사 유의어 3~5개 (17문)의 경우	56.6	46.0	40.2

3.5 동사 유의어 정답률과 학습 수준

〈표4〉는 '동사 유의어 정답률의 학습 수준'을 나타내고 있다. 〈표4〉에서 문제별 정답률을 보면, 학습 수준이 높아짐에 따라서 높아지는 것은 36.0%(1≧2≧3)이고, 그 정반대의 것은 2%(3〉2〉1)이다. 그리고 1급 학습자가 2·3급 학습자보다 높거나 같은 것은 56.0%이고, 3급 학습자가 1·2급 학습자보다 높거나 같은 것은 18%이다.

여기서는 학습 수준이 높아짐에 따라서 동사 유의어의 습득률이 높아지는 것은 대략 1/3에 불과하고, 2/3 정도가 정비례하지 않은 것을 알 수 있다. 그리고 학습 수준이 가장 낮은 학습자가 습득률이 높은 것도 대략 1/5 정도인 것을 알 수 있다. 결국 개개의 동사 유의어는 학습 수준과 정비례해서 습득되지 않는다는 것을 말할 수 있다.

〈표4〉 동사 유의어 정답률과 학습 수준

학습자의 JLPT 급수	1≧2≧3	1≧3〉2	2〉1≧3	2≧3〉1	3〉2〉1	3〉1≧2
문제수(%) [50문]	36.0[18]	20[10]	16[8]	10[5]	2[1]	16[8]
문제 번호 (〈표2〉)	4, 7, 12, 14, 16, 19, 22, 26, 27, 29, 30, 31, 35, 41, 42, 44, 49, 50	1, 9, 10, 15, 36, 39, 40, 43, 46, 47	2, 3, 8, 18, 24, 28, 33, 48	11, 13, 34, 37, 45	20	5, 6, 17, 21, 23, 25, 32, 38

3.6 정답 어휘 급수별 정답률

〈표5〉는 '정답 어휘 급수별 정답률'을 나타내고 있다. 〈표5〉에서 정답 어휘 급수별 정답률을 보면, 모든 학습자는 정답 어휘 급수가 낮을수록 정답률이 높지 않다.

여기서는 학습 수준이 다른 모든 학습자에게 급수가 낮은 어휘의 습득이 상대적으로 쉽지 않은 것을 알 수 있다. 이는 유의어의 특성상 다른 어휘와 함께 유사 의미를 구분하여 사용해야 하기 때문일 것이다.

〈표5〉 정답 어휘 급수별 정답률

정답 어휘(50개)	JLPT 1급 어휘(2)	JLPT 2급 어휘(22)	JLPT3급 어휘(10)	JLPT 4급 어휘(16)
JLPT 1급 학습자 (%)	48.3	56.0	67.2	55.4
JLPT 2급 학습자	50.0	45.5	64.1	45.3
JLPT 3급 학습자	53.5	41.2	51.1	48.5

3.7 동사 유의어의 의미 분류에 따른 정답률

〈표6〉은 '동사 유의어의 의미 분류에 따른 정답률'을 나타내고 있다. 〈표6〉에서 보면 동사 유의어 의미에 따른 정답률은 거의 차이가 없다. 각 의미에서의 학습자 수준에 따른 정답률 차이만 보이고 있다.

여기서는 동사 유의어의 의미 분류에 따라서 정답률의 차이가 없는 것을 알 수 있다.

〈표6〉 동사 유의어의 의미 분류에 따른 정답률

동사의 의미 분류	추상적 관계	인간 활동 - 정신 및 행위	자연물 및 자연 현상
JLPT 1급 학습자 (%)	57.4	58.1	56.3
JLPT 2급 학습자	49.5	48.9	51.7
JLPT 3급 학습자	49.5	44.1	49.4

문제 번호(〈표2〉)	6, 7, 9, 10, 11, 12, 13, 16, 20, 25, 27, 30, 31, 32, 37, 38, 44, 47, 48, 50 〈20문〉	1, 2, 3, 4, 5, 8, 14, 15, 17, 18, 19, 21, 22, 23, 24, 26, 28, 29, 33, 35, 36, 40, 42, 43, 45, 46, 49 〈27문〉	34, 39, 41 〈3문〉

주) 동사의 의미 분류는 国立国語研究所[編](2004:18～31)의 『分類語彙表(増補改訂版)』을 참조했음.

3.8 학습자 전체의 정답률에 따른 동사 유의어의 난이도

〈표7〉은 '학습자 전체의 정답률에 따른 동사 유의어의 난이도'를 나타내고 있다. 〈표7〉에서 보면 동사 유의어의 난이도는 〈上〉(정답률 40.0% 미만), 〈中〉(40.0～60.0%) 〈下〉 (60.0% 이상)로 대별된다.

여기서는 조사 대상 50쌍의 동사 유의어를 정답률(습득률)에 따라서 크게 3 분류할 수 있다. 동사 유의어 지도 및 교재 작성(어휘 제시 등)에 활용되었으면 한다.

〈표7〉 학습자 전체의 정답률에 따른 동사 유의어의 난이도

난이도 (정답률 %)	문제 번호(〈표2〉)
〈上〉 40.0% 미만	19, 4, 3, 16, 50, 15, 29, 10, 17, 23 [10문]

〈中〉 40.0～60.0%	45, 47, 48, 37, 11, 43, 30, 34, 41, 6, 8, 9, 46, 20, 38, 21, 24, 28, 5, 27, 39, 32, 14, 26, 12, 25, 31, 42, 36, 40 [30문]
〈下〉 60.0% 이상	35, 7, 49, 1, 13, 2, 22, 44, 18, 33 [10문]

주) 문제 번호는 정답률이 높은 것부터 제시했다.

4. 맺는 말

본고에서는 일본어 동사 유의어 50쌍(123개 동사)에 대하여 한국인 일본어학습자의 수준별 습득률(사용률)을 조사하였다. 그리고 이들 동사 유의어에 대한 일본어 모어화자의 사용도 조사하였다. 그 주요한 결과는 다음과 같다.

(1) 학습 수준별 동사 유의어의 정답률 : 학습 수준이 높아짐에 따라서 정답률이 높아지고 있으나, 그 차이는 크지 않다.

(2) 동사 유의어 개수에 따른 정답률 : 모든 학습자는 그 차이는 작지만 동사 유의어가 많은 쪽이 정답률이 낮다. 그러나 학습 수준이 높아짐에 따라서 정답률 차이는 커지고 있다.

(3) 동사 유의어 정답률과 학습 수준 : 학습 수준이 높아짐에

따라서 정답률이 높아지는 것은 36.0%이고, 그 정반대의 것은 2%이다. 그리고 1급 학습자가 2·3급 학습자보다 높거나 같은 것은 56.0%이고, 3급 학습자가 1·2급 학습자보다 높거나 같은 것은 18%이다.

(4) 정답 어휘 급수별 정답률 : 모든 학습자는 정답 어휘 급수가 낮을수록 정답률이 높지 않다.

(5) 동사 유의어의 의미 분류에 따른 정답률 : 동사 유의어의 의미 분류에 따른 정답률은 거의 차이가 없다. 각 의미에서의 학습자 수준에 따른 정답률 차이만 보이고 있다.

(6) 학습자 전체의 정답률에 따른 동사 유의어의 난이도 : 동사 유의어의 난이도는 〈上〉(정답률 40.0% 미만, 10쌍), 〈中〉(40.0～60.0%, 30쌍) 〈下〉(60.0% 이상, 10쌍)로 대별된다.

이상의 결과에서 무엇보다도 중요한 것은, 학습 수준이 높아짐에 따라서 습득률이 높아지고는 있으나, 그 차이는 미미하고, 문제별로 보아도 1/3 정도만 그와 같은 현상을 나타내고 있는 점이다. 즉 동사 유의어는 습득이 어려우며, 각각의 동사 유의어에 따라서 다른 것을 알 수 있었다.

끝으로 이에 대하여 학습 수준별 각각의 동사 유의어의 어떠한 용법·의미가 습득을 곤란하게 하는지, 그 원인을 조사하는 것이 우선적인 과제로 요구된다. 이어서 그에 따른 지도 방법도 제시하고 싶다.

〈주〉

1) 한(2003)은 「「あげる」「くれる」「もらう」の習得について一英語話者と中国語話者、韓国語話者を比較して」에서 あげる/くれる/もらう에 대하여 영어화자, 중국어화자, 한국어화자의 습득 정도를 비교하고, 한국어화자의 학습 수준별(일본어 전공자 2학년 49명, 3학년 44명, 4학년 27명) 비교를 하고 있다.
신(2005)은 『고등학교 일본어 교과서에 나타난 유의어에 관한 연구:「동사」를 중심으로』에서 고등학교 일본어 교과서에 잘 나타나는 아래의 동사 유의어(9쌍)를 선정하여, 고등학생을 대상으로 정답률을 조사하였다. 그 정답률은 다음과 같다. (1)ある/いる(85. 5%), (2)あがる/のぼる(70. 8), (3)思う/考える(57. 0), (4)知る/わかる(58. 7), (5)言う/話す(82. 3), (6)さがす/しらべる(55. 8), (7)あける/ひらく(71. 5), (8)する/やる(44. 7), (9)おりる/さがる(67. 2)
오(2006)는 『일본어 유의어의 의미구분에 관한 고찰:동사유의어 10쌍을 중심으로』에서 일본어 전공자(3학년 26명, 4학년 34명)와 외국어학원 수강생 25명 등 총 85명을 대상으로, 아래의 동사 유의어(10쌍)를 37문항으로 구성하여 오용률을 살펴보았다. 그 오용률은 다음과 같다. (1)あずかる/あずける/ひきうける(55. 6%), (2)かかえる/だく/いだく(53. 2), (3)ねがう/のぞむ(51. 8), (4)いう/はなす/しゃべる/のべる/かたる(51. 8), (5)あつめる/そろえる/まとめる(50. 9), (6)さわる/ふれる(46. 7), (7)つかむ/にぎる(40. 8), (8)あまる/のこる(37. 6), (9)えらぶ/きめる/さだめる(37. 4), (10)かわかす/ほす(36. 9)
梁(2000)은 『韓國人 日本語 學習者의 動詞 類義語 誤用에 관한 考察』에서 대학 2학년 26명, 3학년 46명, 4학년 43명 총 125명을 대상으로, 동사 유의어(36쌍)를 36문항으로 구성하여 오용률을 조사하였다. 아래는 오용률이 높은(70. 0% 이상) 9문항이다. (1)しらせる/おしえる(85. 4%), (2)おそわる/ならう/まなぶ(82. 4), (3)おりる/くだる/さがる(78. 8), (4)おる/いる(76. 3), (5)おこたる/なまける/サボる(73. 6), (6)おこる/腹がたつ(73. 6), (7)あきらめる/やめる/よす(72. 6%), (8)さける/よける(72. 2),

(9)たすける/てつだう/すくう(72. 1). 그리고 동사 유의어를 인간관계 및 직업에 관한 동사[11쌍: 예(2), (5), (9) 등], 일상생활에 관한 동사(10쌍), 감각과 감정에 관한 동사(3쌍), 이동변화에 관한 동사(9쌍), 지적인 것에 관한 동사(3쌍)로 4분류하여, 첫번째 동사 그룹의 오용률이 높다고 보고하고 있다.

그리고 일본에서의 일본어 어휘습득연구에 대해서는 谷内美智子(2002)의 「第2言語としての語彙習得研究の概観一学習形態·方略の観点から一」(『言語文化と日本語教育』5月特集号、お茶の水女子大学日本言語文化研究会、155-169)를 참조.

2) 동사 유의어의 선정은 『日本語基本動詞用法辞典』『ことばの意味 辞書に書いてないこと』『ことばの意味2 辞書に書いてないこと』『使い方の分かる類語例解辞典』『類義語使い分け辞典』『日本語学習使い分け辞典』『基礎日本語辞典』 등을 참조했다. 이들 사전에서 공통적으로 많이 나타나는 것 중에서 학습할 필요가 있는 것을 임의로 선정했다.

3) 동사 유의어의 설명은 『日本語基本動詞用法辞典』『ことばの意味 辞書に書いてないこと』『ことばの意味2 辞書に書いてないこと』『使い方の分かる類語例解辞典』『類義語使い分け辞典』『日本語学習使い分け辞典』『基礎日本語辞典』 등을 참조했다.

〈참고문헌〉

- 신재경(2005)『고등학교 일본어 교과서에 나타난 유의어에 관한 연구:「동사」를 중심으로』, 신라대학교 교육대학원 석사학위논문
- 梁承會(2000)『韓國人 日本語 學習者의 動詞 類義語 誤用에 관한 考察』, 啓明大學校 敎育大學院 석사학위논문
- 오수진(2006)『일본어 유의어의 의미구분에 관한 고찰: 동사유의어 10쌍을 중심으로』, 세명대학교 교육대학원 석사학위논문
- 한선희(2003)「「あげる」「くれる」「もらう」の習得について一英語話者と中国語話者、韓国語話者を比較して」『日本学報』57-1집, 韓國日本學會, pp. 303-319
- 小泉保他4人[編](1989)『日本語基本動詞用法辞典』, 大修館書店

- 国立国語研究所[編](2004)『分類語彙表(増補改訂版)』, 大日本図書
- 柴田武他3人[編](1976)『ことばの意味　辞書に書いてないこと』, 平凡社選書 47, 平凡社
- 柴田武他4人[編](1987)『ことばの意味2　辞書に書いてないこと』, 平凡社選書 66, 平凡社
- 小学館辞典編集部(1997)『使い方の分かる類語例解辞典』, 小学館
- 田忠魁·泉原省二·金相順(1998)『類義語使い分け辞典』, 研究社
- 広瀬正宜·庄司香久子[編](1994)『日本語学習使い分け辞典』, 講談社
- 森田良行(1992)『基礎日本語辞典』, 角川書店

일본어 자유 작문에서의 오용 분석

- 대학교 일본어 전공자 2학년 -

1. 들어가는 말
2. 선행 연구
3. 조사 방법
4. 조사 결과 및 분석
5. 맺는 말

1. 들어가는 말

학습자의 오용은 학습 과정 및 정도를 알 수 있어서 교사에게는 중요한 정보이다. 일본어 기초 학습을 끝내고 본격적인 일본어 학습이 진행되는, 대학교 일본어 전공자 2학년 학습자의 오용을 분석하는 것은, 일본어교육에서 우선적으로 요구되는 사항이다. 지금까지 대학교 일본어 전공자 3, 4학년 학습자를 대상으로 한 오용 분석은 어느 정도 이루어지고 있으나, 2학년 학습자의 자유 작문에 나타난 오용을 분석한 연구는 거의 초보 수준에 머물러 있다. 교실 환경에서 시간이나 제재(題材)의 제약이 있는 작문은 엄밀하게 자발적 자료라고 보기 어렵다. 본고에서는 대부분 선행 연구에서 사용한 인위적으로 유도하여 추출한 자료가 아닌, 자유 작문에 나타나는 2학년 학습자의 오용을 찾는다. 이는 아래의 선행 연구에 제시한 다양한 조사의 오용과 함께, 대학교 일본어 전공자 오용의 전체적인 모습을 찾는데 도움이 되리라 생각한다.

2. 선행 연구

오용 조사 연구에서는 그 결과의 효과적인 피드백을 위하여, 학습자, 자료 유출 조건, 조사 시기 등 조사 방법을 명확히 기술하는 것이 중요하다. 이는 조사 방법에 따라서 학습자의 오용은 달리 표출되며, 그 오답률도 큰 차이가 나기 때문이다[1].

지금까지 한국에서 일본어 작문을 대상으로 오용을 분석한 주요 논문은 아래 25편이 있다[2]. 이를 작문 자료, 오용 종류, 학습자로 나누어서 커다란 특징을 살펴보면 다음과 같다.

작문 자료에서는 단문 번역을 작문으로 나타낸 것[(g)55개 문형을 포함한 단문(구두) 번역, (h)번역 ( ) 넣기 테스트, (q)단문 번역으로 판단됨], 다양한 자료에서 오용을 분석한 것[(w)대학생의 작문과 편지, 대학원생의 일본어 학위논문과 학회발표논문 및 한국 신문을 일본어로 번역] 등이 있다. 오용 종류에서는 작문 오용의 일부분을 분석한 것[(d)「くれる」의 오용문, (e)입장(立場)에 관한 오용문, (h)한국어 조사 '에' '에서'에 대응하는 일본어 조사, (i)한국어 조사 '(으)로'에 대응하는 일본어 조사, (l)형태상의 오용, (q)복합동사 표현의 오용, (s)イ형용사 오용, (u)선행연구의 '한자어+하다', (v)한자, (w)문체]이 많다. 학습자에서는 대학(2년제)의 일본어 전공자 2학년 학생의 작문, 청해 테스트에서의 오용을 분석한 것[(b)], 대학교(4년제)의 일본어 전공자 2학년 학생의 작문[(m)[3](x)[4]], 대학교 일본어 전공자 3학년[(s)200자, 400자 과제 작문, (v)자기 소개문], 4학년 학생[(r)자기 소개문, (y)]의 작문에서 오용을 분석한 것이 있다. 그리고 대학생 일본어 전공자 3, 4학년[(j)과제 작문, (l)과제 작문], 3, 4학년과 대학원생[(n)자유 작문]의 오용을 분석한 것이 있는데, 본고의 연구는 (n)의 자유 작문 연구에 이은 것이다.

(a) 정인숙(1983) 「일본어 作文의 誤用例」『仁川大 論文集(人文·社會科學篇)』第5輯, 仁川大學校, 257-274

(b) 二木博史(1988) 「韓国人学習者の日本語誤用例の分析 : 短期大学2学年生の場合」『大田實業專門大論文集』17, 大田實業專門大學, 101-112

(c) 鄭寅淑(1991) 「高學年 日本語作文에 나타난 誤用例」『外國語研究』7, 仁川大 外國語教育院, 149-175

(d) 兼若逸之(1991) 「「百字作文」研究Ⅱ:「くれる」の誤用文を中心にして」『언어연구』第14巻, 성신여자대학교어학연구소, 39-64

(e) 兼若逸之(1992) 「「百字作文」研究Ⅲ: 立場に関する誤用文を中心にして」『언어연구』第15巻, 성신여자대학교어학연구소, 101-131

(f) 지경래(1994) 「大學 日本語 작문에 나타난 誤用文 -현장 교육을 중심으로-」『籠鳳論叢』23, 全南大學校人文科學研究所, 135-160

(g) 정기영(1998) 「초급단계의 일본어 작문지도 연구」『外大論叢』18-1, 부산외국어대학교, 37-70

(h) 許仁順(1999) 「한국어 조사 '에' '에서'에 대응하는 일본어 조사에 관하여 : 한국인 일본어학습자의 작문 오용예를 중심으로」『日本語文學』第7輯, 韓國日本語文學會, 1-31

(i) 허인순(2000)「한국어 조사 '(으)로'에 대응하는 일본어 조사에 관하여 : 한국인 일본어학습자의 작문 오용예를 중심으로」『語文研究』34, 語文研究學會, 129-158

(j) 趙南星(2001)「韓国人学習者の日本語作文に見られる誤りの原因」『日本語教育のためのアジア諸言語の対訳作文データの収集とコーパスの構築』, 平成11-12年度科学研究費補助金基盤研究 (B)(2) 研究成果報告書, 144-157

(k) 高淳治(2002)「日作文에 있어 誤用에 대한 考察」『人文學研究』제5집, 관동대학교 인문과학연구소, 83-110

(l) 趙南星·佐々木瑞貴(2002)「일본어 상급 학습자의 작문에 나타나는 형태상의 오용」『日本語敎育研究』第3輯, 韓國日語敎育學會, 185-208

(m) 北直美(2002)「初級学習者の作文上の不自然な表現」『日本語敎育研究』第3輯, 韓國日語敎育學會, 159-168

(n) 조남성(2003)「한국인 일본어학습자의 작문에 나타나는 오용의 분석과 평가」『日語日文學研究』47-1, 한국일어일문학회, 339-364

(o) 황미옥(2003)「중급 일본어 작문 학습자의 오용 분석」『論文集』제28집, 仁川大學校, 27-46

(p) 김용각(2004)「작문오류를 통해 본 한국인 학습자의 일본어 발음의 문제점 고찰」『일어일문학』23, 대한일어일문학회, 53-64

(q) 이희정(2004)「한국인 일본어학습자의 작문에 나타나는 복합동사 표현의 오류분석」『일본연구』3, 고려대학교 일본학연구센터, 137-155

(r) 張正來(2005)「日本語 誤用에 관한 一考察 - 作文指導 修正作業을 中心으로」『일본어문학』제29집, 日本語文學會, 159-184

(s) 木下謙朗(2005)「韓国人日本語学習者の作文に見られるイ形容詞の誤用 : 述部にあらわれる活用形を中心に」『日本學報』제65집 1권, 韓國日本學會, 253-262

(t) 朴福德(2006)「日本語誤用文分析 : 日本語初級者と高級者の日本語作文を中心に」『日本研究』제22집, 中央大學校日本研究所, 7-21

(u) 李京珪(2006)「일본어 작문에 나타나는 오류유형에 관한 고찰-「한자어+하다」의 작문을 중심으로-」『日本近代學研究』제14집, 韓國日本近代學會, 31-39

(v) 佐藤揚子(2006)「サイバ-大学日本語学習者の作文での漢字使用分析」『日本文化研究』제19집, 동아시아일본학회, 349-365

(w) 윤호숙(2007)「한국인 일본어학습자의 작문 오용에 관한 고찰 : 문체를 중심으로」『日語日文學研究』63-1, 한국일어일문학회, 369-390

(x) 斉藤明美(2007)「韓国における大学生の日本語作文の誤用例について -大学2年生の作文を中心にして-」『韓日軍事文化研究』第5輯, 韓日軍事文化学会, 267-288

(y) 전성용(2008)「상급 일본어학습자의 일본어 오용례 분석」『日本文化學報』第36輯, 韓國日本文化學會, 123-142

3. 조사 방법

3.1 조사 참여자

조사 참여자는 4개 대학교[D1대 12명, D2대 10명, C대 19명, H대 51명(주간 30명/야간 21명)]의 일본어 전공자 2학년 92명이다.

3.2 조사 순서

조사의 자유 작문은 과제물 형식으로 주제가 없고, 작문 분량은 800자로 일본어와 한국어로 작성하며, 사전 사용이 가능했다. 주의 사항으로는 타인의 글을 번역하지 않도록, 또한 기계 번역을 하지 않도록 하였다. 그리고 표기 및 활용 등의 오용을 정확히 조사하기 위해서 PC로 작성하지 않고 원고지(400자)에 직접 쓰도록 하였다. 조사는 2009년 2학년 2학기 중에 실시했다. 참여자 작문 92개는 실제 100명에게 의뢰했으나 8명의 작문이 조사 대상으로 적합하지 않아서(기계 번역이나 타인의 작문을 옮기거나 작문 길이가 너무 짧은 것), 이를 제외하고 얻은 것이다.

3.3 분석 방법

본고의 자유 작문(92개)에서의 오용은, 한국의 대학교에서 일본어를 가르치고 있는 일본인 교사 4명(일본어교사 경력 평균 7

년)이 공통적으로 정정한 것을 대상으로 한다. 이들 교사의 자유스러운 오용 정정에서 공통적으로 인정(認定)하고 정정한 것은, 작문에서 반드시 정정을 요하는 것으로 생각된다. 즉 작문 내용상 이해에 커다란 방해가 되는 것이나, 이해에는 커다란 지장이 없으나 표기나 용법 등에서 명확하게 틀린 (매우 부자연스러운) 것으로 판단된다. 한편 교사의 정정에서 4명이 공통적으로 정정(오용으로 인정)했으나 문맥상 달리 정정한 것은 본고에서 대상으로 하지 않았다.

그리고 오용 예문(밑줄 친 부분은 오용이며, 〈→ 〉에는 정답 제시)은 학습자가 작문한 원문 그대로 옮겼으나 아래와 같이 띄어쓰기한 문장은 정정하였다.

(원문)

- いまにも あたまが いたいので からたが あついです。〈→いたくて〉

(정정문)

- いまにもあたまがいたいのでからたがあついです。〈→いたくて〉

본고에서 분석 대상으로 한 오용은 다음과 같은 기준에 따라서 제시했다.

(1) 한 학습자의 작문 내에서 동일하게 나타나는 오용은 1개만 나타냈다.

- 夏にJLPT二急を受けて冬に一急を受けろうとしたら… 〈→二級〉

위의 예문처럼 한 작문에서 二急, 一急의 두 곳이 정정 되었으나 한 곳만 나타낸다. 아래의 예(품사의 혼동)도 동일한 사례로 첫 번째 하나만 나타낸다.

- 国民の自発的の參加が… 〈→自発的な〉
- すべての国民の自発的の実踐で… 〈→自発的な〉

(2) 오용 예문에는 정정한 부분이 2개 이상이라도 해당 오용만 제시한다. 따라서 오용 예문은 정정한 것 이외에 틀린 부분을 그대로 제시한다. 이는 학습자 작문의 예문을 그대로 나타내기 위해서이다.

- 私はしりなかったけどさいきんしりになった。 〈→しった〉

위의 예에서 しりなかった도 정정했지만 해당(관용적인 동사구) 오용만 제시했다. しりなかった는 활용 오용에 제시한다.

(3) 오용은 교사(4명)가 공통으로 정정한 것을 대상으로 했기 때문에, 오용 예문 마지막 부분의 정답 표시란(〈→ 〉)에 4명이라는 숫자를 표기하지 않았다. 그러나 정정 내역

의 이해를 돕기 위해서 아래의 예(동사 유의어 오용 : 해당 부분은 굵게 나타낸다)와 같이 전후의 오용 정정을 같이 나타낸 경우에는, 아래와 같이 정답 다음에 인원수(명)를 나타낸다.

- 私がその間通った国内族先の中で、一番印象にのこったところを紹介しようとします。
〈→が行ったことのある 1, はこれまで行った 1, がこの間行った 1, がこの間行ったことのある 1〉

또한 아래와 같은 예도 すすめ(동사 유의어 오용)로 공통으로 정정한 것으로, 정정 유형의 각 인원수를 나타낸다.

- 他の人に誘いたい本まで考えた後… 〈→勧め 2, すすめ 1, 薦め 1〉

(4) 하나의 오용이 2개의 오용 종류로 분류되는 경우에는 필자가 오용의 중요도(이해하기 어렵거나 부자연스러움)가 있는 어느 한쪽으로 나타냈다. 아래의 예는 촉음과 장음 탈락이나 촉음 탈락으로 한다.

- 服装はきれいに、お客さんにはいつも親切に、がモトなんです。〈→モットー〉

그리고 아래와 같이, '동사 テ형'은 표기 또는 활용 오용으로 생각되나, 활용 잘못의 영향이 더 큰 것으로 생각되어 후자로 판단한 것도 있다.

- 合格発表が出って本当にうれしかったです。〈→出て〉
- 私が思ていた大学… 〈→思って〉
- 自分の生を楽しむ人もいって… 〈→いて〉

한편, 오용 종류별 각 오용 예문의 배열은 임의의 작문 순서에 따른 것을 원칙으로 했다.

4. 조사 결과 및 분석

4.1 학습자 오용

〈표1〉은 '오용의 종류와 개수'를 나타내고 있다. 〈표1〉에서 학습자의 오용률을 보면 통사·의미론 47.9%, 어휘론 27.1, 문자론[표기] 12.8, 음운론[발음] 6.5, 형태론[활용] 5.8 순으로 높다. 음운론에서는 탁음, 장음, 촉음 등, 문자론에서는 한국어 한자음이 같은 다른 한자로 표기한 것, 형태가 비슷한 한자로 표

기한 것, 구자체로 표기한 것 등, 어휘론에서는 명사, 동사, コソア, ダ 등, 형태론에서는 동사 テ형, 동사 ナイ, (ヨ)ウ, 형용사와 タイ의 과거형 등, 통사·의미론에서는 보어, 모달리티, 접속, 태, 시제·상의 순으로 오용 개수가 많다. 그리고 통사·의미론에서 보어의 오용률(54.7%, 105개)은 높은데, 그 중에서 격조사ニ(38개), 연체조사ノ(28개), 격조사ヲ(10개), 격조사デ(10개) 등의 오용이 많다.

〈표1〉 오용의 종류 및 개수

<table>
<tr><th>오용의 범주</th><th colspan="2">오용의 종류</th><th colspan="2">오용개수</th></tr>
<tr><td rowspan="7">1. 음운론
[발음]</td><td rowspan="2">장음</td><td>장음 첨가</td><td>3</td><td rowspan="7">26
(6.5%)</td></tr>
<tr><td>장음 탈락</td><td>2</td></tr>
<tr><td rowspan="3">탁음</td><td>탁음 첨가</td><td>10</td></tr>
<tr><td>탁음 탈락</td><td>3</td></tr>
<tr><td>탁음 대체</td><td>1</td></tr>
<tr><td>촉음</td><td>촉음 탈락</td><td>1</td></tr>
<tr><td colspan="2">기타</td><td>6</td></tr>
<tr><td rowspan="7">2. 문자론
[표기]</td><td colspan="2">가나 표기</td><td>9</td><td rowspan="7">(12.8%)
51</td></tr>
<tr><td rowspan="6">한자
표기</td><td>한국어 한자음이 같은 다른 한자로 표기한 것</td><td>16</td></tr>
<tr><td>형태가 비슷한 한자로 표기한 것</td><td>11</td></tr>
<tr><td>구자체로 표기한 것</td><td>8</td></tr>
<tr><td>한자어를 쓰다가 포기한 것이나 한자 자체 표기를 잘못 한 것</td><td>4</td></tr>
<tr><td>유의 한자로 표기한 것</td><td>2</td></tr>
<tr><td>기타</td><td>1</td></tr>
</table>

3. 어휘론	품사의 혼동		4	(27.1%) 108
	동사	동사	5	
		유의 동사	17	
	보조동사		4	
	관용적인 동사구		6	
	형용사		2	
	형용동사		3	
	ダ	ダ	8	
		ダ의 부정	2	
	명사	한국어 '것'에 해당하는 일본어 コト, ノ, モノ	10	(27.1%) 108
		유의 한자어(한자 표기어)	11	
		명사	11	
	부사		4	
	연체사		1	
	コソア		13	
	부정어		3	
	수량사		2	
	접속사		2	
4. 형태론 [활용]	동사 ナイ형		3	23 (5.8%)
	동사 (ヨ)ウ형		3	
	동사 (ラ)レル형		1	
	동사 マス형		2	
	동사 テ형		6	
	동사 연체형		1	
	형용사와 タイ의 과거형		3	
	형용사와 ナイ의 テ형		2	
	기타		2	

분류	하위 분류	항목	세부 항목	수	소계	합계
5. 통사·의미론	보어	격조사ガ		7	105 (54.7%)	191 (47.9%)
		격조사ヲ		10		
		격조사ニ	を/に	19		
			に첨가	7		
			が/に	5		
			で/に	5		
			기타	2		
		격조사デ		10		
		격조사ト		4		
		격조사カラ		1		
		격조사トシテ		3		
		격조사ニトッテ		4		
		연체조사ノ	첨가	2		
			탈락	24		
			대체	2		
	태(態)	수동		6	16 (8.4%)	
		사역		1		
		가능		7		
		자·타동사 구별		1		
		ヤリモライ		1		
	시제·상(相)	タ		9	15 (7.9%)	
		ル		1		
		テイル		5		
	접속	テ형		2	21 (11.0%)	
		연용형		1		
		동사구의 병렬		1		
		부사적 연용수식		5		
		연체수식		5		
		인용		2		
		기타		5		

	모달리티 (modality)	ハ	5	34 (17.8%)	
		モ	3		
		ダケ	1		
		서법(叙法)	4		
		문체	19		
		ノダ	2		
합계					399

4.2 음운론[발음]의 오용

4. 2. 1 장음

장음 오용에는 첨가와 탈락의 두 유형이 보이는데, 주로 외래어에 나타나고 있다. 어중에 장음이 첨가되고 있다(リーボン→リボン, オコノーミヤキ→オコノミヤキ, バース→バス)(이하, 오용→정답).

〈첨가〉

- 青い海色のリーボンが木の枝に… 〈→リボン〉
- たこやきもオコノーミヤキも食べて… 〈→オコノミヤキ〉
- それでバースもなかった。〈→バス〉

〈탈락〉

- アパトも売りとばします。〈→アパート〉
- 日本事情時間にすもをおしえてくれた。〈→すもう〉

4. 2. 2 탁음

탁음 오용에는 첨가, 탈락, 대체의 유형이 보인다. 어두(どうじょう→とうじょう), 어중(かんごくじん→かんこくじん), 어말(厳しすぎで→すぎて)에 상관없이 탁음이 첨가되고 있다.

〈첨가〉
- とても厳しすぎで、戦死した人より… 〈→すぎて〉
- 幼いごろから… 〈→ころ〉
- ドラマでよくどうじょうする… 〈→とうじょう〉
- そのどきのともだちはれんらくをしています。〈→とき〉
- インプルエンザをひいて… 〈→インフルエンザ〉
- かんごくじんははっきりいう… 〈→かんこくじん〉
- どくりつなせいがつになる… 〈→せいかつ〉
- 子供のごろが思い出す。〈→ころ〉
- 学生だちに教える… 〈→たち〉
- 小さなごろから… 〈→ころ〉

〈탈락〉
- くんたいがおわる… 〈→ぐんたい〉
- ○○大を通いなから新しい目標が… 〈→ながら〉
- それは私のとりょくに… 〈→どりょく〉

〈대체〉
- 幼いごろからビアノが好きで… 〈→ピアノ〉

4. 2. 3 촉음

촉음 오용에는 탈락의 유형이 있다. 촉음의 첨가와 탈락은 '동사+テ'의 활용형에 많다('4. 5 형태론[활용]의 오용').

- お客さんにはいつも親切に、がモトなんです。〈→モットー〉

4. 2. 4 기타

아래의 예는 잘못된 발음을 그대로 표기한 것이다. 예를 들어 努力しおうとします→しようは 활용보다는 잘못된 발음 습관, ろくちゃ→りょくちゃ, フライペン→フライパン는 한국어 발음의 영향으로 범한 오용으로 생각된다.

- 努力しおうとします。〈→しよう〉
- あたしはクラリネットを吹きました。〈→わたし〉
- おばさんはろくちゃくれました。〈→りょくちゃ〉
- 単純なしゅい事項を間いて…〈→ちゅうい〉
- フライペンに煎ります。〈→フライパン〉
- 麵は日本のあるさめと似通うと言います。〈→はるさめ〉

4.3 문자론[표기]의 오용

4. 3. 1 가나 표기

가나 표기에는 오쿠리가나(送り仮名)의 오용(大かった→大

きかった，飲でも→飲んでも，変り→変わり，考→考え，暮す→暮らす，足ない→足りない)이 많다.

- 母のぎせいが大かったです。〈→大きかった〉
- 時間が多さんある…〈→たくさん〉
- 私は薬を飲 でもどきどき…〈→飲んでも2，飲んだのに2〉
- 私はまた考え変りました。〈→変わり〉
- 20代は考を変えて…〈→考え〉
- どんどん前に進くことができる…〈→進む〉
- 演劇をやると思った理由はシプルです。〈→シンプル〉
- 国に暮すために…〈→暮らす〉
- 家で足ない科目の勉強をしよう…〈→足りない〉

4. 3. 2 한자 표기

한자 표기 오용에는 한국어 한자음이 같은 다른 한자로 표기한 것(現大人→現代人 自記→自己 小し→少し 등), 형태가 비슷한 한자로 표기한 것(部→倍，矢職→失職，体み→休み 등), 구자체로 표기한 것(發展→発展，大戰→大戦，事實→事実 등), 한자어를 쓰다가 포기한 것(勉→勉強，仕→仕事)이나 한자 자체 표기를 잘못 한 것[準→準(十 부분이 木)，早→早(日 부분이 田)], 유의 한자로 표기한 것(始めて→初めて) 등이 있다.

〈한국어 한자음이 같은 다른 한자로 표기한 것〉
- 現大人にとってダイエットは…〈→現代人〉
- 自記管理の方では…〈→自己〉

- おかげでその分小し、学校の授業は…〈→少し〉
- 熊本成へ行きました。〈→城〉
- 延期と踊りとピアノを専攻する…〈→演技〉
- 市民の秩序意識の柔道もとても重要だ…〈→誘導〉
- 練習帳や保護装備もない…〈→場〉
- 小極的な私のせいかくを…〈→消極的〉
- 1級を取るのが目票です。〈→目標〉
- 交歓学生に志願しました。〈→交換〉
- 受業は付いて行けるか…〈→授業〉
- JPTの受業があった。〈→授業〉
- 夏にJLPT二急を受けて…〈→二級〉
- 日本でも限流熱風が吹いています。〈→韓流〉
- 日本語が大好きだし自身がありますから…〈→自信〉
- 五十周年記念社業の一環で…〈→事業〉

〈형태가 비슷한 한자로 표기한 것〉

- 母は2部喜びました。〈→倍〉
- 親の矢職を経験した…〈→失職〉
- 冬体みの全部水泳に投資した…〈→休み〉
- 皇政時代に恋わっている…〈→変わって〉
- 新選組は天皇側に協力せずに…〈→協力〉
- 比海道に行きたかったです。〈→北海道〉
- 大学の進学にも景響…〈→影響〉
- 重要な役害を持っています。〈→役割〉
- 理実とは全然違う。〈→現実〉
- 積任をとれる…〈→責任〉
- 我々の立場では容約できない…〈→容認〉

〈구자체로 표기한 것〉

- 社会で發展させて…〈→発展〉
- 第２次世界大戰を背景で…〈→大戦〉
- 歴史的事實が分かる…〈→事実〉
- もっと樂しい旅行になるでしょう。〈→楽しい〉
- 好きな食べ物をお勸めします。〈→勧め〉
- 國家代表…〈→国家〉
- 私の國が持っている…〈→国〉
- 日本の歷史教科書の…〈→歴史〉
- 日語日文学科で進學しました。〈→進学〉

〈한자어를 쓰다가 포기한 것이나 한자 자체 표기를 잘못 한 것〉

- 日本語の勉を始めた…〈→勉強〉
- 仕が終わってすぐ…〈→仕事〉
- いつも準備する姿勢に…〈→準(十 부분이 木)〉
- 私の母は早く結婚をして…〈→早(日 부분이 田)〉

〈유의 한자로 표기한 것〉

- 私が始めて日本語を接する…〈→初めて〉
- 私が、始めてするダイビング…〈→初めて〉

〈기타〉

- 日本語原初に対する恐れで…〈→原書〉

4.4 어휘론의 오용

4. 4. 1 품사의 혼동

품사의 혼동 오용에는 형용동사를 동사(鮮明して→鮮明に), 형용동사를 명사(自発的の→自発的な), 동사를 형용사(ちがさ→ちがい, ちがい→ちがう)로 잘못 사용한 것이 있다.

- とても鮮明して見えました。〈→鮮明に〉
- 国民の自発的の参加が…〈→自発的な〉
- 敬語のちがさ、日本人がはなしをするときはっきりはなしない。〈→ちがい〉
- 韓国とは文化がちがいけどにている…〈→ちがう〉

4. 4. 2 동사

동사 오용에는 유의 동사를 잘못 사용한 것[成績を受けたい→とり, 母を怨望したり→うらんだり, 失敗を振り返りながら→繰り返し 등]이 많다. 그리고 한국어를 직역한 것[約22kmもしますから(하니까)→あります, 場合はあってはならないと見ます(봅니다)→思います]도 있다.

〈동사〉
- 約22kmもしますからコース1つを…〈→あります〉
- 汗になっても休みごとに涼しい風が吹いて…〈→をかいても〉
- 私は私の兄に相談を頼んだ。〈→した 3, (を삭제) した 1〉

- 私は中学生の時からして日本文化に興味がありました。〈→して 삭제〉
- 打つ場合はあってはならないと見ます。〈→思います〉

〈유의 동사〉

- 良い成績を受けたいです。〈→とり〉
- 私は一度も母を怨望したり母にがっかりしたことはありません。〈→うらんだり〉
- 失敗を振り返りながらやっとやっと完成した…〈→繰り返し〉
- 他の人に誘いたい本まで考えた後…〈→勧め 2, すすめ 1, 薦め 1〉
- 私がその間通った国内旅先の中で…〈→が行ったことのある 1, はこれまで行った 1, がこの間行った 1, がこの間行ったことのある 1〉
- 疲れがたくさん積もっていて…〈→たまって〉
- 日本で必要な生活費を集めています。〈→ためて〉
- 私に…'スキューバダイビングはどうかしら'と、すいせんしてくれた。〈→すすめて〉
- 一年生のとき教養科目の先生が行ったことが思う。〈→思い出す〉
- 計画と間違って遊んだがる休みの日々を過ごしました。〈→と違って 3, とは違い 1〉
- 私の将来も思って見ると…〈→を考えて 1, も考えて 2, について考えて 1〉
- 'ローマは一日にしてならず'という話がいるように…〈→ある〉

- 私は切望しましたが、ある番組を見て勇気を出しました。〈→絶望し〉
- その所でばかり吸煙する…〈→喫煙する〉
- 復校する時はすべてが意慾的だったが…〈→復学する〉
- 私の夢を実践するため…〈→実現する〉
- みんな自願した特殊部隊です。〈→志願した〉

4. 4. 3 보조동사

보조동사에는 -ておく(広げておいて→おいて 삭제), -てみる(恨んで見た→恨んだ), -ている(残ってあります→います)의 오용이 있다.

- 芝生で広げておいて食べてもいいてす。〈→おいて 삭제〉
- 食べ物を試食してください。〈→食べてみて〉
- 涙も出て殴る先生を恨んで見たことがあります。〈→恨んだ〉
- その中でイタリアが一番記憶に残ってあります。〈→います〉

4. 4. 4 관용적인 동사구

관용적인 동사구에는 -になる형(しんぱいです→心配になります, しりになった→しった, おいしいようになります→おいしく)의 오용이 있다.

- 改善しなくてはならないとよく考えをしたりしました。〈→考えたり〉
- とつぜんみらいがしんぱいです。〈→心配になります 3，心配になりました 1〉
- 私はしりなかったけどさいきんしりになった。〈→しった〉
- 日本の友達とよく付き合うのができるのか…〈→付き合うことができる〉
- きれいなお皿に盛って、上にごましおを入れればもっとおいしいようになります。〈→おいしく〉
- 深い不幸の沼ではまった…という話をもっとたくさん言われています。〈→聞きます〉

4. 4. 5 형용사

형용사 오용에는 低い→少ない，細しく→詳しく가 있다.

- 今は栽培する人は低い上に…〈→少ない〉
- 日本の文化に対してはあまり細しくありません。〈→詳しく〉

4. 4. 6 형용동사

형용동사 오용에는 惜しかったです→残念でした 등이 있다.

- 私は一度も見られなくて惜しかったです。〈→残念でした〉
- 一緒に来るきとができなかったことが惜しかったです。〈→残念でした〉
- かいなく使いたくなかった。〈→むだに〉

4.4.7 ダ

ダ 오용에는 ダ의 첨가와 탈락, ダ의 부정형이 있다. 이 중에서 ダ의 첨가는 '형용사(기본형)+ダ'(むずかしいだが→だ 삭제, 美しいだ→だ 삭제 등)에 많이 나타난다.

〈ダ〉

- 心を大切にしまっておけるから＿と思います。〈→だ 첨가〉
- 日本人はチャメ(真桑瓜)をたべないらしいだ。〈→だ 삭제〉
- メイン主人公があまりにも多かったということが。〈→だ 3, だが 1〉
- 説明はむずかしいだが…〈→だ 삭제〉
- たのしいだっと思う。〈→だっ 삭제〉
- 二年後、家を買うはずはないだけど…〈→だ 삭제(つもりはないが 1, よていはないが 1, はずはないけど 1, はずはないが 1)〉
- コスモスが美しいだ。〈→だ 삭제〉
- 誰がもっとおとなしいなの？〈→な 삭제〉

〈ダ의 부정〉

- 両親がげんかくにそだていたほうもない。〈→両親はげんかくなほうではない 1, 両親にきびしくそだてられた方ではない 1, 両親がげんかくにそだてたほうでもない 1, 両親にげんかくに育てられていたわけでもないが 1〉

4.4.8 명사

명사에는 한국어 '것'에 해당하는 일본어 コト, ノ, モノ의 오용이 있는데, 이 중에서 コト와 관련된 오용(感じたのが

あった→こと，メッセージをよく受け入れるのです→こと，特に書えるのがない→こと 등)이 많다. 그리고 유의 한자어(한자 표기어) 오용(大学校→大学，駐停→駐車，收入→輸入 등)도 많고，접미어(家ら→家々，場面たち →たち 삭제，お金ら →ら 삭제) 오용도 있다.

〈한국어 '것'에 해당하는 コト，ノ，モノ〉

- そのように思い出探しをする間、感じたのがあった。〈→こと〉
- 重要なことは本をたくさん読むことより本の内容を理解してメッセージをよく受け入れるのです。〈→こと〉
- 特に書えるのがないからこれについてちょっと書こうと思う。〈→こと〉
- 夏休みの間ずっとバイトをしながら色々_を習ってもらいました。〈→なこと 첨가〉
- ですからふたごについて分かりたいのがあってもこれからはもうちょっと思ってください。〈→こと〉
- 特に大阪べんのことに興味があって…〈→ のこと 삭제〉
- 自分がしたい仕事を早く探してそれに必要な物を中心にして勉強するのでしょう。〈→ことでしょう 3， ことだと思います 1〉
- 「夢」を実現させなかったのが、好きな理由になる_かもしれません。〈→の 첨가〉
- 学閥中心の社会をひはんしたいのだけです。〈→の 삭제〉
- 私がかんがえただいがくのせいかつはそんなことではなかった。〈→もの〉

〈유의 한자어(한자 표기어)〉

- 大学校をやめて…〈→大学〉
- 不法駐停の車輛によって…〈→駐車〉
- 製品を収入と輸出することです。〈→輸入〉
- ショープログラムや歌放送を主に見ます。〈→番組〉
- 最後の学院祭で公演もしました。〈→学園〉
- 青少年のみならず学父兄にも壓力を加えて…〈→父兄〉
- 黒白マンガが定着する…〈→白黒〉
- 正直なところ、外の人より先に…〈→他〉
- マルセルはそのようなお父さんの人臭い面も…〈→人間〉
- 友だちは家族の後に大切な存在である…〈→次〉
- 外の種類の本も読もうと…〈→他〉

〈명사〉

- 周辺の家らは再開発されて…〈→家々〉
- 格好よい場面たちがたくさん出る…〈→たち 삭제〉
- その多いお金らによって…〈→ら 삭제〉
- 風も涼しいしやけもきれいです。〈→夕やけ〉
- 先生の勧誘でJLPT 3級試験を受けて…〈→すすめ〉
- 作品のせかいかん、かんとくのおもいかたなとをしりになった。〈→考え〉
- じつは一学年生 にはちょっと まよった。〈→の時は 2, の時には 2〉
- 母が毎日あさ、ゆうにがっこうに通学してくれた。〈→おくりむかえ〉
- 私の小さい母のしまいが私に…〈→おば〉
- 教授の勧誘で聴講する…〈→すすめ〉
- もう2年生も果てが見ている時です。〈→終わり〉

4.4.9 부사

부사에는 もっと 관련 오용(これからもう頑張ります→もっと, イルカはもっとこわい→実は)이 있다.

- まだ2年生なので … これからもう頑張ります。〈→もっと3, さらに·もっと 1〉
- 日本へ行ったことはきっちり一度。〈→たった〉
- やさしい動物と知っているイルカはもっとこわい動物です。〈→実は〉
- 一段中止される狀態でした。〈→いったん〉

4.4.10 연체사

연체사 오용에는 どんな→ある가 있다.

- どんな先輩は観測している中に流星を二度も見たと言ったが私は一度も見られなくて… 〈→ある〉

4.4.11 コソア

コソア 오용에는 한국어를 직역한 것(その所(그곳) →そこ), 지시를 나타내는 その/それ(その以外に→それ), 그리고 あの/その(対人関係を分かる尺度はあの人の友だち→その, 勇気と希望を抱かれてくれて、あの収益金で→その)의 용법에 관한 것이 있다.

- 私はすぐ兄のところに行って悩みを打ち明けた。そうすると兄はいつも頼りになってくれた。兄にはそう言った。〈→こう〉
- その所には食べ物も…〈→そこには 3, そこは 1〉
- だけでなく停止線を違反した車によって … 不便をもたらす場合も多いです。〈→それだけでなく〉
- その所へ行く時は…〈→そこ〉
- でもその言うお前の声は楽しくない…〈→そう〉
- アイスクリームをかってこちそち歩きました。〈→あちこち〉
- その以外にも遠くないところに…〈→それ〉
- ショープログラムや歌放送を主に見ます。こんなに日本と日本語にかんしんが高くて…〈→このように〉
- その以外の人員は…〈→それ〉
- この対人関係を分かる尺度はあの人の友だちを見れば分かります。〈→その〉
- 旅行をすればそのところに住む人々と一緒に…〈→そこ〉
- そのよってたいわんの文化は今ほとんど消滅状態にあると言います。〈→それに〉
- 勇気と希望を抱かれてくれて、あの収益金で…〈→その〉

4. 4. 12 부정어

부정어에는 불확실함을 나타내는 조사 か의 오용(何年__前→か 첨가, 何日__前→か 첨가)이 있다.

- 私たちが子供の時代によく聞いたことはこのようなのです。誰がもっときれいなの？〈→どっち〉
- 何年__前テレビで…〈→か 첨가〉
- 何日__前までにも‘暑い、暑い’が口にくっつくあったけれども…〈→か 첨가〉

4. 4. 13 수량사

수량사 오용에는 三度→三杯, 一学年生一年生가 있다.

- ブデチゲばかりあるとご飯を三度もたべます。〈→三杯〉
- じつは一学年生にはちょっとまよった。〈→一年生〉

4. 4. 14 접속사

접속사 오용에는 では→そうすると, で→それでか 있다.

- 疲れて休みたい時いすにかけるとかよこたわって上を見ます。では心配が消えて本當に幸せになります。〈→そうすると〉
- 学校のいろんなことに参加するのもいい思い出に残るのだと思いました。で、今年はお芝居に参加することにしました。〈→それで〉

4.5 형태론[활용]의 오용

활용 오용에는 동사 ナイ, (ヨ)ウ, (ラ)レ, マス, テ형과

연체형이 있다. 그리고 형용사와 タイ의 과거형(むずかしいでした→難しかったです, なりたいでした→なりたかったです), 형용사와 ナイ의 て형(本当におもしろいでもっと→おもしろくて, うまくいかなって部屋の中を→いかなくて) 등의 오용이 있다. 특히 동사 テ형에는 촉음 첨가(出って→出て, 生きって→生きて, いって→いて)와 탈락(張て→張って, 思て→思って, 切て→切って)이 많다.

〈동사 ナイ형〉

- はっきりはなしない。〈→はなさない〉
- 私はしりなかったけどさいきんしりになった。〈→しらなかった〉
- ユーモアを聞きなくても大笑いが出ます。〈→聞かなくても〉

〈동사 (ヨ)ウ형〉

- 疲れてしまったから寝ろうか…〈→寝よう〉
- 冬に一急を受けろうとしたら…〈→受けよう〉
- アルバイトについて話しようと思います。〈→話そう〉

〈동사 (ラ)レル형〉

- リーボンが木の枝に結びられている…〈→結ばれて 3, 結ばれて·くくられて 1〉

〈동사 マス형〉

- 泣いたい時泣く…〈→泣き〉
- 手紙を書いたい…〈→書き〉

〈동사 テ형〉

- 合格発表が出って本當にうれしかったです。〈→出て〉
- つらい人生を生きってきた…〈→生きて〉
- 天幕を張てはいろいろな食べ物などを…〈→張って〉
- 私が思ていた大学…〈→思って〉
- 靴下を切て人形の服を作ったり…〈→切って〉
- 自分の生を楽しむ人もいって…〈→いて〉

〈동사 연체형〉

- 遊びことができた…〈→遊ぶ〉

〈형용사와 たい의 과거형〉

- 主題を決定するのがむずかしいでした。〈→難しかったです〉
- 学校で成績も悪いでした。〈→悪かったです〉
- スーパーマンもなりたいでした。〈→なりたかったです〉

〈형용사와 ナイ의 テ형〉

- 本当におもしろいでもっと熱心に…〈→おもしろくて〉
- 勉強がうまくいかなって部屋の中を…〈→いかなくて〉

〈기타〉

- 一学期には復学ができなかったです。〈→できませんでした〉
- 秋の豊かを知らせてくれる。〈→豊かさ〉

4.6 통사·의미론의 오용

4.6.1 보어

보어에는 격조사ガ, ヲ, ニ, デ, ト, カラ, トシテ, ニトッテ, 연체조사ノ 등의 오용이 있다. 격조사ガ에는 を→が가 대부분으로 (が)わかる, (が)好きだ가 많이 사용되고 있다. 격조사ヲ에는 'が, と, に, で'→を 이외 を의 첨가·탈락 등이 있다. 격조사ニ에는 を→に가 가장 많은데, (に)接する, (に)行く, (に)通う의 동사가 주로 사용되고 있으며, に 첨가(スーパーマンもなりたい→にも, 科学者もなりたい→にも 등), が→に(日本が慣れて→に, 作家がなったり→に 등), で→に(家である→に, 日本語学科で前科する→に 등) 등이 있다. 격조사デ에는 に→で(ワーキングホリデービザに行った→で, その中に二年前に行って→で 등)가 많고, で 첨가도 있다. 격조사ト에는 を→と(友達をつき合いたい→と, 友だちを付合う→と 등), 격조사で에는 で→から, 격조사トシテ에는 で→として(集団で書かせる→として, 国家事業で考えられられる→として 등), 격조사ニトッテ에는 に→にとって(私に大切です→にとって, マルセルに彼のお父さんは→にとって 등)가 있다. 연체조사ノ에는 の의 첨가와 대체보다는 の의 탈락(韓国と__違いを, 話が今__私たち, 今__私に特に, 映画__終わりには, 公共__場所に行って 등)이 많다.

〈1. 격조사ガ〉

- 勉強する方法をまだまだ分かりません。〈→が〉
- 私はこの習慣をついたことを…〈→が〉
- ダンスを一番上手です。〈→が〉
- 私はこんなことを本當に好きです。〈→が〉
- 日本の歌をすごい好きで…〈→が〉
- 夢を向かって努力することが私のが学生時代のすべてでした。〈→が 삭제〉
- こんな映画や小説などの人気を呼ぶ理由が…〈→が〉

〈2. 격조사ヲ〉

- その時、先生が話した言葉が思い出しました。〈→を〉
- 真夜中まで鬼ごっことして遊んだ路地…〈→を〉
- 私は日本に三回を行って来たが…〈→を 삭제〉
- 社会の発展に支えることができるなら…〈→を〉
- ビール博物館に見学するつもりです。〈→を〉
- みんなお祝いのパーティ準備__しています。〈→を〉
- 一年生のとき教養科目の先生が行ったことが思う。〈→を〉
- 神様はどうして私にこんな目に合わせたのか…〈→を〉
- しおですこし入れます。〈→を〉
- 学生たちが過ち__した時ほったらかしたら…〈→を犯した 3, をした 1〉

〈3. 격조사ニ〉

〈を/に〉

- 私の父のような人を出会って…〈→に〉
- 限界があるということを気づきました。〈→に〉
- 日本のさまざまな文化を接した時も…〈→に〉

- 次の日から行きたいところを全部行きました。〈→に〉
- 新しいところを行って…〈→に〉
- 私は上のような状況を接するだびに…〈→に〉
- 私が始めて日本語を接する…〈→に〉
- 小学校·中学校を通ってました。〈→に〉
- 旅行を行ったら本真にええと…〈→に〉
- 私はじゅくを行くつもりです。〈→に〉
- 私が日本語を初めて接した機会は…〈→に〉
- スキューバダイビングをもう一度行くつもりだ。〈→に〉
- バスで学校を通っていましたが。〈→に〉
- 日本と言う国を憧れて大学のとき…〈→に〉
- その夢を向かって努力する…〈→に〉
- 大学生活をあこがれていました。〈→に〉
- 週末に図書館を立ち寄ることは…〈→に〉
- お酒、煙草を接するようになって…〈→に〉
- ○○大を通いなから新しい目標が…〈→に〉

〈に 첨가〉

- スーパーマンもなりたいでした。〈→にも〉
- 小さい頃で、科学者もなりたいし…〈→にも〉
- 第二、喫煙者が通りで喫煙する…〈→第二に〉
- 一緒時間を過ごす…〈→一緒に〉
- そして幼稚園も通って… 〈→に 3, にも 1〉
- これから学校_通いながら…〈→に 첨가〉
- 羽田空港_つきました。〈→に 첨가〉

〈が/に〉

- 日本に2週間もいたから日本が慣れて…〈→に〉

- 童話の中の主人公になったり作家がなったりします。〈→に〉
- はじめて「私ができるか」と思いますけど…〈→に〉
- このふゆやすみになればりょこうがいきたいです。〈→に〉
- でも私の考えがちょっと問題があるかもしれない…〈→に〉

〈で/に〉

- 外に出ないで家である事にして…〈→に〉
- 日本語学科で前科する…〈→に〉
- 最後でこの文を書きながら…〈→に〉
- 中学校で入学して…〈→に〉
- 公共の施設に入るときマナーモードで代える…〈→に〉

〈기타〉

- 私の未来のためならいっしょうけんめい…〈→に〉
- 父さんは私に「世の中にはこれより一層激しいぞ。…」と言いました。〈→に 삭제〉

〈4. 격조사デ〉

- 私が世の中に一番尊敬する人…〈→世の中で 3, 世界中で 1〉
- ワーキングホリデービザに行った人たちのブログに行って…〈→で〉
- その中に二年前に行って来た旅行が…〈→で〉
- 日本の食べ物中にはお好みやきとやきそばがおいしい…〈→中では 2, の中では 2〉
- このビルの下にはいつもイベントがある。〈→で〉
- 映画を見に行く。…三千ウォンに見られる!〈→で〉
- 沸いているおゆにめんを煮ます。〈→で〉

- フライパンに煎ります。〈→で〉
- 肉は豚肉も牛肉もいいです。〈→でも〉
- 宝くじは単なる趣味活動であるだけ＿それが自分の未来の代わりを…〈→で 첨가〉

〈5. 격조사ト〉

- 日本語日文学とをせんたくするようになりました。〈→と 삭제〉
- 友達をつき合いたいと思う。〈→と〉
- まだそのどきのともだちはれんらくをしています。〈→とは 3，と 1〉
- 友だちを付合うことが大好きです。〈→と〉

〈6. 격조사カラ〉

- そんなことについて正面で挑戦して勝った気持がしました。〈→から〉

〈7. 격조사トシテ〉

- いい思い出だと記憶に明らかに残っています。〈→として〉
- 残酷な武士の集団で書かせるだけです。〈→として〉
- 人才開発が重要な国家事業で考えられられるか。〈→として〉

〈8. 격조사ニトッテ〉

- 全部私に大切です。〈→私にとっては全部 2，全部私にとって 2〉
- マルセルに彼のお父さんは世界の基準で偶像です。〈→にとって〉
- お前は私にもっと特別な存在だ。〈→にとって〉

- その時代、今が私にいてとても重要な時間…〈→自分にとって 1, 今の私にとって 1, 今が私にとって 1,「今」が私にとって 1〉

〈9. 연체조사ノ〉

〈첨가〉

- 母の心を痛めたのせいか…〈→の 삭제〉
- 私にはするべきの事がある。〈→の 삭제〉

〈탈락〉(이곳의 정정은 모두 __부분에 〈→の 첨가〉이다.)

- 日本が慣れて韓国と__違いを感じられなかったが…
- 話が今__私たち同じ年齢たちがたくさん共感する…
- 今__私に特に共感することができる…
- 映画__終わりには主人公たちが…
- 近頃公共__場所に行って見れば…
- イタリア__都市ほとんどの建物が…
- 日本語__先生が立派な方だった…
- 日本人__友だちも会いし…
- 1男2女中長女であやと、妹、弟、そして私__5人です。
- いちばん__おもい出はおたるでした。
- 秋夕__連休に高速道路が停滞された…
- 日本語__勉強をできませんでした。
- 中学校2年生__時…
- 機会は中学生__時でした。
- 日本事情__時間にすもをおしえてくれた。
- 日本人__せんせいにはっきりいったとき…
- お祝いのパーティ__準備しています。
- 私の会話__実力が他の人より…

- 学園とかJLPT＿勉強、日本語学科の授業を受けるなど…
- 日本＿ドラマを見ながら…
- 日本語＿先生になって…
- 私の頭の中はいちめんが日本について＿知識だけでした。
- 韓服と着物両国＿服はどちらも美しい。
- 日本文化開放について＿話は…
- 周囲には日本＿俳優とか歌手などを…

〈대체〉

- カレーに濃い味が大好きです。〈→の〉
- 社会的な雰囲気はマンガ発展に豊かな土台になりました。〈→の〉

4. 6. 2 태(態)

태에는 수동(日光にさらしながら →さらされ, 背景で製作した映画→された 등), 사역(山に変わらせること→変える), 가능(ゆっくり楽しめるには→楽しむ, 目標をかなうために→かなえる 등), 자·타동사의 구별(認識が変えて→変わって), ヤリモライ(手伝ってくれようとした→てあげ) 등의 오용이 있다.

〈1. 수동〉

- いくら見てもいつも心を動かします。〈→が動かされます 2, を動かされます 2〉
- 熱い日光にさらしながら青い空と青い海をそばにして…〈→さらされ〉

- この映画は第２次世界大戦を背景で製作した映画です。〈→された〉
- 秋夕連休に高速道路が停滞されたからだろう。〈→した〉
- 今度のこの体験が私に大きく役に立たれたと思います。〈→立つ〉
- 毎日ほうっとしていた私が母の目にはよくうつられるはずがないです。〈→うつる〉

〈2. 사역〉

- それは流れる川を一日では山に変わらせることが出来ないように時間を持って…〈→変える〉

〈3. 가능〉

- すぐ意味を分れるといいなと思ったからです。〈→が分かる 3, を分かる 1〉
- コース１つをゆっくり楽しめるには朝早くから… 〈→楽しむ〉
- 有名な食べ物をたくさん食べたし、わざわざ見に行くのはもったいない名古屋の名物を見てよかったです。〈→が見られて 1, も見られて 1, を見ることができて 1, を見られて 1〉
- 特に書えるのがないからこれについてちょっと書こうと思う。〈→書く〉
- 今は思い出さないが大阪の人としゃべったらすぐ出るぐらい…〈→思い出せない〉
- じゅうぶんにおもしろくべんきょう＿し、たのしいだっと思う。〈→できる 첨가〉
- その目標をかなうために日本語は…〈→かなえる〉

〈4. 자·타동사 구별〉

- でも、今日は認識が変えて口パクをする歌手は少なくなりました。〈→変わって〉

〈5. ヤリモライ〉

- でもマルセルがお父さんの後ろを添って手伝ってくれようとしたうちに…〈→てあげ〉

4.6.3 시제·상(相)

시제·상에는 ル→タ(仕事を休むことが→休んだ, ぜんぶよむわけではない→読んだ 등), タ→ル(遊びことができた芝生と→できる), ル→テイル(記憶に残ります→残っています 등)의 오용이 있다.

〈1. タ〉

- 一度も仕事を休むことがありません。〈→休んだ〉
- それで連絡するのがもっと易しくなる事が理由でしょう。〈→なった 3, より簡単になった 1〉
- かれのしょうせつをぜんぶよむわけではないですが。〈→読んだ〉
- 毎日足も手も肩もいたいですが一つ一つ習うことが…〈→いたかったです〉
- はじめて「私ができるか」と思いますけど、毎日熱心にして…〈→思いました〉
- でも転科することを後悔しない。〈→した〉

- いろいろな事がありました。とてもいい人に会う事…〈→会った〉
- こんな歪む考えが学閥の社会を作る…〈→歪んだ〉
- この文章は私が軍隊にいる時に習うことだ。〈→習った〉

〈2. ル〉

- 遊びことができた芝生と遊び場があるからです。〈→できる〉

〈3. テイル〉

- 二年前に行って来た旅行が一番記憶に残ります。〈→残っています〉
- 詳しくは本を遅く読むことの魅力を書いて　この本を読む人に…　〈→書いており 1,　書いていて 3〉
- 麺は日本のあるさめと似通うと言います。〈→似ている〉
- 何十万人の会員たちが日本文化を楽しいです。〈→楽しんでいます〉
- 私のしたことを後悔しないです。〈→していません〉

4. 6. 4 접속

접속에는 テ형(学校も休学するし、日本で→して，あたまがいたいのでからたがあつい→いたくて 등)，연용형，동사구의 병렬，부사적 연용수식(個人的で歴史試験を受けたい→個人的に，はじめて水に浮かぶ→はじめは 등)，연체수식(果てしなく空はとてもきれいし→果てしない，友だちと近な貯水池に→近くの 등)，인용(まだ変わらないでいたとのこと→と

いう，「避けることができなければ楽しみなさい。」と　ことばが→という)〉，그 밖에 -げど/-が의 용법에 관한 것(「…できるか」と思いますけど … 水泳をしていました→と思いましたが，皆大事だが … 特別な存在だ→けど)이 있다.

〈1. テ형〉

- 私は来年二月になると、仕事を終わるし、学校も休学するし、日本で一年ぐらい生活するつもりです。〈→して〉
- いまにもあたまがいたいのでからたがあついです。〈→いたくて〉

〈2. 연용형〉

- 現在, 大韓民国は主敵北朝鮮を北方に置いたし、海の向こうで経済·軍事強国に取り巻かれている都合だ。〈→置き 2, 置いて·置き 1, 控え 1〉

〈3. 동사구의 병렬〉

- 疲れて休みたい時いすにかけるとかよこたわって上を見ます。〈→こしかけたり 1, かけたり 3〉

〈4. 부사적 연용수식〉

- 個人的で歴史試験を受けたいと思ったこともあります。〈→個人的に〉
- はじめて水に浮かぶこともできないでしたけどどんどん…〈→はじめは〉
- 精神的でも疲れがたくさん積もっていて…〈→精神的にも〉
- 段階的な進行していましたが…〈→に〉
- 積極的で受け入れるほうがいい…〈→積極的に〉

〈5. 연체수식〉

- 果てしなく空はとてもきれいし…〈→果てしない〉
- その感じを通じて私も故郷を訪ねる　感じがした。〈→訪ねるような 3. 訪ねているような 1〉
- 正式種目中一つのスキージャンプ国家代表チームが…。〈→の一つである 3, の中の一つである 1〉
- その後に多いメダルを取ったと聞きました。〈→多くの 3, たくせんの 1〉
- たまに友だちと近な貯水池に釣りをしに行って…〈→近くの〉

〈6. 인용〉

- お母さんのような温もりはまだ変わらないでいたとのこと。〈→という〉
- 最近、この「避けることができなければ楽しみなさい。」と　ことばがとても重要に感じられた。〈→という〉

〈7. 기타〉

- 惜しいだけど時は金なりなので。〈→残念ですが2, 惜しいですが2〉
- 上級クラスを見て「私もあんなにできるか」と思いますけど今は私も上級クラスで水泳をしていました。〈→と思いましたが〉
- はじめて水に浮かぶこともできないでしたけどどんどん前に進くことができるようになりました。〈→できませんでしたが 3, できない程でしたが 1〉
- うちの友達皆大事だがいつもお前は私にもっと特別な存在だ。〈→けど〉

■ 電話でも消息を聞いているが手紙に安否を伺ったら感じが新しい。〈→けど〉

4.6.5 모달리티

모달리티에는 ハ(おとこがつくったと_しんじられないほどの →は 첨가, この時毎朝は水泳で→は 삭제, 私が読んだ本をたいてい→は 등), モ(何回_修正要請をしたが→も 첨가 등), ダケ(その所でばかり吸煙する→だけ), 서법(それはなぜですか→でしょうか, 1学期からやると思って→やろう 등), 문체(大丈夫が、…すぐ寝ます→ですが, 今日はお久しぶりに→お 삭제, 難しい事になるでしょう→だろう 등), ノダ(成功する じゃない→のではない, サービス精神についてのことばかりだったんです→でした 등)의 오용이 있다.

〈1. ハ〉

■ おとこがつくったと_しんじられないほどの… 〈→は 첨가〉

■ この時毎朝は水泳で一日がはじまるほど… 〈→は 삭제〉

■ 何日前までにも'暑い、暑い'が口にくっつくあったけれども… 〈→は〉

■ 私が読んだ本をたいてい日本の小説です。〈→は〉

■ こんな映画や小説などの人気を呼ぶ理由が虚構的な世界が… 〈→は3, とは1〉

〈2. モ〉

■ 「人生社は誰にでも分からない」と。〈→にも〉

- 所属社に何回＿修正要請をしたが…〈→も 첨가〉
- 外国語勉強は留學をしなくて＿自分の意志ととうりょくで充分に…〈→も 첨가〉

〈3. ダケ〉

- 特定の空間を設けてその所でばかり吸煙するようにするでしょう。〈→だけ〉

〈4. 서법(敍法)〉

- それはなぜですか。〈→でしょうか〉
- １学期からやると思っていた…〈→やろう〉
- どうして比べることができるか。〈→できるでしょうか〉
- 少しずつやせて行くのはどうですか。〈→どうでしょうか〉

〈5. スタイル〉

- 仕事は慣れていて大丈夫が、… 家に帰ったら疲れ過ぎてすぐ寝ます。〈→ですが〉
- 今日はお久しぶりに家族や友達に手紙を書いて…〈→お 삭제〉
- 惜しいだけど時は金なりなので。〈→残念ですが 2, 惜しいですが 2〉
- どんな先｢は … 流星を二度も見たと言ったが私は一度も見られなくて惜しかったです。〈→言いました〉
- 小さなのぞみだが…やくにたつと思いました。〈→です〉
- 韓国の歌はアカペラより強い歌が多くて日本はアカペラが多いですからです。〈→多いからです〉
- 遊びに行くたびに水泳ができないことがいつも恥ずかしかった＿。〈→です 첨가〉

- ユジンはこのごろどう？お元気だの?〈→お 삭제〉
- ユジンの会社は最近仕事が多かったんだろう?〈→んでしょう 3, のでしょう 1〉
- コンピューターを学んだが、だいがくでは新しいことを学んで見たかったです。〈→学びました〉
- 秋夕連休に高速道路が停滞されたからだろう。〈→でしょう〉
- 活発に見えるかも知れないが、実は内気です。〈→知れません〉
- 日本語実力は上がったが日本語にいやな印象が強まるようになりました。〈→上がりました〉
- ひどい文句を言う_客さんと、笑顔で話す…〈→お 첨가〉
- ファンタジー文学の起源はさまざまな見解があるが、…の作品だそうです。〈→あります〉
- 上司が何かをさせる時がそうだ。…難しい事になるでしょう。〈→だろう〉
- 親とお子さんが相談して…、必ずお親の同伴して…〈→子供〉〈→親〉
- 勉強をするつもりです。私の夢を実践するため今日も一歩を踏み出す。〈→踏み出します〉

〈6. ノダ〉

- それならいつか成功する じゃないでしょう？〈→のではないかと思います1, のではないでしょうか 3〉
- 教育は主として服装とサービス精神についてのことばかりだったんです。〈→でした〉

5. 맺는 말

본고에서는 대학교 2학년 일본어 전공자의 자유 작문에 나타난 오용을 조사했다. 개개의 오용 분석보다는 2학년 학습자에 나타나는 오용의 전체적인 경향을 파악하고자 했다. 그 주요한 결과를 보면 다음과 같다.

(1) 대학교 2학년 일본어 전공자의 자유 작문에 나타난 오용을 보면, 통사·의미론 47.9%, 어휘론 27.1, 문자론[표기] 12.8, 음운론[발음] 6.5, 형태론[활용] 5.8의 순으로 비율이 높다.

(2) 음운론에는 어중의 장음 첨가, 탁음 첨가, 촉음 탈락 등의 오용이 있다.

(3) 문자론에는 오쿠리가나 표기가 잘못 된 것과 한국어 한자음이 같은 다른 한자로, 형태가 비슷한 한자로, 구자체로 표기한 것이 있다.

(4) 어휘론에는 품사의 혼동(형용동사를 동사, 형용동사를 명사, 동사를 형용사로), 유의 동사, 보조동사(-ておく, -てみる, -ている), 관용적인 동사구(-になる형), 형용사, 형용동사(残念だ), ダ의 첨가·탈락과 부정형, 명사(こと, 유의 한자어, 접미어), 부사(もっと), 연체사(ある), コソア(その所 →そこ, その/それ, あの/その), 부정어(か), 수량사, 접속사 등의 오용이 있다.

(5) 형태론에는 동사 ナイ, (ヨ)ウ, (ラ)レル, マス, テ형(촉음 첨가)과 연체형, 형용사와 タイ의 과거형, 형용사와 ナイ의 テ형 등의 오용이 있다.

(6) 통사·의미론에서 보어에는 격조사ガ(を→が), ヲ('が, と, に, で'→を이외 を의 첨가·탈락), ニ(を→に, に 첨가, が→に, で→に), デ(に→で), ト(を→と), カラ(で→から), トシテ(で→として), ニトッテ(に→にとって), 연체조사ノ(탈락) 등의 오용이 있다. 태에는 수동, 사역, 가능, 자·타동사의 구별, ヤリモライ 등의 오용이 약간 있다. 시제·상에는 ル→タ, タ→ル, ル→テイル의 오용이 있다. 접속에는 テ형, 연용형, 동사구의 병렬, 부사적 연용수식, 인용 등의 오용이 있다. 모달리티에는 ハ(첨가, 탈락), モ(첨가), ダケ, 서법, 문체, ノダ의 오용이 있다.

위의 결과는 무엇보다도 선행 연구의 대학교 3학년, 4학년, 대학원 일본어 전공자의 오용과 본연구의 2학년 일본어 전공자의 오용을 종합적으로 분석하여, 대학교 일본어 전공자 오용 항목에 대한 학습 정도 및 학습 과정을 분석하는데 도움이 되었으면 한다. 나아가 빈도가 높은(모든 학년에 나타나는) 오용을 파악하여, 그 발생 원인을 분석하는 것이 우선적 과제로 남는다. 한편 본고에서 교사의 예측에서 벗어나 학습자가 그다지 범하고 있지 않은 오용은 인위적 유출에 의한 오용 분석이 요구되는데, 자유 작문의 오용 회피(어려운 항목 사용의 회피)의 문제점 파악 및 해결에 필요하겠다.

〈주〉

1) 예를 들면, 조(2006:67, 225)의 동일한 학습자의 과제 유형에 따른 조사, 즉 (A)번역 테스트(한국어를 일본어로 번역), (B)오용 인정·정정(일본어 문장에서 오용이 있으면 찾아내어 정정) 테스트, (C)오용 정정 테스트(오용이라고 제시한 부분을 정정)에서, 문법 오용은 (A)46.5%, (B)41.4%, (C)57.1%, 어휘 오용은 (A)51.3%, (B)35.5%, (C)57.8%의 정답률을 보이고 있다.
2) 1983～2003년의 논문에 대한 자세한 연구 내역은 조(2006:376-388)의 '〈표1〉 한국인 일본어학습자의 오용 분석 연구의 현황'을 참조.
3) 北(2002)는 대학교 일본어 전공자 2학년의 자유 작문 30편에서 오용을 찾아서, 그 일부 표현에 대한 ピア·レスポンス(peer response)와 힌트 정정을 이용해서 학습자의 오용 정정을 분석하고 있다.
4) 斉藤(2007:272)는 조사 방법으로 '大学校の学生で中級会話を履修している学生(29名)、生活日本語を履修している学生(21名)の中から、日本学科の2年生の作文にみられる誤用例のうち、名詞、動詞、形容詞、形容動詞、副詞、助詞、助動詞、清音濁音表記、長音短音表記、促音表記、カタカナ表記、その他の誤用例についてみていくことにする。'처럼 기술하고 있어서, 작문의 속성이나 조사 방법, 시기(1학기인가 2학기 인가) 등은 명확하지 않다.

〈참고문헌〉

- 조남성(2006)『일본어의 오용 분석』, 보고사

7장 오용 평가

1. 들어가는 말

최근 외국어 학습에서는 의사 전달 능력을 중시함에 따라서 문법적 정확성보다는 의사 전달 성공 여부가 강조되고 있다. 이에 의사 전달에 있어서 수신자의 지각(perception)에도 커다란 관심을 가지게 되었다.

본 오용 평가(error evaluation)에서도 의사 전달에서 전달자 내용 일면에만 관심을 가졌던 종래 오용 분석과는 달리 전달자의 의사 표현은 물론 수신자의 지각에도 초점을 맞추고 있다. 즉 전달자(학습자)의 언어표현(오용)에 대한 목표언어(일본어) 모어화자의 직관에 따른 자연성(naturalness) 판단을 살펴보고자 한다. 이 자연성은 학습자의 잘못된 표현이 올바른 언어운용(performance)으로서 어느 정도 용인(acceptability)되는가를 말하고 있다. 그리고 이 자연성 판단은 학습자의 오용, 즉 오용의 종류 또는 오용의 원인에 따라서 차이가 예상된다. 오용의 종류는 문법상의 오용과 어휘상의 오용, 오용의 원인은 학습자 모어(한국어) 간섭과 모어 비간섭을 말한다.

본 연구에서는 구체적으로 다음과 같은 것을 살펴보고자 한다.

(1) 한국인 일본어학습자의 오용의 유형 및 오용률
(2) 오용의 종류와 오용의 원인
(3) 일본어 모어화자의 자연성 판단에 의한 오용의 중요도
(4) 오용의 종류별과 오용의 원인별 중요도

위의 오용 평가 즉 오용의 중요도(error gravity)를 구하는 연구는 의사 전달을 중시하는 수업에서 오용 정정의 우선순위를 결정하는 객관적 자료를 제공함에 그 의의가 있다.

2. 조사의 방법

2.1 조사 I :한국인 일본어학습자의 오용

조사Ⅰ은 조사Ⅱ의 평가 대상이 어떤 오용인가를 분명히 하는데, 그 목적이 있다. 이는 평가의 결과를 효율적으로 교수·학습에 응용하는데 도움이 될 것이다. 구체적으로는 학습 정도에 따른 오용의 종류별, 오용의 원인별로 빈도수(오용률)를 살펴보고자 한다.

2. 1. 1 참여자

한국인 일본어학습자인 대학생은 195명(남학생 19명, 여학생 176명)으로, 2·3학년 각각 112·83명이다. 구체적으로는 서울 이외의 대학에서 일본어 전공하는 학생으로, 2·3학년별 D대는 30·40명, DS대는 44·33명, J대는 28·10명이다.

2. 1. 2 재료

한국인 일본어학습자가 틀리기 쉬운 표현 20개이다. 이는 黃(1988), 梅田(1980), 趙(1991, 1993)의 저서 및 논문과, D대학교 일본어과 학생의 각종 테스트나 작문 연습 등을 참조해서 선정했다. 그리고 가능한 한 일반성(generality) 있는 오용을 선택했다.

질문지에서 문제의 문장 윗줄은 한국어 아랫줄은 일본어이다. 학습자에게는 한국어 문장의 밑줄 친 부분만 일본어로 옮기어 (　) 안에 써넣도록 했다. 일본어로 옮기는 부분을 지정한 것은, 문장 전체를 옮기는 것은 학습자에게 부담이 되고, 대상으로 한 부분 이외의 불필요한 응답을 가능한 한 없애기 위해서이다.

2. 1. 3 순서

질문지에는 20문제를 무작위로 나열했다. 조사는 1997년 11월에 했으며, 전원 교실에서 기입시켰다. 조사 시간의 제한은 없었으며, 사전 이용은 하지 않았다. 회수율은 88.6%(195/200명)이다.

2. 1. 4 분석 방법

〈표3〉에서, 오용의 유형은 전체(195명)에서 2%(4명) 이상의 것만 나타냈다. 그리고 오용률에는 무답이 포함되어 있다.

2.2 조사II : 한국인 일본어학습자의 오용에 대한 일본어 모어화자의 평가

2. 2. 1 참여자

일본어 모어화자는 대학생 95명(남학생 77명, 여학생 18명)으로, 와세다(早稲田)대학 65명, 도호쿠(東北)대학 21명, 도쿄(東京)대학 8명, 기타 대학 6명이다. 전공은 다양하다.

2. 2. 2 재료

평가 재료는 2·3학년 전체(195명)에서 가장 빈도수가 높은 17개의 오용을 대상으로 했다. (〈표3〉의 *표). 조사 I 에서 오용률(10% 이하)이 낮은 3문제는 제외했다. 17개의 오용은 『外国人のための基本語用例辞典』(文化庁) 용례의 문장에 넣어 나타냈다.

2. 2. 3 순서

질문지에는 17개 문장을 무작위로 나열했다. 조사는 1997년 1·2월에 했으며, 각 개인에게 의뢰해서 직접 또는 우송해 받았다. 회수율은 95%(95명/100명)이다. 그리고 자연성 판단의 척도는 5단계로서 다음과 같다.

非常に自然である	1 2 3 4 5	非常に自然ではない

2.2.4 분석 방법

5단계 척도에서 1은 1점 2는 2점 … 5는 5점으로 해서 평균득점을 얻었다. 평균득점(최저:1점, 최고:5점)이 높을수록 엄한 평가로, 상대적 중요도가 높은 것을 나타낸다. 이 중요도는 부자연성의 정도를 나타낸다. 척도치의 사용수는 〈표6〉에 나타냈다. 그리고 오용 인정(認定)의 유형은 2%(2명) 이상의 것만 나타냈다.

3. 결과 및 고찰

3.1 오용의 종류

오용 평가는 오용의 중요도를 구하는 연구로서, 오용 정정의 우선순위(priority ranking)를 정하는데 일차적인 목적이 있다. 이에 오용 평가의 결과를 효율적으로 교수·학습에 응용하기 위해서는 평가 재료인 학습자 오용의 내용을 분명히 할 필요가 있다.

본 연구에서는 오용을 오용의 종류와 원인에 따라 분류했다. 오용의 종류는 어휘·문법상의 오용으로, 의사 전달을 중시하는 수업에서 의미와 문법 가운데 어느 사항을 우선해서 지도해야 하는 것은 중요한 일이다. 그리고 한국어와 일본어가 구조상 유사해서 일어나는 모어 간섭의 직역에 의한 오용의 지도 방법 또한 중요할 것이다.

3. 1. 1 오용의 종류에 따른 분류

오용의 종류는 어휘 오용과 문법 오용이다. 즉 寺村(1990)는 오용을 음운론, 어휘론, 형태론, 통어(syntax)·의미론의 오용 등 네 가지로 나누었는데, 어휘 오용과 문법 오용은 각각 어휘론의 오용과 통사·의미론의 오용을 말한다. 구체적인 내역은 〈표1〉과 같다.

〈표1〉 어휘 오용과 문법 오용의 내역

어휘 오용	문법 오용
문1 コソア 문5 명사 문7 동사 문8 동사 문9 명사 문10 보조동사 문12 부사 문13 동사 문16 동사	문2 접속(명사절) 문3 접속(조건) 문4 보어(격조사ニ) 문6 보어(격조사デ) 문11 태(voice)(자·타동사의 구별) 문14 시제·상(tence aspect)(タ) 문15 접속(テ형) 문17 보어(격조사トシテ)

주) 숫자는 〈표3〉의 문제 번호

Chastain(1981)는 이해를 방해하는 것은 주로 어휘 사용에 관한 오용이고, 이해는 되나 용인될 수 없는 것은 형식(문법)상의 오용이라고 보고하고, Johannsson(1978), Khalil(1985)도 의미상의 오용이 문법상의 오용보다 이해하기 어려워, 의사 전달을 방해한다고 보고하고 있다.

3.1.2 오용의 원인에 따른 분류

오용의 원인은 교수·학습의 편의상 모어 간섭에 의한 오용(interference errors)과 모어 간섭 이외(모어 비간섭)의 오용(non-interference errors)으로 나누었다. 전자는 학습자의 모어(한국어)의 구조를 반영해서 무의식적으로 직역의 책략(strategy)을 사용한 것이다. 후자는 목표 언어 내부의 구조 또는 어휘 용법 습득의 어려움에 기인한 것이다. 구체적인 내역은 〈표2〉와 같다.

〈표2〉 모어의 간섭과 모어의 비간섭 오용의 내역

모어 간섭	모어의 비간섭
문1, 4, 5, 6, 7, 8, 9, 14, 16	문2, 3, 10, 11, 12, 13, 15, 17

주) 숫자는 〈표3〉의 문제 번호

Vann, Meyer, and Lorenz(1984)는 모어화자에게 나타나지 않는 오용이 용인도의 관점에서 엄하게 평가되었다고 한다. 학습자의 모어 간섭에 의해 직역한 오용은 모어화자에게는 낯선 표현으로 엄하게 평가되리라 생각된다.

3.2 문제의 오용에 대한 설명

여기서는 〈표3〉의 각 문제의 오용 유형에서 가장 빈도수가 높은 것을 중심으로, 관찰 가능한 표층적인 특성에 대해서 기술하고자 한다. (이하 K는 한국어, J는 일본어를 나타낸다.)

(1) 문1 : K에서는 J의 これ(以上·以下·より)에 해당하는 표현은 지시대명사가 아니고 지시연체사를 사용한다. K의 '이'를 J의 この로 직역하고 있다.

(2) 문2 : K의 '것'은 J의 の·こと에 해당한다. 이 の, こと는 학습자가 습득하기 어려운 용법의 하나로, 술부(述部)가 지각(知覚)을 나타내는 경우 こと는 사용할 수 없다.

(3) 문3 : 가정적 사실을 나타내는 K의 '-면'은 J의 -と·-ば·-たら에 해당한다. -と는 화자의 의지에 의한 의뢰·명령 등의 표현은 후건에 나타나기 어렵다. 그리고 후건에 의지·명령·의뢰의 경우, 전건과 후건의 주체가 동일하고 전건이 완료를 나타내는 동작성 표현인 경우에는 -ば는 사용하기가 어렵다.

(4) 문4 : J에서는 -まで와 -までに의 구별이 있지만, K에서는 구별 없이 '-까지'를 사용한다. K의 '-까지'를 J의 -まで로 직역하고 있다. K의 '-까지'는 기간 내에서 어느 시점을 나타내는가는 문제로 하지 않는다.

(5) 문5 : 같은 한자어라도 K와 J에서 의미가 같지 않은 경

우가 많으며, 게다가 K에서 사용하는 한자어 가운데 J에서 사용하지 않는 것이 많다. '学生→生徒'는 전자, '日記 (또는 日気)→天気'는 후자에 해당한다. K의 한글을 그대로 한자어로 옮기고 있다.

(6) 문6 : K의 '(자기)가'를 J의 (自分)が로 직역하고 있다.

(7) 문7 : K의 존재를 나타내는 동사에는 J의 いる·ある와 같은 구별이 없고, 그것을 '있다'로 나타내고 있다. 이에 또한 いる의 부정형 いない와 ある의 부정형 ない를 '없다'로 나타내고 있다. K의 '없다'를 J의 ない로 직역한 오용이다.

(8) 문8 : J는 상대경어이고 K는 절대경어 성격이 강하다. K에서는 청자와 장면의 영향을 받는 일은 극히 적어서 화제의 인물이 손윗사람이면 자신의 집안사람이라도 존경어를 사용하고 있다. 여기서도 K의 '계십(니다)'를 J의 いらっしゃい(ます)로 직역하고 있다.

(9) 문9 : K의 '일기'를 J의 한자어 日記로 직역하고 있다. (「3. 2」의 (5))

(10) 문10 : J의 '타동사+てある'는, 동작의 결과가 남아있는 것을, 동작자를 문제로 하지 않고 표현하는 것인데, K에는 존재하지 않는다. 이것이 いる와 ある의 구별이 없는 것과 함께 이와 같은 오용이 보인다.

(11) 문11 : K와 J는 똑같이 자동사와 타동사를 구별하고 있다. かかる와 かける의 의미·용법의 미습득으로 오용이

나타나고 있다.

(12) 문12 : 어휘에 관해서는 유의어 오용이 많은 것은 쉽게 이해된다. 자기 자신의 행동에 대한 희망·의지를 나타낼 때에는 'あさって(きっと·かならず·ぜひ)うかがいます。'처럼 'きっと·かならず·ぜひ'가 가능하다. 그러나 단언적인 'あさって(かならず·ぜひ)うかがいます。' 처럼 되면 きっと는 불가능하다.

(13) 문13 : もらう는 '남이 주는 것을 자신의 것으로 하다.'는 의미이고, うける는 '상대의 적극적인 작용에 주체가 응하는 상태.'를 의미한다. K의 '받다'는 J의 もらう·うける에 해당한다.

(14) 문14 : K의 관형사형 어미 'ㄴ'을 J의 '현재의 연체형'에 대응시키고 있다. K의 관형사형 어미 'ㄴ'은 J의 '현재·과거의 연체형'에 해당한다.

(15) 문15 : K의 부정 접속 '않고(서)'는 J의 ないで(ずに)·なくて에 해당한다. ないで는 주문(主文)이 나타내는 일·상태의 부대상황(付帯状況)을 나타내고, なくて는 병렬 또는 원인의 의미를 나타내는 용법이 있다. 이 사용법의 미습득으로 예와 같은 오용이 나타난다.

(16) 문16 : K의 '(일본어를) 합니다'를 J의 '(日本語)をします'로 직역하고 있다.

(17) 문17 : K의 '으로서'는 J의 で·として에 해당한다. J에서는 자격·신분의 의미는 として로 나타낸다.

(18) 아래의 3문제는 학습자 전체의 오용률이 10% 이하이다.

1. 어제 시골에서 올라 왔다. (*で → から)
2. 파손되기 쉬운 물건이니 안전한 곳에 놓아 주세요.
   (*あんぜんした → あんぜんな)
3. 10시가 되어도 돌아오지 않는다. (*が → に)

〈표3〉 한국인 일본어 학습자의 정·오용의 내역

번호	문제 (한국인 일본어학습자용)	정·오용의 유형 +:정용, *:조사Ⅱ의 평가 재료			오용[오답]률 (%) ( ):순위		
		정·오용의 유형	2학년 (112명)	3학년 (83명)	2 학년	3 학년	전체 (2+3 학년)
1	이 이상 잘 쓸 수는 없다.	+これ *この その 기타	24 81 6 1	23 59 - 1	78.6 (4)	72.3 (6)	75.5 (6)
2	그가 일본어 하는 것을 듣고 있으면, 꼭 일본인과 같다.	+の *こと もの 기타 무답	52 49 8 1 2	44 37 2 - -	53.6 (10)	47.0 (10)	50.3 (10)
3	식사 준비가 되면, 나를 불러주세요.	+たら *と ば 무답	26 52 23 11	18 29 30 6	76.8 (6)	78.3 (5)	77.6 (5)
4	아침 8시까지 역 앞에 모여 주세요.	+までに *まで 기타	25 82 5	10 71 2	77.7 (5)	88.0 (2)	82.9 (4)
5	중학교 학생을 가르치고 있습니다.	+生徒 *学生 무답	12 99 1	14 69 -	89.3 (2)	83.1 (4)	86.2 (3)
6	자기 일은 자기가 하시오.	+で *が 기타 무답	51 58 1 2	26 45 2 10	54.5 (9)	68.7 (7)	61.6 (8)

7	도회지에는 새가 없어졌다.	+いなく	13	13	88.4 (3)	84.3 (3)	86.4 (2)
		*なく	94	65			
		기타	–	1			
		무답	5	4			
8	아버님은 지금 야마다씨 댁에 계십니다.	+おり	19	26	50.0 (12)	38.6 (14)	44.3 (12)
		+い	37	25			
		*いらっしゃい	42	26			
		ござい	5	–			
		기타	3	5			
		무답	6	1			
9	일기예보에 의하면 저녁부터 비가 온다고 한다.	+天気	60	49	46.4 (13)	41.0 (12)	43.7 (13)
		*日記	15	11			
		日気	15	10			
		にっき	12	9			
		기타	2	–			
		무답	8	4			
10	방에는 자물쇠가 채워져 있기 때문에 괜찮다.	+かけてある	11	7	90.2 (1)	91.6 (1)	90.9 (1)
		*かけている	28	27			
		かかっている	29	22			
		かかってある	4	2			
		かかる	4	2			
		かける	7	4			
		かけた	4	1			
		기타	15	11			
		무답	10	7			
11	전화가 걸려오면, 불러주세요.	+かかって	27	26	75.9 (7)	68.7 (7)	72.3 (7)
		*かけて	77	49			
		기타	3	4			
		무답	5	4			
12	한번이라도 좋으니까 꼭 유럽에 가고 싶다.	+ぜひ	50	35	41.1 (14)	39.8 (13)	40.5 (15)
		+がならず	16	15			
		*きっと	24	23			
		ちょうど	6	–			
		기타	5	2			
		무답	11	8			

13	좋은 친구한테서는 좋은 영향을 받는다.	+うける *もらう あたえる くれる 기타 무답	40 47 4 4 11 6	57 14 1 1 7 3	64.3 (8)	31.3 (15)	47.8 (11)
14	밥을 먹은 뒤에 산책을 합니다.	+たべた *たべる たべて 기타 무답	86 14 5 4 3	62 19 - - 2	23.2 (17)	25.3 (17)	24.3 (17)
15	매일 아침밥을 먹지 않고 학교에 갑니다.	+ないで +ずに *なくて なく 기타 무답	70 2 27 6 4 3	39 6 24 7 4 3	35.7 (16)	45.8 (11)	40.8 (14)
16	저 사람은 일본인처럼 능숙하게 일본어를 합니다.	+はなす *する いう 기타	55 50 6 1	38 41 3 1	50.9 (11)	54.2 (9)	52.6 (9)
17	나는 유학생으로서 일본에 왔습니다.	+として *で にとって 기타 무답	66 26 6 12 2	58 15 4 5 1	41.1 (14)	30.1 (16)	35.6 (16)

3.3 조사 I 에서의 한국인 일본어학습자의 오용률

〈표4〉에서 보면, 학년별 오용의 종류· 원인에 있어서 2학년이 3학년보다 문법 사항을 제외하고 오용률이 약간 높다. 그러나 전체적으로 차이가 적은 것은 문제의 내용이 대학교 2· 3학년에 있어서 같은 학습 단계의 학습 사항이 아닌가 생각된다.

오용의 종류에 있어서는 2· 3학년 함께 문법 오용보다 어휘 오용, 오용의 원인에 있어서는 모어 비간섭의 오용보다 모어 간섭의 오용 비율이 약간 높다. 이것은 2·3학년에 있어서 (학습 정도 차이가 있음에도), 문법보다 어휘 습득이 어렵고, 모어의 간섭이 똑같이 영향을 끼치고 있다는 것을 나타낸다.

〈표4〉 조사I에서의 한국인 일본어 학습자의 오용률

	오용의 종류		오용의 원인	
	어휘	문법	모어 간섭	모어 비간섭
2학년 (%)	66. 6	54. 8	62. 1	59. 8
3학년	59. 6	56. 5	61. 7	54. 1
전체(2+3학년)	63. 1	55. 7	61. 9	57. 0

한편 각 문제의 오용을 나타내는 〈표3〉에서 보면, 2학년에서는 문10, 5, 7, 3학년에서는 문10, 4, 7, 전체적으로는 문10, 7, 5의 순서로 오용률이 높다. 문10은 자·타동사+보조동사, 문7은 존재의 부정, 문5는 한자어의 오용으로 어휘상의 문제이다.

각 문제에 있어서 어휘의 오용률은 문10, 13을 제외하고 2학년이 3학년보다 높다. 그리고 문13은 문제 전체에서 가장 오용률이 줄어들고 있으나 (2학년 64. 3% → 3학년 31. 3%), 단순한 어휘 의미상의 문제로 쉽게 습득이 가능하지 않았나 생각된다. 그리고 이 문13은 3학년에서도 순위가 15위로 오용률이 아주 낮다. 한편, 문법의 오용률은 2학년(문2, 11, 17)보다 3학년(문3, 4, 6, 14, 15)이 높은 문제가 약간 많다.

3.4 오용의 종류별· 원인별 중요도

〈표5〉를 보면, 오용의 중요도는 오용의 종류별에 있어서 문법 오용보다 어휘 오용, 오용의 원인별에 있어서 모어 비간섭의 오용보다 모어 간섭의 오용이 높다. 즉 문법 오용보다 어휘 오용을, 모어 비간섭의 오용보다 모어 간섭의 오용을 자연스러운 표현으로서 용인할 수 없다는 것을 말하고 있다. 이는 오용의 종류에서는 어휘 오용은 문법 오용보다 의미상 이해하기가 더 곤란하기도 하기 때문이다. 그리고 오용의 원인에서는 모어 간섭의 오용은 평가자인 일본어 모어화자가 사용하지 않는 낯선 표현이 대부분(특히 문9)으로, 좀 더 엄하게 평가되었으리라 생각된다.

〈표5〉 요용의 종류별·원인별 중요도

	오용의 종류		오용의 원인	
	어휘	문법	모어 간섭	모어 비간섭
오용의 중요도	4.01	3.81	4.07	3.76

〈표6〉을 보면, 각 문제에 있어서 문9, 1, 11, 16, 14의 순서로 엄하게 평가되고 있다. 문9의 오용(*日記)은 문맥상 전혀 어울리지 않는 어휘를 사용한 부자연스러운 표현으로서 가장 엄하게 평가되고 있다. 그리고 지시대명사 대신 지시연체사를 잘못 사용한 문1이 두 번째로 엄하게 평가되고 있다. 이 문9와 문1은 똑같이 어휘상의 모어 간섭에 의한 오용이다. 한편, 가장 경미한 오용으로 평가된 문17(17위), 6(16), 2(15)는 문법상의 오용이다. 그리고 14위는 문5의 어휘 오용인데, 척도치 사용수에서

알 수 있듯이 척도치 1을 사용한(정용으로서 인정한) 사람이 22명(23.2%)이나 있다.

〈표6〉 요용의 중요도

번호	문제 (일본어 모어화자용)	오용의 인정 일본어 모어화자 (95명)		척도치의 사용수(95명)						오용의 중요도 (순위)
				1	2	3	4	5	무	
1	この以上うまく書くことはできない。	これ 무답	91 4	1	3	3	23	65	–	4.56 (2)
2	彼が日本語を話すことを聞いていると、まるで日本人のようだ。	の ところ 様子 기타 무답	78 7 2 4 4	9	3	21	34	18	–	3.41 (15)
3	ごはんのしたくができると、私を呼んでください。	できたら 기타 무답	93 1 1	1	4	14	31	45	–	4.21 (6)
4	朝8時まで駅前に集まってください。	までに に 기타 무답	80 12 1 2	7	13	19	26	29	1	3.61 (11)
5	中学校の学生に教えています。	生徒 기타 무답	86 1 8	22	16	25	23	7	2	3.46 (14)
6	自分のことは自分がたりなさい。	で 무답	93 2	12	18	12	28	25	–	3.38 (16)
7	都会にはとりがなくなった。	いなく 기타 무답	93 1 1	2	7	18	35	32	1	3.94 (9)

8	父はいま山田さんのおたくにいらっしゃいます。	おり い うかがってい いってい 기타 무답	51 26 6 4 2 6	3	4	15	30	42	-	4.12 (7)
9	日記予報によると、夕方から雨が降るをそうだ。	天気 기타 무답	89 5 1	1	-	-	3	91	-	4.93 (1)
10	へやにはかぎがかけているから、だいじょうぶだ。	てある られている かかっている た 무답	81 6 2 2 4	6	16	13	37	21	2	3.55 (12)
11	電話がかけてきたら、呼んでください。	かかる 기타 무답	92 1 2	-	1	7	31	54	2	4.48 (3)
12	一度でいいからきっとヨーロッパへ行きたい。	ぜひ いつか かならず ぜったい(に) 기타 무답	29 19 18 11 5 13	9	16	12	30	25	3	3.50 (13)
13	よい友だちからはよい影響をもらう。	うける あたえられる える 기타 무답	80 3 2 2 8	4	8	24	25	33	1	3.80 (10)
14	ごはんを食べるあとで散歩をします。	食べた 기타 무답	92 1 2	2	4	7	31	50	1	4.31 (5)

15	毎朝ごはんを食べなくて学校へいきます。	ないで ずに 기타 무답	50 39 5 1	2	8	13	36	34	2	3.99 (8)
16	あの人は日本人のようにじょうずに日本語をします。	話します 기타 무답	89 3 3	5	5	5	19	60	1	4.32 (4)
17	わたしは留学生で日本へ来た。	として 기타 무답	80 2 13	12	26	12	28	16	1	3.11 (17)

4. 맺는 말(일본어교육에의 응용)

학습자의 오용 분석에서는 문법 오용보다는 어휘 오용이, 모어 비간섭의 오용보다는 모어 간섭의 오용이 빈도수가 높았다. 그리고 오용의 평가에서는 문법 오용보다는 어휘 오용이, 모어 비간섭의 오용보다는 모어의 간섭 오용이 엄하게 평가되었다. 이는 한국인 일본어교사에게 중요한 시사를 주고 있다. 즉 위의 결과에 따라서 오용률(빈도수)도 높고, 중대한 오용으로 평가된 어휘 오용과 모어 간섭 오용률(빈도수)도 높고, 중대한 오용으로 평가된 어휘 오용과 모어 간섭 오용을, 의사 전달을 중시하는 수업에서 우선적으로 그 오용을 정정하는 것이다. 물론 개별적인 사항에서는 이와는 반대로 문법 오용과 모어 비간섭의 오용이 어휘 오용과 모어 간섭의 오용보다 오용률 및 중요도가 높은 것도 있다는 것을 간과해서는 안 될 것이다. 이의 원인에 대해서는 앞으로 많은 연구가 요구된다.

한편 위 연구는 소수의 학습자를 예로서 조사한 것이고, 객관적인 통계상의 검증이 필요하겠지만, 오용률이 높고, 모어의 간섭에 의한 직역표현은 의사 전달을 방해하는 것은 충분히 예상되므로 교수·학습상 주의를 요한다.

끝으로 본 연구에서는 오용의 종류가 어휘(어휘론) 오용과 문법(통어·의미론) 오용만을 대상으로 했으나, 앞으로는 음운론, 형태론상의 오용을 포함한 상대적인 오용 분석 특히 오용 평가가 필요하겠다.

〈참고문헌〉

- 森田芳夫(1989)『韓国学生의 日本語学習에 있어서의 誤用例』, 誠信女子大学校出版部
- 黃燦鎬, 李季順, 張奭鎭, 李吉鹿(1988)『韓日語對照分析』, 明知出版社
- 梅田博之(1980)「朝鮮語を母語とする学習者のための日本語教材作成の問題点」『日本語教育』40号, 日本語教育学会, pp.35-46
- 趙南星(1991)「韓国人の日本語学習者の誤りの評価-日本語話者と韓国語話者による誤りの重み付け-」『日本語と日本文学』第15号, 筑波大学国語国文学会, pp.19-30
- ______(1993)「韓国人の日本語学習者による漢字書きの誤りの分析と評価」『日本語教育』80号, 日本語教育学会, pp.28-48
- 寺村秀夫(1990)『外国人学習者の日本語誤用例集』(井上和子編'日本語の普遍性と個別性に関する理論的及び実証的研究' 文部省科学研究費特別推進研究)
- 日本語教育学会編(1982)『日本語教育辞典』, 大修館書店

- 小篠敏明編(1983)『英語の誤答分析』, 大修館書店
- 国際交流基金(1980)『教師用日本語教育ハンドブック③ 文法 I 助詞の諸問題 1』, 凡人社
- Chastain, Kenneth(1980), "Native Speaker Reaction to Instructor-Identified Student Second Language Errors," Modern Language Journal, 64, 2, Summer, pp.210-215
- ______(1981), "Native Speaker Evaluation of Student Composition Errors," Modern Language Journal, 64, 3, Autumn, pp.299-294
- Johansson, Stig(1975), "The uses of Error Analysis and Contrastive Analysis," in Stig Johansson, ed, Papers in Contrastive Linguistics and Language Testing. Lund:CWK Gleerup, pp.9-21
- ______(1978), Studies of Errors Gravity, Native Reactions to Errors Produced bu Swedish Learners of English. Gothenburg Studies in English 44. Gothenbrug: Acta Universitatis Gothoburgensis.
- Khalil, Aziz (1985), "Communicative Error Evaluation : Native Speakers Evaluation and Interpretation of Written Errors of Arab EFL Learners", TESOL Quarterly, 19, 2, Jun., pp.335-351
- Vann, Roberta, J., Daisy E.Meyer, and Frederick O.Lorenz(1984), "Error Gravity: A Study of Faculty Opinion of ESL Errors," TESOL Quarterly, 18, 3, Sep. pp.427-440

한국인 일본어학습자의 의뢰 문말 표현에 대한 분석과 평가

1. 들어가는 말
2. 조사 방법
3. 결과 및 고찰
4. 지도에의 응용
5. 맺는 말

1. 들어가는 말

실제 커뮤니케이션에서는 문법적으로 바른 문장을 만드는 능력 이외에도, 말하는 상황에서 맞은 문장을 만들거나 이해하는 능력이 필요할 것이다. 외국어 학습자는 상황(장면, 상대 등)에 따라 적절한 표현을 사용하지 못할 경우, 커뮤니케이션이 제대로 성립되지 않으며, 또한 그 부적절한 언어적 표현은 상대에게 불쾌감을 주기도 하여, 실제 커뮤니케이션의 장에서 지장을 일으키는 경우가 많을 것으로 예상된다. 그런데 일본어학습자의 실용적인 전달능력 양성을 위한 수업에서, 외국인 일본어교사는 무엇을 기준으로 학습자의 표현을 지도(정정, 평가)하고 있는지? 일본어에 대한 직관력이 부족한 외국인 일본어교사에게는, 학습자가 사용한 표현들 중에 어떤 표현이 상황에 더 적절한지를 판단하는 것은 상당히 어려운 일일 것이다. 또한 부적절한 표현을 상대(일본어 모어화자:이하 J라고 한다)가 어떻게 반응하는지 정확히 예상하기는 어려울 것이다.

본고에서는 이러한 외국인 일본어교사의 수업상 어려움의 하나를 해결하기 위하여, 학습자의 표현을 분석, 평가하고자 한다. 이 실험적인 연구의 재료는 한국인 일본어학습자(이하 K라고 한다)의 의뢰 문말(文末) 표현이다. 또한 K의 의뢰 문말 표현에 대한 평가자 J는, 실제 커뮤니케이션의 상대인 동성의 대학(원)생이다. 구체적으로는 다음 3가지 사항을 조사한다.

(1) K와 J의 의뢰 문말 표현의 유형과 사용도는 어떻게 다른지?
(2) J는 K의 의뢰 문말 표현에 대하여, 이해도, 유쾌도, 자연도의 세 관점에서 어떻게 평가하는지?
(3) 일반적으로 K와 J가 의뢰하는 경우의, 기준의 사용도는 어떻게 다른지?

2. 조사 방법

2.1 조사 I

2. 1. 1 조사 대상자(K)

K는 한국(서울, 인천)의 대학에서 일본어를 전공하고 있는 72명이다. 전부 3학년 여자 대학생으로 D대 34, I대 21, S대 17명이며, 평균 연령은 만 22. 1(20~27)세이다.

2. 1. 2 재료

장면은 의뢰 내용의 긴급성의 유(Ⅱ)무(Ⅰ)와, 상대와의 친소, 지위 관계(학생, 선생)를 배려했다. 자세한 내용은 다음과 같다.

【場面 I】
『相手』に窓を閉めてもらうことを頼む。授業が始まろうとしていますが、あいにく外からものすごくうるさい音がして落ち着きません。自分で窓を閉めようと思ったのですが、ちょうど窓のすぐそばに『相手』が座っています。
このような場合、あなたは窓を閉めてもらうために『相手』にどのように言いますか。(『相手』1、2)

【場面 II】
『相手』にボールペンを貸してもらうことを頼む。学内で友達に市内電話をかけているところです。友達からメッセージがあって、メモをとりたいのですが、あいにく書くものがありません。すると、『相手』が手にボールペンを持って、後ろで待っています。
このような場合、あなたはそのボールペンを借りるために、『相手』にどのように言いますか。(『相手』1、2、3)

『相手』
1:女性の同学年(年齢)で、よく話す親しい人
2:女性の同学年(年齢)で、ほとんど話したことのない人
3:よく話す親しい先生(女性)

2. 1. 3 순서

조사는 1993년 10~11월에 이루어졌다. 시간, 사전 등의 제한은 두지 않았다. 개인적으로 부탁하여 수업 중에 교실에서 쓰게 하였고, 회수율은 96%(72/74명)이다. 장면Ⅰ, Ⅱ의 순서로 각각의 상대를 대할 때의 표현을 써 받았다. 또한 의뢰 표현을 사용할 때의 기준 사용에 대하여, '(항목(→〈표12〉))을 기준으로 하고 있다.'고 질문하였다(D대의 34명에게만). 조사의 척도는 다음과 같다.

1：していない	2：少ししている	3：普通にしている
4：かなりしている	5：いつもしている	

2.1.4 분석 방법

여기서(〈표1〉) K의 적절한 표현은, 실제 J가 사용하고 있는 표현인지 아닌지, 그리고 평가의 평균득점을 고려하여 판정했다(〈표13〉). 또한 의뢰 기준의 사용도에 대한 득점은, 척도치 1은 1점, 2는 2점 … 5는 5점으로 하여 구했다.

2.2 조사II

2.2.1 조사 대상자(J)

J는 일본(도쿄)의 여자 대학(원)생 54명이다. 그 중에서 그룹①은 27(대학생 7, 대학원생 20)명으로, 평균 연령이 만 24.3(19~32)세이다. 그룹②는 27(대학생 25, 대학원생 2)명으로, 평균 연령이 만 21.8(19~29)세이다.

2. 2. 2 재료 (그룹①만 해당)

조사Ⅰ에서 얻어진 K의 의뢰 표현 45문장(2명 이상이 답한 문장)의 문말 표현이다. 이는 〈표7〉~〈표11〉에서의 1~9, 14~21, 30~35, 39~50, 60~69번 등이다.

2. 2. 3 순서

조사는 1994년 10~11월에 실시되었다. 개인적으로 60명에게 부탁하여, 회수율은 90%(54/60명)이다. 조사Ⅰ과 동일하게, 장면Ⅰ, Ⅱ의 순서로 각각의 상대에게 표현을 써 받았다. 그룹①만은 3기준에서 5단계 척도로 평가하도록 하였다. 또한 의뢰 표현의 기준 사용에 대해서도 조사하였다('2. 1. 3'). 평가의 기준과 척도는 다음과 같다.

<table>
<tr><td>評価の基準</td><td>理解度:その表現(発話者の意図)がどのくらい理解できるか
快さ:その表現を聞いた時の感じの良さ／悪さ
自然度:その表現が日本語としてどのくらい自然であるか</td></tr>
<tr><td>尺度</td><td>全く理解できない　1 2 3 4 5　完全に理解できる
極めて不快だ　1 2 3 4 5　全然不快でない
完全に不自然だ　1 2 3 4 5　極めて自然だ</td></tr>
</table>

2. 2. 4 분석의 방법

3기준의 평균득점은 척도치 1은 1점, 2는 2점 … 5는 5점으로 해서 구했다. 평균득점(최저 1점, 최고 5점)이 낮을수록 보다 부적절한 표현으로, 더욱 엄하게 평가하고 있음을 나타낸다. 〈표7〉~〈표11〉에는 K와 J 각각 2명 이상의 표현만을 나타냈다. 단, 양자가 공통으로 사용한 표현은 1명일 경우도 포함했다. 따라서 '기타'에는 양자가 공통으로 사용한 표현은 하나도 포함되어 있지 않다.

3. 결과 및 고찰

3. 1 조사 I 에 대하여

3. 1. 1 K의 의뢰 문말 표현의 적절성

〈표1〉은 'K의 의뢰 문말 표현의 적절성'을 나타내고 있다. 〈표1〉에서 알 수 있듯이, 의뢰의 문말 표현의 적절성은 장면보다 상대에 의한 차이가 크다(Ⅰ, Ⅱ-1〈Ⅰ, Ⅱ-2). Ⅱ-1, Ⅰ-1은 적절한 표현이 매우 적으며, K는 친한 상대에 대한 표현의 미습득을 잘 나타내고 있다. 이는 〈표7〉〈표9〉에서 알 수 있듯이,

'~てくれ(9, 34번 각각 31.9, 30.6%)'의 표현을 많이 사용하고 있기 때문이다. 이 표현은 상대가 그 의미는 알 수 있지만, 상당히 부자연스러우며 불쾌감을 주고 있다.

〈표1〉 K의 의뢰 문말 표현의 적절성

장면-상대	Ⅰ-1	Ⅰ-2	Ⅱ-1	Ⅱ-2	Ⅱ-3
적절한 표현 (%)	25.0	48.6	19.4	44.4	38.9
부적절한 표현	75.0	51.4	80.6	55.6	61.1

* '부적절한 표현'에는 '무응답'과 '기타'가 포함되어 있다.

3.1.2 K와 J의 −テクレル형과 −テモラウ형의 사용률

〈표2〉는 'K와 J의 -テクレル형과 -テモラウ형의 사용률'을 나타내고 있다. 이는 양자의 모든 표현을 예의 두 형태로 나누어 생각한 것이다. 〈표2〉에서 알 수 있듯이, K는 J와 비교하여 -テクレル형의 사용률이 높고(K 77.2〉J 39.6%), -テモラウ형이 낮다(K 21.0〈J 45.5%). 또한 K는 두 형태의 사용률 차이가 크지만(77.2와 21.0%), J는 비슷한 비율을 보인다(39.6과 45.5%). 이는 한국어의 '~(해)주다' '~(해)받다'형은 각각 일본어의 -テクレル, -テモラウ형에 해당하지만, 한국어에서 의뢰 표현의 경우는 '~(해)주다'형을 사용하고 있으므로, 이를 -テクレル형으로 나타내고 있기 때문이다. 한편, K에는 두 형태 이외의 표현은 거의 없다(1.8%).

〈표2〉 K와 J의 -テクレル형과 -テモラウ형의 사용률

유형	표현의 번호 (〈표7〉～〈표11〉)			사용률의 합계	
	K만의 것	J만의 것	양자 공통의 것	K	J
ーテクレル	4, 5, 7, 8, 9, 17, 20, 32, 33, 34, 35, 46, 49, 50, 62, 27	12, 24, 26, 28, 58, 59, 74	1, 2, 14, 15, 18, 30, 31, 39, 41, 42, 43, 57, 64		
	42.3%	8.6%	K:34.9% J:31.1%	77.2%	39.6%
ーテモラウ	19, 21, 40, 44, 45, 47, 48, 65, 68, 69	10, 11, 13, 22, 23, 25, 27, 51, 52, 54, 70, 71	16, 37, 53, 60, 61, 63, 66, 73		
	11.0%	32.9%	K:9.9% J:12.6%	21.0%	45.5%
기타	-	36, 38, 55, 56, 72	3, 6		
		10.4%	K:1.8% J:4.5%	1.8%	14.9%

*사용률은 〈표7〉~〈표11〉에서 '기타'와 '무응답'을 제외한 것이다.

3.1.3 J가 사용하지 않는 K의 표현에 대하여

여기서 J가 전혀 사용하지 않는, 대표적인 K의 표현은 장면 Ⅰ, Ⅱ-상대1에서의 ~てくれる(〈표7〉의 9번, 〈표9〉의 34번)이다. 이는 친한 상대(여성)에게 사용하는 부적절한 표현으로서, 'デス·マス체(의 교과서)' 중심의 교육법과, 실제 일본어 사

용과는 거리가 먼, 청자를 제외한 표현으로 즉 대인관계를 의식하지 않은 표현의 제시와 연습에 그 근본적인 원인이 있을 것이다. 표면적인 원인으로는 다음의 2가지를 들 수 있다. 먼저 이미 배운 정중한 의뢰 표현 ~てください에 대응하여, 가벼운 의뢰 표현으로서 학습하지 않은 ~て(くれる) 대신에, ~てくれ를 잘못 사용하고 있는 점이다. 이는 단순히 'くださる-(명령형(의뢰형)) → ください(ます의 활용형)'와 같이 'くれる → くれ'로 고치고 있기 때문일 것이다. 또한, 한국어의 명령형 '~(해)주세요[정중한 말투의 약대상칭(略待上稱:해요체)]' '~(해)줘[가벼운 말투의 略待(어간+어)]'를, 각각 일본어의 ~てください, ～てくれ에 대응시키고 있는(특히, 사전 등) 것이다. Ⅰ, Ⅱ-1에서 한국어의 의뢰 표현은 '~(해)줘'이다. 한편, K가 모든 장면-상대에게 ~てください를 사용하고 있는 것은, 초보 단계부터 문형·문법 중심의 교육법으로, 대인관계를 의식하지 못한 채, ~てください를 가장 기본적인 의뢰 표현의 형식으로 배우기 때문이다. J는 이를 Ⅰ, Ⅱ-1(〈표7〉의 5번, 〈표9〉의 32번), Ⅱ-2(〈표8〉의 17번)에서 전혀, Ⅱ-2(〈표10〉의 41번)에서 단 한 명밖에 사용하고 있지 않다. 또한 K는 단순히 이보다 정중한 부정형(~てくださいませんか)을 Ⅱ-3(〈표11〉의 62번)에서 사용하고 있으나, J는 전혀 사용하고 있지 않다.

3. 2 조사Ⅱ에 대하여

3. 2. 1 장면별, 평가의 기준별 득점

〈표3〉은 '장면별, 평가의 기준별 득점'을 나타내고 있다. 〈표3〉에서 알 수 있듯이, 평가의 기준별 득점은 모든 장면에서 '자연도' '유쾌도' '이해도'의 순서로 낮으며, 엄하게 평가하고 있다. 이는 J가 K의 표현이 대체적으로 이해할 수 있고, 불쾌감도 그렇게 느끼지 않지만, 자연스러운 일본어로서는 받아들이기 어려운 것을 잘 나타내고 있다. 한편, 모든 기준에 있어서 소원한 상대 Ⅰ, Ⅱ-2에서는 긴급성이 있는 장면을 더 엄하게 평가하고 있다(Ⅰ-2〈Ⅱ-2). 또한 긴급성이 없는 장면 Ⅱ-1, 2, 3에서는, 친한 상대보다 소원한 상대(Ⅱ-1〈Ⅱ-2)를, 교사보다 지위가 낮은 학생(Ⅱ-1, 2〉Ⅱ-3)을 더 엄하게 평가하고 있다.

〈표3〉 장면별, 평가의 기준별 득점

장면 - 상대		Ⅰ-1	Ⅰ-2	Ⅱ-1	Ⅱ-2	Ⅱ-3
평가의 기준	이해도	4. 55	4. 54	4. 56	4. 30	4. 76
	유쾌도	3. 99	3. 94	3. 80	3. 44	4. 50
	자연도	3. 27	3. 59	3. 32	3. 00	4. 22

그리고 〈표7〉~〈표11〉에서 알 수 있듯이, 기준별로 상당히 엄하게 평가된(2. 00 미만) K의 표현은, '이해도'에는 없고, '유쾌도'에는 49, 50번, '자연도'에는 9, 21, 47, 48, 49, 50번 등이 있다.

3. 2. 2 K와 J의 표현의 유형수

〈표4〉는 'K와 J의 표현의 유형수'를 나타내고 있다. 〈표4〉에서 알 수 있듯이, 표현의 유형수, 양자가 모두 Ⅱ-2에서 가장 많고, Ⅱ-1에서 가장 적다. 또한 양자는 장면보다도 상대에 의한 차이가 크다(Ⅰ, Ⅱ-1〈Ⅰ, Ⅱ-2). Ⅱ-2는 양자에게 공통되는 표현이 하나도 없으므로, 실제 표현의 차이가 크다고 할 수 있다.

〈표4〉 K와 J의 표현의 유형수

장면 - 상대		Ⅰ-1	Ⅰ-2	Ⅱ-1	Ⅱ-2	Ⅱ-3
2명 이상의 표현 유형수	K(72人)만의 것	6 (11)	5 (20)	4 (24)	12 (20)	6 (17)
	J(54人)만의 것	4 (5)	8 (8)	3 (12)	9 (15)	5 (5)
	양자 공통의 것	3	3	2	-	4

*( ) 안의 숫자는, 한 명만 사용한 표현의 유형수를 나타낸다.

3. 2. 3 상대별, K와 J의 다용 표현

〈표5〉는 '상대별, K와 J의 다용 표현'을 나타내고 있다. 이는 양자가 장면에 관계없이, 상대별로 가장 많이 사용하고 있는 두 개의 표현의 비율이다. 〈표5〉에서 알 수 있듯이, '상대1'의 경우, K는 ~てくれ(ない), J는 ~て(くれる), '상대2'의 경우, K는 ~てください(ませんか), J는 ~てもらえる(ますか'를 많이 사용하고 있다.

〈표5〉 상대별, K와 J의 다용 표현

<table>
<tr><th></th><th colspan="2">K와 J가 다용하는 표현 (%)</th></tr>
<tr><td rowspan="2">상대1</td><td>K</td><td>2, 30번～てくれない (47.2) /
9, 34번～てくれ (45.8)</td></tr>
<tr><td>J</td><td>1, 31번～てくれる (61.1) / 3, 36번～て (53.7)</td></tr>
<tr><td rowspan="2">상대2</td><td>K</td><td>15, 42번～てくださいませんか (30.6) /
17, 41번～てください (23.6)</td></tr>
<tr><td>J</td><td>22, 51번～てもらえますか (29.6) /
23,52번～てもらえる (37.0)</td></tr>
</table>

3.2.4 J의 그룹①과 ②의, 표현의 유형수와 사용수

〈표6〉은 'J의 그룹①과 ②의, 표현의 유형수와 사용수'를 나타내고 있다. 〈표6〉에서 알 수 있듯이, 두 그룹에 공통되는 표현의 유형수는 43.8%로 상당한 차이를 보이고 있다. 또한 사용수도 164(73.9%)로 적지 않게 차이를 나타내고 있다(〈표7〉~〈표11〉).

〈표6〉 J의 그룹①과 ②의, 표현의 유형수와 사용수

J 표현의 48유형	유형수	사용수 [222명]
그룹①만의 것 (%)	17 (35.4)	33 (14.9)
그룹②만의 것	10 (20.8)	25 (11.3)
양 그룹 공통의 것	21 (43.8)	164 (73.9)

3. 2. 5 장면별, 표현의 분석과 평가

3. 2. 5. 1 장면 I -상대1

〈표7〉(장면 I -상대1)에서 알 수 있듯이, J가 사용하지 않는 표현이면서 K의 사용도가 가장 높은 것은 9번이다. 이는 3기준에서 득점이 전부 가장 낮다. 3번은 2번보다 평균득점이 낮으나, J의 사용도는 높다. 그리고 K는 J의 -テモラウ형(10, 11, 13번(14. 8%))을 전혀 사용하지 않고 있다. J의 사용도는 1, 3번이 가장 높다.

〈표7〉 장면 I-상대1

번호	K와 J의 표현 유형	K 72	J 〈명〉 54(27)	J(①)의 평가 기준별 득점			
				이해도	유쾌도	자연도	평균
1	…閉めてくれる	2	24(13)	4. 81	4. 81	4. 85	4. 82
2	…閉めてくれない	11	4 (2)	4. 81	4. 67	4. 63	4. 70
3	…閉めて	3	9 (5)	4. 81	4. 22	4. 38	4. 47
4	…閉めてくれませんか	2	-	4. 70	4. 74	3. 11	4. 18
5	…閉めてください	7	-	4. 63	4. 67	3. 04	4. 11
6	…閉めてね	2	1 (1)	4. 44	4. 30	3. 15	3. 96
7	…閉めてくれないか	6	-	4. 33	3. 22	2. 15	3. 23
8	…閉めてくれよ	5	-	4. 19	2. 85	2. 15	3. 06
9	…閉めてくれ	23	-	4. 19	2. 46	1. 96	2. 87
10	…閉めてもらえる	-	4 (1)				
11	…閉めてもらえない	-	2 (1)				
12	…閉めてくれないかな	-	2				
13	…閉めてもらえるかな(あ)	-	2				

	기타	11	4 (2)	
	무회답	-	2 (2)	

* ( ) 안의 인원수는 J그룹①(27명)의 것이다.

3. 2. 5. 2. 장면Ⅰ-상대2

〈표8〉(장면Ⅰ-상대2)에서 알 수 있듯이, J가 사용하지 않는 표현 중에서 K의 사용도가 가장 높은 것은 17번이다. 이는 3기준에서 득점이 전부 상당히 높은 편이다. 그러나 18번은 17번보다 3기준에서 득점이 전부 낮으나, J는 3명이나 사용하고 있다. 또한 K는 -テモラエル형(22, 23, 25, 27번(38.9%))을 전혀 사용하지 있지 않다. J의 사용도는 22, 23번이 가장 높다.

〈표8〉 장면Ⅰ-상대2

번호	K와 J의 표현 유형	K 72	J〈명〉 54(27)	J(①)의 평가 기준별 득점			
				이해도	유쾌도	자연도	평균
14	…閉めてくれませんか	11	5 (5)	4. 89	4. 92	4. 85	4. 89
15	…閉めてくださいませんか	14	2 (2)	4. 96	5. 00	4. 62	4. 86
16	…閉めてもらいたいんですが	4	1 (1)	4. 92	4. 88	4. 72	4. 84
17	…閉めてください	8	-	4. 81	4. 42	4. 54	4. 59
18	…閉めてくれない	6	3	4. 46	3. 52	3. 12	3. 70
19	…閉めてもらいたいですが	3	-	4. 15	3. 38	2. 88	3. 47
20	…閉めてくれないか	4	-	4. 04	2. 58	2. 14	2. 92
21	…閉めてもらいたいが	2	-	4. 11	2. 84	1. 81	2. 92

22	…閉めてもらえますか	-	9 (3)	
23	…閉めてもらえる	-	7 (2)	
24	…閉めてくれる	-	6 (2)	
25	…閉めてもらえるかな	-	3	
26	…閉めてくれますか	-	3 (2)	
27	…閉めてもらえます	-	2 (2)	
28	…閉めてくださいますか	-	2 (2)	
29	…閉めていただけますか	-	2 (1)	
	기타	20	7 (3)	
	무회답	-	2 (2)	

3. 2. 5. 3 장면Ⅱ-상대1

〈표9〉(장면Ⅱ-상대1)에서 알 수 있듯이, J가 사용하지 않는 표현 중에 K의 사용도가 가장 높은 것은 34번이다. 이는 평균득점이 가장 낮다. 31번은 J의 사용도가 가장 높으나, 30번보다 평균득점이 약간 낮다. 그리고 K는 J의 '…て(36번(22. 2%))'를 전혀 사용하고 있지 않다. J의 사용도는 31, 36번이 가장 높다.

〈표9〉 장면Ⅱ-상대1

번호	K와 J의 표현 유형	K 72	J〈명〉 54(27)	J(①)의 평가 기준별 득점			
				이해도	유쾌도	자연도	평균
30	…貸してくれない	11	5 (4)	4. 85	4. 69	4. 88	4. 81
31	…貸してくれる	2	17 (9)	4. 78	4. 85	4. 73	4. 79
32	…貸してください	6	-	4. 74	4. 77	3. 73	4. 41
33	…貸してくれないか	4	-	4. 41	3. 15	2. 12	3. 23
34	…貸してくれ	22	-	4. 26	2. 62	2. 31	3. 06

35	…貸してくれよ	3	−	4. 33	2. 69	2. 16	3. 06
36	…貸して	−	12 (8)				
37	…貸してもらえる	1	4 (2)				
38	…持ってる	−	2				
	기타	23	12 (3)				
	무회답	−	2 (1)				

3. 2. 5. 4 장면Ⅱ−상대2

〈표10〉(장면Ⅱ−상대2)에서 알 수 있듯이, J가 사용하지 않는 표현 중에서 K의 사용도가 가장 높은 것은 40, 44, 46번이다. 40번은 평균득점이 상당히 높으나, 44, 46번은 낮은 편이다. 또한 K는 J의 −テモラエル형(51, 52, 53번(42. 6%))을 거의 사용하고 있지 않다. J의 사용도는 51, 52번이 가장 높다.

〈표10〉 장면Ⅱ−상대2

번호	K와 J의 표현 유형	K 72	J〈명〉 54(27)	J(①)의 평가 기준별 득점			
				이해도	유쾌도	자연도	평균
39	…貸してくれませんか	6	1 (1)	5. 00	5. 00	4. 63	4. 88
40	…貸してもらいたいんですが	4	−	4. 88	4. 96	4. 62	4. 82
41	…貸してください	11	1 (1)	4. 96	4. 81	4. 59	4. 79
42	…貸してくださいませんか	6	1 (1)	4. 93	4. 73	4. 26	4. 64
43	…貸してくれない	7	1	4. 56	3. 78	3. 70	4. 01
44	…貸してもらいたいですが	4	−	4. 22	4. 00	2. 85	3. 69
45	…貸してちょうだい	2	−	4. 48	3. 22	2. 93	3. 54
46	…貸してくれないか	4	−	4. 11	2. 52	2. 00	2. 88
47	…貸してもらいたいが	2	−	3. 85	2. 63	1. 85	2. 78

48	…貸してもらえるか	2	-	3. 89	2. 00	1. 74	2. 54
49	…貸してくれ	2	-	3. 96	1. 89	1. 56	2. 47
50	…貸してくれないの	2	-	2. 81	1. 76	1. 26	1. 94
51	…貸してもらえますか	-	13 (6)				
52	…貸してもらえる	-	7 (2)				
53	…貸してもらえませんか	1	3 (3)				
54	…貸していただけませんか	-	3 (2)				
55	…借りて(も)いい	-	3				
56	…借りてもいいかな	-	2				
57	…貸してくれる	1	2 (2)				
58	…貸してくれますか	-	2 (2)				
59	…貸してくれます	-	2 (2)				
	기타	18	11 (3)				
	무회답	-	2 (2)				

3. 2. 5. 5 장면Ⅱ-상대3

〈표11〉(장면Ⅱ-상대3)에서 알 수 있듯이, J가 사용하지 않는 표현 중에서 K의 사용도가 가장 높은 것은 62번이다. 이는 3기준에서 득점이 전부 상당히 높다. 65, 67번도 득점은 높으나, 이 표현을 사용한 사람이 한 명도 없다. 또한 K는 J의 '…ていただけますか(70번(25. 9%))'를 전혀 사용하지 않고 있다. J의 사용도는 60, 70번이 가장 높다.

〈표11〉 장면Ⅱ-상대3

번호	K와 J의 표현 유형	K 72	J〈명〉 54(27)	J(①)의 평가 기준별 득점 이해도	유쾌도	자연도	평균
60	…貸していただけませんか	6	11 (5)	4. 89	5. 00	4. 93	4. 94
61	…貸していただきたいんですが	9	2 (2)	5. 00	4. 89	4. 74	4. 88
62	…貸してくださいませんか	14	-	4. 96	4. 89	4. 70	4. 85
63	…貸していただけませんでしょうか	3	1 (1)	4. 93	4. 88	4. 63	4. 81
64	…貸してください	7	3 (3)	4. 96	4. 54	4. 52	4. 67
65	…貸してもらいたいですが	5	-	4. 93	4. 35	4. 26	4. 51
66	…貸してもらえませんか	2	3 (2)	4. 84	4. 38	4. 16	4. 46
67	…貸してくれませんか	3	-	4. 77	4. 23	4. 00	4. 33
68	…貸していただきたいですが	3	-	4. 30	4. 08	3. 37	3. 92
69	…貸してもらいたいですが	3	-	4. 04	3. 73	2. 89	3. 55
70	…貸していただけますか	-	14 (6)				
71	…貸してもらえますか	-	5 (2)				
72	…お借りできますか	-	4				
73	…貸していただけないでしょうか	1	3				
74	…貸してくださいますか	-	2 (2)				
	기타	16	4 (2)				
	무회답	-	2 (2)				

3.2.6 의뢰할 때의 기준 사용도

〈표12〉는 '의뢰할 때의 기준 사용도'를 나타내고 있다. 〈표12〉에서 알 수 있듯이, 의뢰할 때의 기준 사용도는 K, J 각각 항목 1, 3이 가장 높다. 항목 1, 2는 K가 J보다, 항목 3, 4, 5, 6, 7은 J가 K보다 높다. 특히 항목 3, 4는 큰 차이를 보이고 있다.

〈표12〉 의뢰할 때의 기준 사용도

의뢰할 때의 기준 항목	K(32명)의 득점 (순위)	J(27명)의 득점 (순위)
1. 相手が自分と親しいかどうか。	3.00 (1)	2.86 (3)
2. 相手が自分より目上か目下か。	2.74 (2)	2.71 (5)
3. 依頼の内容が相手にできるかどうか。	2.63 (3)	3.14 (1)
4. 依頼の内容が正当かどうか。	2.63 (3)	3.09 (2)
5. 依頼の内容を相手が受けてくれるかどうか。	2.60 (5)	2.80 (4)
6. 依頼の内容が緊急を要するかどうか。	2.54 (6)	2.63 (6)
7. 相手が自分と同性か異性か。	1.77 (7)	1.97 (7)

4. 지도에의 응용

본 연구는 한국인(외국인) 일본어교사의 교수·학습상에서 중요한 점을 시사하고 있다. 그것은 일본어학습자의 (의뢰)표현은 정·오(正·誤)의 문제가 아닌, 어느 것이 상황에 보다 적절한가의 정도의 문제라는 것이다. 또한 적절성은 평가의 관점에 따라서 달라지는 것, 즉 '자연도' '유쾌도' '이해도'의 순서로 평가가 엄하게 이루어진다는 것이다. 또한 K의 표현을 정정, 평가하는 경우에는, 실제 J가 사용하고 있는 표현인가 아닌가를 고려해야만 한다. 이는 표현의 평가(평균득점)와 J의 사용도는 반드시 정비례하는 것은 아니기 때문이다.

〈표13〉은 'K의 의뢰 문말 표현에 대한 적절성의 등급'에 대한 하나의 시안이다. 〈표13〉에서 알 수 있듯이, 적절성의 등급은 '실제 J가 사용하고 있는 표현인지 아닌지'와 '평가의 평균득점이 4.00 이상인가 아닌가?'를 고려했다. 이는 과학적인 발견이 아니지만, 이에 따라서 K의 의뢰 문말 표현은, 등급 'A'는 +1, 'B'는 0, 'C'는 -1, 'D'는 -2점으로 평가할 수 있을 것이다.

〈표13〉 K의 의뢰 문말 표현에 대한 적절성의 등급

	등급	점수	적절성의 등급에 대한 기준	K의 45개 표현 번호 (〈표7〉~〈표11〉)
적절한 표현	A	+1	(평균)득점이 4.00 이상으로, J가 사용하고 있는 표현.	1, 2, 3, 14, 15, 16, 30, 31, 39, 41, 42, 43, 60, 61, 63, 64, 66
	B	0	득점이 4.00 미만이고, J가 사용하고 있는 표현.	6, 18
부적절한 표현	C	-1	득점이 4.00 이상이고, J가 전혀 사용하고 있지 않은 표현.	4, 5, 17, 32, 40, 62, 65, 67
	D	-2	득점이 4.00 미만이고, J가 전혀 사용하지 않은 표현	7, 8, 9, 19, 20, 21, 33, 34, 35, 44, 45, 46, 47, 48, 49, 50, 68, 69

한편, K의 의뢰 문말 표현에 대한 구체적인 지도 사항은, 친밀한 상대에게는 ~てくれる, 소원한 상대에게는 ~テモラエル형, 지위가 높은 상대(교사)에게는 ~ていただけます(ません)か의 표현을 사용할 수 있게 하는 것이다. 특히 장면Ⅰ, Ⅱ-상대1에서의 한국어 '…닫아 줘, …빌려 줘'를 일본어의 '…閉めてくれ(9번), …貸してくれ(34번)'로 직역하는 것에 주의해야 한다. 또한, 장면보다 상대에 따른 적절한 표현의 차이가 크므로(〈표1〉), 무엇보다도 대인 관계를 의식한(친소에 의한) 표현의 연습이 요구된다.

5. 맺는 말

본고에서는 K의 의뢰 표현에 대한 객관적인 지도(정정, 평가)의 한 기준을 얻기 위하여, K와 J의 의뢰의 문말 표현을 분석하고, K의 표현에 대한 J의 평가를 조사했다. 그 주된 결과는 다음과 같다.

(1) K의 의뢰 문말 표현의 적절성은 장면(긴급성)보다 상대(친소)에 의한 차이가 크다. 또한 K는 소원한 상대보다 친한 상대에 대한 표현이 미숙하다(〈표1〉). 특히 '(9, 34번)…てくれ'의 표현을 잘못 사용하고 있다.

(2) K는 모든 장면에서 -テモラウ형보다 -テクレル형을 많이 사용하고 있으나, J는 거의 비슷하게 사용한다(〈표2〉). 그리고 특히 -テモラエル형을 별로 사용하지 않고 있다(〈표7〉, 〈표8〉, 〈표10〉).

(3) K와 J는 모두 의뢰 문말 표현의 유형수에 있어서, 장면보다는 상대(친소)에 의한 차이가 크다(〈표4〉).

(4) J는 K의 의뢰 문말 표현을 모든 장면에서 '자연도' '유쾌도' '이해도'의 순서로 엄하게 평가하고 있다(〈표3〉).

(5) 의뢰할 때의 기준 사용도에서 K는 '상대가 자신과 친한지 어떤가?', J는 '의뢰의 내용이 상대가 실행 가능한지 어떤지.'가 가장 높다(〈표13〉).

〈참고문헌〉

- 岡本真一郎(1986)「依頼の言語的スタイル」『実験社会心理学研究』第26巻 第1号, pp.47～56
- Ludwig, Jeannette M. (1982) "Native-Speaker Judgments of Second-Language Learners' Efforts at Communication : A Review", Modern Language Journal, 66, 3, Autumm, pp.274～283

‘ダ의 부정형’의 오용 분석과 지도법

1. 들어가는 말
2. ‘ダ의 부정형’ 오용은 한국인 일본어학습자의 전형적인 오용인가?
3. ‘ダ의 부정형’ 오용은 어느 일정한 학습(초급) 단계에서만 일어나는 현상인가?
4. ‘ダ의 부정형’ 오용의 유형에는 어떠한 것이 있나?
5. ‘ダ의 부정형’ 오용의 원인은 우리말(모어) 간섭에만 의한 것인가?
6. ‘ダ의 부정형’ 오용은 중대한 오용인가 경미한 오용인가?
7. ‘ダ의 부정형’ 오용의 재발 방지를 위해서는 어떻게 지도해야 하는가?
8. 맺는 말

1. 들어가는 말

외국어 학습에서 오용은 피할 수 없다. 그러나 오용은 교수·학습 과정의 개선과 외국어 학습 구조의 규명에 대한 정보를 제공하고 있다. 또한 오용은 모어와 외국어의 구조 차이를 잘 반영하고 있다. 그러나 실제 모어 간섭으로 보이는 오용 중에는 모어 비간섭 즉 외국어 용법 자체의 미습득에 의한 것이 많다. 또한, 외적 학습 요인도 영향을 주고 있다.

한국인 일본어학습자도 학습 초기부터 여러 가지 오용을 범하고 있다. 그 중에서 일본어교사라면 누구라도 초급 학습자의 '名詞デス의 부정형'(名詞デハアリマセン)의 오용(*名詞ガ[ハ]アリマセン](*는 오용)을 발견하여 정정한 경험이 있을 것이다. 그리고 대부분의 교사는 우리말(名詞이/가[은/는] 아닙니다)의 간섭(직역)에 의한 것으로, 사물의 긍정·부정과 존재 유무의 차이를 설명하며 오용을 지도하고 있다. 단순한 직역의 오용으로 일본어 학습에 커다란 문제점으로 생각하고 있지 않은 것이 일반적이다. 그러나 '名詞デス의 부정형'의 오용에 대한 정보는 위와 같은 설명으로 충분한 것인가?

본고에서는 'ダ의 부정형'〔'(名詞·助詞)デス의 부정형'과 '(名詞·助詞)ダ의 부정형'을 대표해서 'ダ의 부정형'이라고 한다.〕의 오용 분석을 선행 연구를 통하여 살펴보고, 그 지도법을 생각하고자 한다. 구체적인 내용은 다음과 같다.

(가) ‘ダの 부정형’ 오용은 한국인 일본어학습자의 전형적인 오용인가?

(나) ‘ダの 부정형’ 오용은 어느 일정한 학습(초급) 단계에서만 일어나는 현상인가?

(다) ‘ダの 부정형’ 오용의 유형에는 어떠한 것이 있나?

(라) ‘ダの 부정형’ 오용의 원인은 우리말(모어) 간섭에만 의한 것인가?

(마) ‘ダの 부정형’ 오용은 중대한 오용인가 경미한 오용인가?

(바) ‘ダの 부정형’ 오용의 재발 방지를 위해서는 어떻게 지도해야 하는가?

2. ‘ダの 부정형’ 오용은 한국인 일본어학습자의 전형적인 오용인가?

본고에서의 한국인 일본어학습자의 전형적인 오용이란, 다른 외국인 일본어학습자에게 보이지 않고 한국인 일본어학습자에게만 보이는 것이 아니고, 한국인 일본어학습자가 범하는 대표적인 오용 가운데 하나인가를 말한다. 趙(2004a)는 1980년부터 시작되는 한국인 일본어학습자의 오용에 대한 연구 논문 103편에서, 10% 이상의 논문에서 다루고 있는 오용을 한국인 일본어학습자의 전형적인 오용으로 보고하고 있다. ‘ダの 부정형’ 오용

은 그 중의 하나로, 구체적인 사례(12편 논문의 오용)를 보면 다음과 같다. 〔이하, 〈→ 〉에서 →표 다음에 오는 말은 오용(밑줄)에 대한 정용(正用)을 나타낸다.〕

(1) 私は、会員はないけれど、修錬会に参加して、仏教を勉強しました。〈→では〉(森田, 1980:232)

(2) 詩をよくつくる人だけが詩人はない。〈→では〉(李, 1989:131)

(3) 彼は高校生も大学生もありません。〈→でも, でも〉(박, 1994:37)

(4) ⓐ これは決して工場や企業の問題はないですね。〈→では〉(金潤哲, 1996:114)

ⓑ 私もしばしば手紙を書くのはありません。〈→では〉(金潤哲, 1996:114)

ⓒ また手の全体がなくて指先だけを用いると言います。〈→では〉(金潤哲, 1996:118)

(5) 日曜日がない。〈→で〉(金仁炫, 1996:180)

(6) あの人は日本人がありません。〈→では〉(趙, 1996:79)

(7) 特別な事がないです。〈→では〉(韓, 1997:555)

(8) 日曜日がない。〈→で〉(金, 1999:218)

(9) ⓐ 自分だけの公間(空間)がなく、…。〈→では〉(趙, 2001a:146)

ⓑ 問題があるのはないけれど…。〈→では〉(趙, 2001a:146)

ⓒ それは真の自由も権利もないと思います。

〈→でも，でも〉（趙，2001a:146）등

(10) 急ぐ旅もないので、二、三日とまることにした。

〈→でも〉（趙，2001b:240）

(11) ⓐ いくらずうずうしくても、人のお金をだまって使ってしまうほどはないでしょう。〈→では〉（趙，2002:155）

ⓑ 彼は警察に犯人がないかと疑われている。

〈→では〉（趙，2002:155）

ⓒ あの人は医者であり、また大学の先生もある。

〈→でも〉（趙，2002:155）

(12) ⓐ 言語を教わることはやすいものがないのた。

〈→では〉（趙，2003:351）

ⓑ たいへんなことばかりはないでした。

〈→ではありません〉（趙，2003:351）

ⓒ 父母は自然にできることがないと考える。

〈→では〉（趙，2003:351）등

3. ‘ダ의 부정형’ 오용은 어느 일정한 학습(초급) 단계에서만 일어나는 현상인가?

‘ダ의 부정형’은 학습 초기에 제시되고 있는 사항이다. 실제 어느 단계에서 오용이 발생하고 있는지 살펴보면 다음과 같다.

우선 위〔2. ‘ダ의 부정형’ 오용은 한국인 일본어학습자의 전형적인 오용인가?〕에서 제시하고 있는 사례 중에서 학습 수준을 고려하여 조사한 경우를 보면 다음과 같다.

예(3)은 고등학생(학습 시간 200시간)과 대학생(900시간)의 조사(‘그는 고등학생도 대학생도 아닙니다’의 번역)에서, 고등학생은 오답률이 49.4%, 대학생은 54.2%로, 대학생이 오답률이 약간 높다(박, 1994:39).

예(6)은 일본어 전공 대학생 2학년(54명), 3학년(53명)을 대상으로 ‘あの人は日本人があリません。(오용 부분에 밑줄 제시)’의 정정 문제에서, 2학년은 42.6%, 3학년은 7.5%의 오답률을 나타내고 있다(趙, 1996:79).

예(10)은 일본어 전공 대학생 3학년(45명), 4학년(40명)을 대상으로 ‘急ぐ旅もないので、二、三日とまることにした。(오용 부분에 밑줄 제시)’의 정정 문제에서, 3학년은 86.7%, 4학년은 90.0%의 오답률을 나타내고 있다(趙, 2001b:240).

예(12)는 일본어 전공 대학생의 작문(3학년, 4학년, 대학원생 각각 800자 100편씩) 오용으로 ⓐ‘言語を教わることはやすいものがないのた。’는 3학년, ⓑ‘たいへんなことばかりはないでした。’는 4학년, ⓒ‘父母は自然にできることがないと考える。’는 대학원생 학습자에게 나타난 것이다(趙, 2003:351).

그리고, 趙(1998:57, 58, 60)의 학습 수준별[일본어 전공 대학생 2학년(90명), 3학년(91명), 4학년(93명)] 번역(우리말을 일본어로)에서 학년별 오용률은, 아래의 예(13)은 37.8%, 5.5%,

11.8%, 예(14)는 62.2%, 31.9%, 22.6%이다.

(13) それは白菜自体がなくて、白菜の漬け具合が違うからです。〈→で(は)〉(趙, 1998:57, 58)
(그것은 배추 자체가 아니고, 배추절임의 정도가 다르기 때문입니다.)

(14) このような簡単なことから始めるのがないでしょうか。〈→では〉(趙, 1998:60)
(이렇게 간단한 일부터 시작되는 것이 아닐까요.)

趙(2002)의 학습 수준별(일본어 전공 대학생 2, 3, 4학년) 작문상의 오용(3000개 정도)을 수집 정리한 『한국인이 잘 틀리는 일본어』에서 보면, 모든 학습 수준(학년)에서 'ダ의 부정형' 오용이 나타나고 있다. 학습 수준별 대표적인 사례 2개씩만[2학년: (15), (16), 3학년: (17), (18), 4학년: (19), (20)] 기술하면 다음과 같다.

(15) 私の国も例外がない。〈→では〉(趙, 2002:75)

(16) しかしすべてのひとびとが秋夕をよろこぶのはありません。〈→では〉(趙, 2002:89)

(17) みすぼらしい人生がなくて、自分の個性を自由に表現する…。〈→では〉(趙, 2002:206)

(18) 日本人は情がないのがなく、人に迷惑を掛けるのが…。〈→では〉(趙, 2002:208)

(19) 結果はあまり大事なことはありません。〈→では〉（趙, 2002:232)

(20) 問題は医療費がないというのがなくて、医者がいないことです。〈→では〉（趙, 2002:155)

이상, 위의 설명에서 알 수 있듯이, 'ダ의 부정형'의 오용은 초급 학습자뿐만 아니라, 그 이상의 학습자에게도 보이고 있다[예(3), (6), (12), (13), (14), (17), (18), (19), (20)]. 그리고 학습 정도가 많아짐(수준이 높아짐)에 따라서 반드시 오답률이 낮아지지 않는다[예(3), (10), (13)].

4. 'ダ의 부정형' 오용의 유형에는 어떠한 것이 있나?

'ダ의 부정형'〔'Aデ(ハ, モ)B'형〕오용의 유형은, デ 앞에 오는 단어(A), デ 다음에 오는 조사, デ(ハ, モ) 다음에 오는 부정형(B) 등을 중심으로 살펴보면 다음과 같다.

(가) デ 앞에 오는 단어

'ダ의 부정형' 오용에서, デ 앞에 오는 단어는 대부분 명사이나, 조사도 보인다.

'Aデ(ハ, モ)B'에서 A에 오는 단어	오용례
명사	(1), (2), (3), (4)ⓐⓑⓒ, (5), (6), (7), (8), (9)ⓐⓑⓒ, (10), (11)ⓑ ⓒ, (12)ⓐⓒ, (15), (16), (17), (18), (19), (20)
조사	(11)ⓐ, (12)ⓑ

(나) デ 다음에 오는 조사

'ダ의 부정형' 오용에서, デ 다음에 오는 조사는 ガ, モ, ハ 등이다. 'Aデ(ハ)B'는 'AガB' 또는 'AハB'형, 'AデモB'는 'AモB'형으로 오용을 범하고 있다.

정용(正用) → 오용	오용례
Aデ(ハ)B → AガB, AハB	AガB: (4)ⓒ, (5), (6), (7), (8), (9)ⓐ, (11)ⓑ, (12) ⓐⓒ, (13), (14), (15), (17), (18), (20) AハB: (1), (2), (4)ⓐⓑ, (9)ⓑ, (11)ⓐ, (12)ⓑ, (16), (19)
AデモB → AモB	(3), (9)ⓒ, (10), (11)ⓒ

(다) デ(ハ, モ) 다음에 오는 부정형

'ダ의 부정형' 오용에서, デ(ハ, モ) 다음에 오는 부정형은 보통체(ナイ형)와 공손체(アリマセン형)로 크게 나뉜다. 그리고 보통체는 체언과 이어지는 형태와 문장을 중지하는 형태로 크게 나뉘며, 공손체는 문장을 종지하는 형태이다.

‘Aデ(ハ, モ)B’에서 B에 오는 부정형	오용례
ナイ형[ない, なく(て), ないです 등]	(1), (2), (4)ⓐⓒ, (5), (7), (8), (9)ⓐⓑⓒ, (10), (11)ⓐⓑⓒ, (12) ⓐⓑⓒ, (13), (14), (15), (17), (18), (20)
アリマセン형	(3), (4)ⓑ, (6), (16), (19)

趙(2001:146, 150, 151)의 작문(대학생 3, 4학년 245명의 800자 과제 작문) 오용 조사에서는 공손체(アリマセン형)보다 보통체(ナイ형)의 오용이 많은 것으로 나타나고 있으며, 보통체(ナイ형)에서 デ 앞에 오는 조사 ダケ, バカリ의 경우 ダケ[バカリ]デハナイ형(실제 20개 사용되었음)의 오용은 전혀 나타나고 있지 않음을 보고하고 있다.

이상, 위의 설명에서 알 수 있듯이, 〔ダ의 부정형(‘Aデ(ハ, モ)B’형)〕오용의 유형은 ‘명사[조사]ハ[ガ, モ]ナイ[アリマセン]’으로 나타낼 수 있다. 그리고 부정형(B)은 デ(ハ)アリマセン형보다 デ(ハ)ナイ형이 많고, 후자 형태에서는 ダケ[バカリ]デハナイ형이 적다고 할 수 있다.

5. ‘ダの 부정형’ 오용의 원인은 우리말(모어) 간섭에 만 의한 것인가?

우선 위〔2. ‘ダの 부정형’ 오용은 한국인 일본어학습자의 전형적인 오용인가?〕에서 제시하고 있는 오용례 중에서, 오용에 대한 설명을 보면 다음과 같다.

예(1):우리말 ‘회원은(会員は) 아니지만(ないけれど)’을 직역하고 있다(森田, 1980:232). 예(2): 직역(李, 1989:132). 예(3): 모국어 간섭(박, 1994:37). 예(4)ⓐⓑ:‘~이 없다(~ガナイ)’와 ‘~이 아니다(~デハナイ)’의 혼동과, 조사 デ를 사용해야 하는데, 일본어 デ에 해당하는 우리말 ‘에’가 생략되어서 デ가 누락된 것이다. 우리말에서는 ‘은/는’ 앞에 ‘에’가 붙으면 비문이기 때문에 デ가 누락. 일본어의 ナイ의 번역에는 ‘아니다’, ‘없다’의 두 개의 의미가 있다(金, 1996:114, 115). 예(4)ⓒ:‘~이 없다(~ガナイ)’와 ‘~이 아니다(~デハナイ)’의 혼동에서 발생한다(金, 1996:119). 예(5):~デハナイ는 우리말에서 ‘~이 아니다’이고, 우리말의 조사 ‘이’가 일본어의 조사 ガ와 용법이 다르기 때문에 발생한 오용이다(金仁炫, 1996:180), 예(8):예(5)와 동일(金仁炫, 1999:219). 예(10):우리말 지정사 ‘이다’에 해당하는 일본어의 판정사 ダ의 부정법은 다르다. 우리말은 ‘보어(여행도)+술어(아니다)’이지만 일본어는 명사 술어 ダ의 부정(デモナイ)이다(趙, 2001:235). 예(13), (14):우리말과 일본어의 지정사(‘이다’와 デア

ル)의 부정법은 다르다. 일본어는 これは花でない처럼 'デ, 술어의 부정'이지만, 우리말은 '이것은 꽃이 아니다'처럼 '보어+술어'이다. 또 보어의 '이/가, 은/는'을 ガ, ハ로 직역하고 있다(趙, 1998:37).

이상, 위의 설명에서 알 수 있듯이, 'ダ의 부정형' 오용의 원인을 우리말의 '은/는, [이/가, 도] 아니다'를 ハ[ガ, モ]ナイ로 직역하는 모어 간섭으로 판단하고 있다고 해도 과언이 아니다. 그러나 위의 직역에 의한 모어 간섭 이외, 다음과 같은 사항도 오용의 원인으로 예상된다.

(가) 'アル의 부정형 ナイ', 'イル의 부정형 イナイ'의 미습득

デ 앞에 오는 명사(A)가 '사람'인 경우와 그렇지 않은 경우, 즉 '사람'인 경우에는 ナイ, アリマセン이 오면 부자연스러울 것이다. 예를 들면, A에 '사람'이 오는 예(6)(日本人がありません)과 '사물'이 오는 예(10)(急ぐ旅もないので…)에서, 예(10)보다는 예(6)의 오용을 잘 인지했을 것이다. 이는 'アル의 부정형 ナイ', 'イル의 부정형 イナイ'의 미습득이 오용 발생에 간접적으로 영향을 주고 있다고 해도 무리는 아니다.

(나) デ(ハ, モ)ナイ와 デナイ의 차이점 미습득

ダ의 부정형이 デ(ハ, モ)ナイ, 그리고 이 경우 조사 ハ, モ가 생략이 가능(첨가한 이유)한 것에 대한 설명이 부족하다. 이 때 조사 ガ가 올 수 없는 것(*デガナイ)과, デ(ハ, モ)ナイ와 '(ハ, モ)ナイ', 'ガナイ'의 차이점을 충분히 설명했는

지, 이를 고려해야 할 것이다.

(다) 교재의 학습 항목 배열

일본어 초급 교재의 문체는 보통체보다 공손체가 많고, 게다가 일반적으로 공손체에 이어서 보통체 학습이 이루어지는 상황에서, デス의 부정형 デハ(ジャ)アリマセン은 학습 초기부터 등장하여 많은 학습이 이루어지고 있지만, 상대적으로 ダ의 부정형이 デハナイ의 학습은 적을 것이다. 趙(1998:146)에서 보고하고 있듯이, 공손체(デハ(ジャ)アリマセン형)보다는 보통체(デハナイ형)의 오용이 많다.

6. 'ダ의 부정형' 오용은 중대한 오용인가 경미한 오용인가?

趙(1991:27, 28)에서는, 초급 학습자의 오용 [*私は日本人がありません。](전체 32개)에 대하여 6개 그룹[일본인 일본어교사:26명, 일본인 일본어 전공 대학생:25명, 일본인 대학생(문과):30명, 일본인 대학생(이과):27명, 한국인 일본어교사:33명, 한국인 일본어 전공 대학생:30명]의 평가자에 의한 5단계 척도 평가(최고 득점 5.00)를 하고 있다. 그 결과 평가자 순서대로 4.26(1위), 4.16(1위), 3.28(3위), 4.00(3위), 3.59(3

위), 4. 13(2위)으로 모든 그룹에서 중대한 오용으로 평가되고 있다.

趙(1998:부록 29쪽)에서는, 예(13) 'それは白菜自体がなくて…', (14) '始めるのがないでしょうか。'에 대하여 일본어화자 691명(남자 396명과 여자 292명으로 연령, 직업 다양)이 이해도, 불쾌도, 자연도 기준의 5단계 척도 평가(최고 득점 5. 00)를 하고 있다. 그 결과 조사 대상 84문제 중에서 평가 기준의 순서대로 예(13)은 3. 34(5위), 3. 46(12위), 4. 01(13위), 예(14)는 3. 46(4위), 3. 78(5위), 4. 41(3위)로, 여러 기준에서도 비교적 중대한 오용으로 평가되고 있다.

趙(2002)에서는, 일본어 모어화자 33명의 5단계 척도 평가(최고 득점 5. 00)에서, 예(11) 'ⓐ使ってしまうほどはない…。', ' ⓑ犯人がないかと…。', 'ⓒまた大学の先生もある。'는 순서대로 2. 41. 3. 63. 3. 11으로 비교적 중대한 오용으로 평가되고 있다. ⓐ보다는 ⓑ, ⓒ가 더 중대한 오용으로 엄하게 평가되고 있는데, 이는 '사람'(ⓑ, ⓒ)에 ナイ, アル라는 표현을 사용해서, 문맥의 이해를 더 방해했기 때문이 아닌가 추측된다.

7. 'ダ의 부정형' 오용의 재발 방지를 위해서는 어떻게 지도해야 하는가?

〔5. 'ダ의 부정형' 오용의 원인은 우리말(모어) 간섭에만 의한 것인가?〕의 오용 원인 분석을 중심으로 오용 재발을 위한 효과적인 지도 방법을 생각해 본다.

학습자의 학습 환경 및 수준이 다양하기 때문에, 그 지도 방법 또한 다양하게 설계해야 하지만, 그 다양함에 핵심이 되는 デス의 부정형 デハアリマセン을 가르치는 경우와 ダ의 부정형 デハナイ를 가르치는 경우의 2가지로 나누어 생각해 본다. 교육 현장에서는 아래의 (가), (나)의 경우를 응용하여 다양한 지도 방법을 생각했으면 한다.

(가) デス의 부정형 デハアリマセン을 가르치는 경우

㉠ (名詞)デス의 부정형은 (名詞)デハアリマセン으로 설명한다.

㉡ 이에 대응하는 우리말 번역 '(名詞)이/가[은/는] 아닙니다'를 제시한다.

㉢ 우리말 '(名詞)이/가[은/는] 아닙니다'를 일본어로 고쳐본다.

㉣ 일본어로 고쳐본 것 중에서 정답((名詞)デハアリマセン)과 오답((名詞)ハアリマセン, (名詞)ガアリマセン)을 제시한다.

ⓜ 오답으로 판정된 (名詞)ハアリマセン과 (名詞)ガアリマセン을 우리말로 고쳐본다.

ⓑ 오답을 우리말로 고친 '(名詞)이/가 없습니다', '(名詞)은/는 없습니다'와 정답인 '(名詞)가 아닙니다'를 제시하며, 우리말(또는 일본어)에서의 차이점을 설명한다.

ⓢ 名詞를 '사람'으로 하며 대화문을 만들어 연습한다. 그리고 오답인 대화문이 문맥상 얼마나 부자연스러운가를 알도록 한다.

ⓞ 부자연스러움의 설명에서 '사람ハ/ガアリマセン'에서 アリマセン은 '사람'의 존재를 나타내는 표현이 아니기 때문에, 名詞가 '사물'인 경우보다 더 부자연스럽다는 것도 설명한다.

(나) ダ의 부정형 デハナイ를 가르치는 경우

ⓖ (名詞)ダ의 부정형은 (名詞)デハナイ로 설명한다.
(이 부정 표현은 실제 (名詞)デハナクテ로도 많이 사용되므로, 이 형태를 병행해서 설명해도 좋다.)

ⓝ 이에 대응하는 우리말 번역 '(名詞)이/가[은/는] 아니다'를 제시한다.

ⓓ 우리말 '(名詞)이/가[은/는] 아니다'를 일본어로 고쳐본다.

ⓡ 일본어로 고쳐본 것 중에서 정답((名詞)デハナイ」와 오답((名詞)ハナイ, (名詞)ガナイ)을 제시한다.

ⓜ 오답으로 판정된 (名詞)ハナイ와 (名詞)ガナイ를 우리

말로 고쳐본다.

ⓗ 오답을 우리말로 고친 '(名詞)이/가 없다', '(名詞)은/는 없다'와 정답인 '(名詞)가 아니다'를 제시하며, 우리말(또는 일본어)에서의 차이점을 말한다.

(여기서는 アル의 부정형은 ナイ, イル의 부정형은 イナイ임을 설명한다. 나아가 (名詞)ダ와 (名詞)デアル는 문체상 같으며, (名詞)デアル의 부정형이 (名詞)デナイ이며, 조사 ハ와 モ를 첨가시켜 '(名詞)デ(ハ,モ)アル' '(名詞)デ(ハ,モ)ナイ'로 표현됨을 설명한다.)

ⓢ 名詞를 '사물'로 하며 대화문을 만들어 연습한다. 그리고 오답인 대화문이 문맥상 얼마나 부자연스러운가를 알도록 한다.

ⓞ '~이 아니고'는 ~デハナク(テ)처럼 하나의 문형으로 가르치며, (バカリ/ダケ)デハナク(テ) 등의 문형을 제시하면서 연습한다.

이상, 위의 설명에서 알 수 있듯이, 대조분석과 오용분석의 결과를 활용하는 것과 일본어 자체의 용법 차이를 좀 더 설명하고, 관용적인 어구로 연습하여 오용의 재발을 미연에 방지했으면 한다.

8. 맺는 말

본고에서는 'ダ의 부정형'의 오용에 대하여 선행 연구를 통하여 살펴보고, 그 지도법을 생각해 보았다. 그 주요한 결과는 다음과 같다.

(가) 'ダ의 부정형' 오용은 한국인 일본어학습자의 전형적인 오용이다.

(나) 'ダ의 부정형' 오용은 모든 학습 단계(초급, 중급, 상급)에서 일어나고 있다.

(다) 'ダ의 부정형' 오용의 유형은 '명사[조사]ハ[ガ, モ]ナイ[アリマセン]'으로 나타낼 수 있다.

(라) 'ダ의 부정형' 오용의 원인은 표층적으로 우리말 직역에 의한 모어 간섭에 의한 것이지만, 실제로는 ㉠ 'アル의 부정형 ナイ', 'イル의 부정형 イナイ'의 미습득, ㉡ デ(ハ, モ)ナイ와 デナイ의 차이점 미습득, ㉢ 교재의 학습 항목 배열 등이 예상된다.

(마) 'ダ의 부정형' 오용은 중대한 오용으로 언어 전달상의 이해에 많은 지장을 주고 있다.

(바) 'ダ의 부정형' 오용의 재발 방지를 위한 효과적인 지도 방법은, 대조분석과 오용분석의 결과를 활용하는 것과 일본어 자체의 용법 차이를 좀 더 설명하고, 관용적인 어구로 연습하는 것이다.

끝으로, 일본어 교재 작성 및 지도에서, 대조분석의 연구 결과뿐만 아니라, 오용분석의 결과를 적극적으로 도입할 필요가 있다. 나아가 오용 평가의 결과에서 중대한 오용으로 판명된 오용에 대해서는, 우선적으로 지도 방법을 개선할 필요가 있으며, 교재 작성에 좀 더 세심한 주의를 요한다. 특히 초급 과정상에서의 단순한 오용이 상급까지 이어지며, 언어 전달에서 이해를 크게 방해하는 'ダ의 부정형' 오용과 같은 사항을 찾아내어, 우선적으로 조사 연구할 필요가 있겠다.

〈참고문헌〉

- 森田芳夫(1980)「韓国人学生の日本語学習における誤用例」『誠信研究論文集』第13輯, 誠信女子大学校, pp.207-242
- 李庸悳(1989)「韓国学生의 日本語 誤用例에 관한 研究 -動詞, 助詞를 中心으로-」『日本学誌』第9輯, 啓明大 日本文化研究所, pp.123-150
- 趙南星(1991)「韓国人の日本語学習者の誤りの評価 -日本語話者と韓国語話者による誤りの重み付け-」『日本語と日本文学』15, 筑波大国語国文学会, pp.19-30
- 박시하(1994)「日本語学習에 있어서의 誤謬 調査研究」『日教전망』1, 한국외대교육대학원 일어교육전공, pp.34-52
- 金潤哲(1996)「助詞に関する誤用例の分析(4)」『群山大 論文集』23, 群山大学校, pp.105-125
- 金仁炫(1996)「韓•日両語における助詞の対照研究 -「은/는」「이/가」と「は」「が」の誤用と省略を中心に-」『朝鮮大 外国文化研究』19, 朝鮮大学校, pp.167-183
- 趙南星(1996)「助詞の誤りの評価」『日本文化学報』第1輯, 韓国日本文化学会, pp.72-88
- 韓先熙(1997)「誤用例の分析を通した日本語教授法研究(Ⅰ)」『語文学研究』5권, 祥明大学校 語文学研究所, pp.539-

559
- 趙南星(1998)『韓国人日本語学習者の誤りについての評価の研究』, 東北大学 博士学位論文
- 金仁炫(1999)「韓国人日本語学習者における格助詞の誤用」『外国文化研究』제22집, 朝鮮大学校, pp.209-221
- 趙南星(2001a)「韓国人学習者の日本語作文に見られる誤りの原因」『日本語教育のためのアジア諸言語の対訳作文データの収集とコーパスの構築』, 平成11-12年度科学研究費補助金基盤研究(B)(2) 研究成果報告書, pp.144-157
- ______(2001b)「대조분석과 오용분석」『日語日文学研究』제39집 -어학•교육편-, 韓国日語日文学会, pp.233-250
- ______(2002)「한국인 일본어학습자의 어휘 오용에 대한 모어화자의 평가」『日本語学研究』第5輯, 韓国日本語学会, pp.153-169
- ______·佐々木瑞貴(2002)『한국인이 잘 틀리는 일본어』보고사
- ______(2003)「한국인 일본어학습자의 작문에 나타나는 오용의 분석과 평가」『日語日文学研究』第47輯, 韓国日語日文学会, pp.339-364
- ______(2004a)「한국인 일본어학습자의 오용 분석의 현황과 과제」『日本語学研究』第9輯, 韓国日本語学会, pp.153-174
- ______(2004b)「한국어 화자가 잘 틀리는 일본어 오용」『2004年度 国際学術大会•夏季学術大会 発表論文集』, 韓国日本語学会, pp.104-110

'形容詞(-い)+だと思う'형의 오용 원인에 대한 교사와 학습자의 판단

1. 들어가는 말
2. 한국인 일본어학습자의 '形容詞(-い)+だと思う'형의 오용
3. 오용의 원인
4. 조사 방법
5. 결과 및 고찰
6. '形容詞(-い)+と思う' 형의 지도 방법
7. 맺는 말

1. 들어가는 말

외국어 학습자는 오용을 범하지 않고 외국어를 습득할 수 없는데, 그 오용에는 반드시 원인이 수반된다. 그리고 오용 원인의 정확한 분석은 학습 과정을 분명히 하며, 오용 정정 및 오용의 사항을 효과적으로 지도하는데 중요하다. 그러나 오용 원인은 학습의 심적(心的)·외적(外的) 원인의 상호 작용을 고려하여 설명하지 않으면 안 되기 때문에, 그 복잡한 현상을 일정한 한 가지 유형(모어 간섭 또는 모어 비간섭 등)으로 나타내기는 어렵다. 또한 교사의 관점뿐만 아니라, 학습의 주체인 학습자의 내성에 의한 원인 분석이 필요 불가결하다.

지금까지 개별 오용에 대한 원인은 주로 표층적인 분석 및 교사(연구자)의 경험에 의한 설명이 대부분으로, 학습자 자신의 판단은 거의 고려되지 않았다(조 2004). 그리고 조(2005:65~70)의 원인에 대한 실험적 연구에서는, 한 오용에 대해서 그 원인을 두 가지로 제한하여, 보다 구체적이고 다양한 원인의 분석에는 이르지 못하고 있다.

따라서, 본고에서는 한국인 일본어학습자의 전형적인 오용의 하나인 '形容詞(-い)+だと思う'형의 오용 원인을 살펴보고, 그에 대한 교사와 학습자의 판단을 조사한다. 교사와 학습자의 판단 차이를 분명히 하여, 앞으로의 교사 중심의 오용 원인의 설명에 학습자의 의견도 중시해야 함을 제언하고 싶다. 구체적으로는 다음의 사항을 살펴본다.

(1) 한국인 일본어학습자의 '形容詞(-い)+だと思う' 형의 오용
(2) '形容詞(-い)+だと思う' 형의 오용 원인
(3) '形容詞(-い)+だと思う' 형의 오용에 대한 교사와 학습자의 판단
(4) '形容詞(-い)+だと思う' 형의 오용 원인에 대한 교사와 학습자의 판단
(5) '形容詞(-い)+と思う' 형의 지도 방법

2. 한국인 일본어학습자의 '形容詞(-い)+だと思う' 형의 오용

여기서는 선행 연구를 바탕으로 '形容詞(-い)+だと思う' 형['形容詞(-い)+だと(+助詞)動詞(思う, 言う…)'를 나타냄]의 오용이 한국인 학습자에게 잘 나타나는 오용인가에 대하여 살펴본다.

市川(1997)는 여러 나라 일본어학습자의 오용을 소개하면서, 한국인 학습자의 예로 形容詞(-い)와 と 사이에 불필요하게 だ를 삽입하는 〈예1〉을 제시하고 있다.

〈예1〉 体のためにはたばこはすわないほうがいいだと思うのです。(→だ 삭제) [市川 1997:283]

市川(1997:287)는 이에 대해 '指導のポイント'에서 다음과 같이 설명하고 있다.

「と思う」の前は用言の普通形が来るので、動詞·形容詞·「名詞+だ」の普通形を十分練習させること。

「い形容詞」に「だ」を付けやすいので注意させること。

즉, 위의 설명에서 'と思う' 앞에 오는 形容動詞(-だ)·'名詞+だ'의 普通形으로 인하여, 形容詞에 だ를 붙이고 있다는 것을 간접적으로 알 수 있다. 市川(1997:289)는 '形容詞(-い)+だと言う'의 오용례(〈예2〉)도 제시하고 있다.

〈예2〉 田中さんはあきはばらは安いだと言いました。

(→だ 삭제) [市川 1997:289]

趙(2001:144~157)는 일본어 전공자(대학교 3, 4학년) 300편의 작문(800자)에서 대표적인 오용 6개의 유형을 소개하면서, '~だ(判定詞)+と'의 오용을 제시하고 있다. 이는 '形容詞(-い)+だと思う'형과 '動詞(기본형)+だ+と', '-です/たい/-ません…+だ+と'형이지만, 그 예는 대부분 〈예3〉, 〈예4〉, 〈예5〉와 같은 첫 번째 유형이다.

〈예3〉 たばこがわるいだとはわかっていますが…

(→だ 삭제) [趙 2001:147]

〈예4〉 意見が正しいだとは言えない。

(→だ 삭제) [趙 2001:154]

〈예5〉 すすめることはないだと思います。

(→だ 삭제) [趙 2001:154]

그리고 그 원인에 대해서 다음과 같이 기술하고 있다(趙 2001:146～147).

「だ」の添加は、「形容動詞(～だ)/動詞の過去形(～た(だ)/名詞＋だ/＋と思う/言う」形の先行学習の影響もあるが、「と」の前に「だ」を置くことによって、一応、文を落ち着かせる(終える)ためであろう。また、韓国人教師は、Jの「～と思う/言う」を「～이다, 라고(생각)한다」という形でよく説明しているため、Kの「～다」とJの「～だ」の発音が同じこと(学習者の意見)が影響して起る誤りではないかとも思われる。そして、何よりもKの動詞と形容詞の基本型の語尾が「～다」であることが主な原因であろう。……

またこれには、形容動詞の語幹がたまたま形容詞の基本形と同じ形になっているもの(「きらい＋だ」「きれい＋だ」)の先行学習、そして形容動詞〔丁寧体から普通体へ(「語幹です」→「語幹だ」)〕の先行学習が、形容詞の学習〔丁寧体から普通体へ(「基本型＋です」→「基本型＋だ」)〕へ影響したことも考えられるだろう。

趙·佐々木(2002)의 '한국인이 잘 틀리는 일본어'에서는 2744개의 오용문을 소개하고 있는데, 〈예6〉, 〈예7〉, 〈예8〉과 같은

'形容詞(-い)+だと思う'형의 오용이 많이 포함되어 있다.

〈예6〉 美しいだと思うからです。(→だ 삭제) [趙 2002:164]

〈예7〉 彼は、「…このままの関係がいいだ。」と言いました。(→だ 삭제) [趙 2002:170]

〈예8〉 みんな「すごい、すごい」だと話した。(→だ 삭제) [趙 2002:184]

趙(2003:339~364)는 일본어 전공자인 대학교 3학년, 4학년, 대학원생 각각 100편, 즉 총 300편의 작문(800자)에서 대표적인 오용을 소개하고 있다. 여기서 '形容詞(-い)+だと思う'형의 오용으로 〈예9〉(4학년), 〈예10〉(4학년) 등을 제시하고 있다.

그리고 실제 이들 작문에서는 모든 학습 수준에서 오용이 나타나고 있다. 〈예11〉은 3학년, 〈예12〉, 〈예13〉은 대학원생이 범한 오용이다.

〈예9〉 先に怖いだと言う… (→だ 삭제) [趙 2003:351]

〈예10〉 勉強するのもいいだと思います。(→だ 삭제) [趙 2003:351]

〈예11〉 生産するのがいいだと思う。(→だ 삭제)

〈예12〉 女子は勉強は必要がないだと考える… (→だ 삭제)

〈예13〉 教えるのがいいだと思います。(→だ 삭제)

趙(2004:355)는 '한국어 화자가 잘 틀리는 일본어 오용'에서

'形容詞(-い)+だと思う'형의 오용을 제시하면서, 위의 〈예10〉와 같은 'いいだと思います'를 제시하고 있다.

이상과 같이, '形容詞(-い)+だと思う'형의 오용은 한국인 학습자에게 잘 나타나고 있는 전형적인 오용의 하나라고 생각된다.

본고에서는 이 중에서 임의로 4개의 예(〈예3〉, 〈예8〉, 〈예9〉, 〈예10〉)를 택해서, 아래와 같이 질문지의 오용례(〈보기〉)로 제시했다.

〈보기〉
* '형용사(-い)+だと思う'형의 오용
(한국인 일본어학습자가 틀린 예)
・ たばこがわるいだとはわかっていますが… (→だ 삭제)
・ みんな「すごい、すごい」だと話した。(→だ 삭제)
・ 先に怖いだと言う… (→だ 삭제)
・ 勉強するのもいいだと思います。(→だ 삭제)

3. 오용의 원인

〈표3〉는 “‘形容詞(-い)＋だと思う’형의 오용 원인…”을 나타내고 있다. 〈표3〉의 ‘形容詞(-い)＋だと思う’형의 오용 원인은 일본어 전공자인 대학교 4학년 학생(15명)과 일본어교육 전공자인 대학원생(8명)과의 토론에서 얻은 것을 필자가 정리한 것이다.

이들은 모어 간섭 오용과 모어 비간섭 오용으로 대별된다. 전자는 한국인 학습자 모어인 한국어 간섭의 오용으로, 〈표3〉의 [원인5][원인6]이 해당된다. 후자는 기습의 언어 규칙을 미지의 구조에 적용하려고 한 경우의 오용, 즉 선행 학습의 영향에 의한 것으로 [원인1]～[원인4][원인9][원인10]이 해당되고, 또한 일본어(목표언어) 자체의 어려움에 의한 오용에 [원인7][원인8]이 해당된다. 따라서 ‘形容詞(-い)＋だと思う’형의 오용 원인은 모어 간섭과 모어 비간섭(목표언어 내부의 간섭)에 기인하고 있는 것이다. 이를 정리하면 〈표1〉과 같다.

〈표1〉 ‘形容詞(-い)＋だと思う’ 형의 오용 원인

오용의 원인 (10개)		
모어(한국어) 간섭	모어 비간섭[언어 내(목표언어 내부의 간섭)의 오용]	
	목표언어(일본어) 자체의 어려움	기습 규칙 적용 (선행 학습)
[원인5][원인6]	[원인7][원인8]	[원인1]～[원인4] [원인9][원인10]

주) [원인1]～[원인10]의 구체적인 내역은 〈표3〉을 참조.

4. 조사 방법

4.1 조사 참여자

'形容詞(-い)+だと思う'형의 오용과 그 원인에 대한 판단의 조사 참여자는, 한국의 대학교에서 일본어를 가르치고 있는 교사 24명[교사 경력은 평균 5.4년(1~12년)이며, 모두 여성으로 30대가 대부분이다]과, 일본어 전공자인 대학생 96명(2, 3, 4학년 각각 32명씩)이다.

4.2 조사 자료

'形容詞(-い)+だと思う'형의 오용과 그 원인에 대한 판단의 조사 자료 내역은, 각각 〈표2〉의 '질문 내용'과 〈표3〉의 '오용의 원인'을 참조.

4.3 조사 순서

'形容詞(-い)+だと思う'형의 오용에 대하여(〈표2〉의 '질문 내용'), 그리고 그 오용의 원인(〈표3〉의 '오용 원인')에 대하여 조사했다. 후자는 원인 10개 항목 전체가 100%가 되도록 했다.

4.4 분석 방법

'形容詞(-い)+だと思う'형 오용의 원인 10개 항목에 나타낸 백분율(%)을 전부 더해서, 각각의 원인 항목에 대한 판단의 정도와 순위를 〈표3〉에 나타냈다.

5. 결과 및 고찰

5.1 '形容詞(-い)+だと思う'형의 오용에 대한 교사와 학습자의 판단

5. 1. 1 오용에 대한 교사의 판단

〈표2〉는 " '形容詞(-い)+だと思う'형의 오용에 대한 교사와 학습자의 판단"을 나타내고 있다. 〈표2〉에서 오용["2. 한국인 일본어학습자의 '形容詞(-い)+だと思う'형의 오용"의 〈보기〉)에 대한 교사의 판단을 보면 다음과 같다.

(1) 질문1(오용을 범한 경험의 유무) : 오용을 범한 적이 '없다'(45. 8%)보다 '있다'(54. 2%)가 약간 많다. 교사의 과반수는 과거 학습할 때 이 오용을 범하고 있는 것

을 알 수 있다.

(2) 질문2(오용을 지적한 경험의 유무) : 오용을 전혀 지적한 적이 없는 경우가 4. 2%에 지나지 않는다. 교사는 거의 학습자의 오용을 지적하고 있다.

(3) 질문3(오용이 '쓰다'와 '말하다'의 어느 경우에 많이 일어나는가) : '쓰다'보다 '말하다'의 경우는 54. 2%, '말하다'보다 '쓰다'의 경우는 12. 5%로, 교사는 오용이 쓸 때 보다 말할 때에 많이 일어난다고 생각하고 있다.

(4) 질문4(오용을 설명한 경험의 유무) : 오용에 대하여 지도한 경험이 '있다'가 87. 5%로, 교사는 대부분 오용을 지도하고 있는 것을 알 수 있다.

(5) 질문5(오용 중요도에 대한 판단) : 중대한 오용이 58. 3%, 경미한 오용이 29. 2%, 그 중간이 12. 5%로, 많은 교사는 중대한 오용으로 생각하고 있다.

(6) 질문6(오용이 발생하는 학습 수준) : 초급[2학년]이 37. 5%, 중급[3학년]이 8. 3%, 상급[4학년]이 4. 2%, 초·중급[2, 3학년]이 29. 2%로, 교사는 중급 이하, 특히 초급에서 많이 나타난다고 생각하고 있다.

이상의 결과에서, 교사는 자신의 학습 시기에 반 정도가 이 오용을 경험한 적이 있으며, 지금 교사로서 대부분 학습자의 오용을 지적하여 설명하고, 초급 학습자가 말할 경우에 많이 발생하는 중대한 오용으로 판단하고 있음을 알 수 있다.

5. 1. 2 오용에 대한 학습자의 판단

〈표2〉에서 오용('形容詞(-い)+だと思う'형)에 대한 학습자의 판단을 보면 다음과 같다.

(1) 질문1(오용을 범한 경험의 유무) : 오용을 자주, 또는 가끔 하는 편이다가, 2, 3, 4학년 각각 84. 4, 78. 1, 78. 1%로 대다수의 학습자는 오용을 범하고 있다.
(2) 질문2(오용을 지적을 받은 경험의 유무) : 오용을 지적 받은 경우가 3, 4학년은 똑같이 53. 1%이나, 2학년은 31. 3%로 적다.
(3) 질문3(오용을 보거나 듣거나 한 적이 있는가) : 2, 3, 4학년이 각각 84. 4, 87. 5, 93. 8% 있다고 대답하고 있다. 주위의 대부분 학습자가 오용을 범하고 있는 것을 알 수 있다.
(4) 질문4(오용이 '쓰다'와 '말하다'의 어느 경우에 많이 일어나는가) : '쓰다'보다 '말하다'의 경우는 2, 3, 4학년 각각 43. 8, 78. 1, 50. 0%, '말하다'보다 '쓰다'의 경우는 2, 3, 4학년이 각각 15. 6, 6. 3, 12. 5%로 모든 학습자는 오용이 쓸 때 보다 말할 때에 많이 일어난다고 생각하고 있다.
(5) 질문5(오용에 대한 학습 경험의 유무) : 3, 4학년은 각각 84. 4, 71. 9%가 들어본 적이 있으나, 2학년은 37. 6%로 적다.

(6) 질문6(오용 중요도에 대한 판단) : 중대한 오용으로 2, 3, 4학년이 각각 28. 1, 53. 1, 46. 9%, 경미한 오용으로 2, 3, 4학년이 각각 46. 9, 25. 0, 25. 0%로 판단하고 있어서, 3, 4학년은 중대한 오용으로, 2학년은 경미한 오용으로 판단하고 있음을 알 수 있다.

이상의 결과에서, 우선적으로 학습자 자신뿐만 아니라, 주위의 학습자도 같은 오용을 범하고 있다는 것을 알 수 있다. 그리고 대다수의 학습자는 쓸 때보다 말할 때 오용이 일어나며, 중대한 오용으로 판단하고 있다. 또한 3, 4학년 과반수의 학습자는 오용에 대해 지적을 받은 경험이 있으나, 2학년은 그 경험이 적으며, 이번 조사를 통해 처음으로 인식하는 학습자가 많았다.

5. 1. 3 오용에 대한 교사와 학습자의 판단

〈표2〉의 교사에 대한 질문3, 5와 학습자에 대한 질문4, 6을 보면, 교사와 학습자는 똑같이 쓸 때보다, 말할 때 많이 나타나는 오용으로 생각하고 있으며, 교사와 3, 4학년 학습자는 중대한 오용으로, 2학년 학습자는 경미한 오용으로 판단하고 있다.

그리고 교사는 초급에서 많이 발생한다고 판단하고 있으나(교사에 대한 질문6), 2학년(초급) 학습자는 오용을 범하고 있으나(학습자에 대한 질문1, 3), 아직 이 오용에 대한 인식이 적은 것 같다(학습자에 대한 질문2, 5).

〈표2〉 '形容詞(-い)＋だと思う' 형의 오용에 대한 교사와 학습자의 판단

	질문 내용 *〈보기〉는 "2. 한국인 일본어학습자의 '形容詞(-い)＋だと思う'형의 오용"을 참조.		조사 참여자 (%)			
			교사 (24명)	학습자		
				2학년 (32명)	3학년 (32명)	4학년 (32명)
교사에 대한 질문	1. 본인도 과거 학습할 때에 아래의 〈보기〉와 같은 오용을 한 적이 있다.	1. 있다	13(54.2)			
		2. 없다	11(45.8)			
	2. 본인은 학습자가 〈보기〉와 같이 잘못 표현한 것을 지적한다.	1. 자주 한다.	10(41.7)			
		2. 가끔 하는 편이다.	13(54.2)			
		3. 전혀 안 한다.	1 (4.2)			
	3. 〈보기〉와 같은 오용은, '쓰다'·'말하다'에서 어느 경우에 많다고 생각하나?	1. '쓰다'보다 '말하다'의 경우가 많다.	13(54.2)	14(43.8)	25(78.1)	16(50.0)
		2. '말하다'보다 '쓰다'의 경우가 많다.	3(12.5)	5(15.6)	2 (6.3)	4(12.5)
		3. '쓰다'·'말하다'의 차이가 없는 것 같다.	8(33.3)	13(40.6)	5(15.6)	12(37.5)
	4. 〈보기〉와 같은 오용에 대해서, 학습자에게 설명(지도)한 적이 있다.	1. 있다	21(87.5)			
		2. 없다	3(12.5)			
	5. 〈보기〉와 같은 오용을 어떻게 생각하나?	1. 중대한 오용이다.	14(58.3)	9(28.1)	17(53.1)	15(46.9)
		2. 경미한 오용이다.	7(29.2)	15(46.9)	8(25.0)	8(25.0)
		3. 중대하지도 경미하지도 않은 오용이다.	3(12.5)	8(25.0)	7(21.9)	9(28.1)

	6. 〈보기〉와 같은 오용은 어느 학습 레벨(일본어 전공 대학생의 학년)에서 많이 보이나?	1. 초급[2학년]	9(37.5)			
		2. 중급[3학년]	2 (8.3)			
		3. 상급[4학년]	1 (4.2)			
		4. 초·중급[2·3학년]	7(29.2)			
		5. 중·상급[3·4학년]	4(16.7)			
		6. 초·중·상급 [2·3·4학년]	1 (4.2)			
학습자에 대한 질문	1. 본인도 〈보기〉와 같은 오용을 한다.	1. 자주 한다.		8(25.0)	4(12.5)	7(21.9)
		2. 가끔 하는 편이다.		19(59.4)	21(65.6)	18(56.3)
		3. 전혀 안 한다.		5(15.6)	7(21.9)	7(21.9)
	2. 〈보기〉와 같은 오용을 범해서, 교사나 주위 사람한테 정정(지적)을 받은 경험이 있다.	1. 있다		10(31.3)	17(53.1)	17(53.1)
		2. 없다		22(68.8)	15(46.9)	15(46.9)
	3. 주위의 학습자가 〈보기〉와 같이 잘못 표현하는 것을 본(들은) 적이 있다.	1. 있다		27(84.4)	28(87.5)	30(93.8)
		2. 없다		5(15.6)	4(12.5)	2 (6.3)
	4. (교사에 대한 질문3과 같음.)					
	5. 〈보기〉와 같은 오용에 대해서, 지금(이번 조사에서) 처음 들어 본다.	1. 처음 들어 본다.		20(62.5)	9(28.1)	5(15.6)
		2. 들어본(학습한) 적이 있다.		12(37.5)	23(71.9)	27(84.4)
	6. (교사에 대한 질문5와 같음.)					

5.2 '形容詞(-い)＋だと思う'형의 오용 원인에 대한 교사와 학습자의 판단

〈표3〉는 " '形容詞(-い)＋だと思う'형의 오용 원인에 대한 교사와 학습자의 판단"을 나타내고 있다. 〈표3〉에서 보면, 교사와 학습자(2, 3, 4학년)는 모두 [원인1]을 가장 주된 원인으로 생각하고 있다. 그러나 교사는 전체의 30.0%, 학습자 2, 3,

4학년은 각각 18.0, 15.1, 21.2%를 나타내고 있어서, 그 비율은 상대적으로 낮다. 그리고 교사는 [원인2][원인3][원인4]를 각각 12.0, 10.7, 10.6%로 나타내고 있는데, 이들은 모두 모어(한국어) 비간섭의 하나인 선행 학습의 영향을 나타내고 있다. 즉 교사의 경우는 선행 학습의 영향을 나타내고 있는[원인1][원인2][원인3][원인4](순서대로 순위가 1, 2, 3, 4위)가 전체의 63.3%를 나타내고 있다. 학습자는 상대적으로 적게 2, 3, 4학년 각각 45.0, 45.2, 49.1%를 나타내고 있다. 그리고 한국어 간섭을 나타내는 [원인5][원인6]은 각각 순위 5, 6위를 나타내고 있는데, 학습자의 경우는 이들 [원인5][원인6]이 순위 2~4위 안에 들어 있다. 그 비율([원인5]+[원인6])을 보면, 교사는 17.5%, 학습자 2, 3, 4학년은 각각 25.6, 27.5, 31.8%로 상대적으로 높게 나타나고 있다. 한편 학습자 2학년은 [원인3]이 2위, 3학년은 [원인2]가 2위, 4학년은 [원인3]이 3위를 나타내고 있어서, 선행 학습에 대한 판단도 적지 않게 나타나고 있다.

위의 결과에서, 순위 1~6위에서 보면, 교사는 '形容詞(-い)+だと思う'형의 오용 원인에 대해서 선행 학습을 우선적인 영향으로 생각하고 있으나, 학습자는 상대적으로 선행 학습과 우리말 간섭을 함께 생각하고 있는 것을 알 수 있다.

순위에서 커다란 특징은 [원인4]이다. 교사는 4위를 나타내나, 학습자는 2, 3, 4학년 각각 10, 8, 9위를 나타내고 있다. 그 비율도 교사는 10.6%이나, 학습자 2, 3, 4학년 각각 4.9, 5.8, 4.2%를 나타내고 있어서 상대적으로 낮은 비율을 보이고 있다.

한편, 학습자 2, 3, 4학년의 판단을 비교해 보면 다음과 같다. 2, 3, 4학년에서 [원인1]은 순위가 모두 1위로 같으나, 그 비율은 다르게 4, 2, 3학년의 순서로 높다. [원인2]는 3, 4, 2학년 순서로 순위와 판단율도 높다. [원인3]은 2학년과 4학년의 순위와 판단율이 비슷하나, 3학년은 2, 4학년에 비해 상대적으로 순위와 판단율이 낮다. [원인7]은 3학년과 4학년의 순위가 비슷하나 판단율에 차이가 있다. 3학년은 2학년과 순위와 판단율에서 차이를 보이고 있다. [원인9]는 3학년과 4학년의 순위가 비슷하나, 2학년은 3, 4학년에 비해서 상대적으로 순위와 판단율이 높다.

[원인4]~[원인6] [원인8] [원인10]은 순위와 판단율에서 커다란 차이를 보이고 있지 않다.

〈표3〉 '形容詞(-い)+だと思う' 형의 오용 원인에 대한 교사와 학습자의 판단

( ) : 순위

오용의 원인 * 〈보기〉는 "2. 한국인 일본어학습자의 '形容詞(-い)+だと思う'형의 오용"을 참조.	교사·학습자의 판단율(%)과 순위			
	교사 24명	학습자 2학년 32명	학습자 3학년 32명	학습자 4학년 32명
[원인1] '명사+だ'/형용동사(-だ)/동사(음편형)+た(だ)' と思う/言う 등의 학습 영향으로, 〈보기〉와 같은 오용이 나타나는 것 같다.	30.0 (1)	18.0 (1)	15.1 (1)	21.2 (1)
[원인2] 형용사를 닮은 형용동사 きれいだ, きらいだ 등의 학습 영향으로, '형용사(-い)+だ'처럼 형용사에 だ를 붙여서, 〈보기〉와 같은 오용이 나타나는 것 같다.	12.0 (2)	7.9 (7)	14.0 (3)	9.6 (5)

[원인3] '~だと思う/言う'라는 문형으로 학습했기 때문에, 앞에 오는 말에 상관없이, 즉 형용사(-い)에 だ를 붙이는 것이 아니고, 형용사(-い)로 문장을 끝내고, 그리고 'だと思う/言う'를 이어 쓰기 때문에, 〈보기〉와 같은 오용이 나타나는 것 같다.	10.7 (3)	14.2 (2)	10.3 (6)	14.1 (3)
[원인4] '명사+です'→명사+だ', '형용동사(어간)+です'→'형용동사(-だ)'처럼 공손체(-です)를 보통체(-だ)로 바꾸는 영향으로, '형용사(-い)+です'를 '형용사(-い)+だ'로 바꾸어서, 〈보기〉와 같은 오용이 나타나는 것 같다.	10.6 (4)	4.9 (10)	5.8 (8)	4.2 (9)
[원인5] '~と思う/言う'는 우리말로 '~이다, 라고 생각한다/(말)한다'라고 해서, 왠지 모르게 '다'의 영향으로 と 앞에 だ를 넣어서, 〈보기〉와 같은 오용이 나타나는 것 같다.	9.5 (5)	13.9 (3)	14.3 (2)	21.0 (2)
[원인6] '~と思う/言う'의 と 앞에서는 일단 문장이 끝나는데, 우리말은 형용사와 동사의 기본형이 모두 '~다'로 끝나기 때문에, 자연스럽게 형용사(-い)에 だ를 붙여서, 〈보기〉와 같은 오용이 나타나는 것 같다.	8.0 (6)	11.7 (4)	13.2 (4)	10.8 (4)
[원인7] '~と思う/言う'라는 것이 문장을 이어주는 접속사처럼 생각되어, 일단 문장을 だ로 끝내고 'と思う/言う'를 이어 쓰기 때문에, 〈보기〉와 같은 오용이 나타나는 것 같다.	7.2 (7)	6.8 (8)	11.2 (5)	5.8 (6)
[원인8] 우리말 형용사에 해당하는 일본어 형용사와 형용동사의 구분의 어려워, 〈보기〉와 같은 오용이 나타나는 것 같다.	6.2 (8)	8.0 (6)	6.7 (7)	5.3 (7)
[원인9] '명사+なんだ', '형용동사(-な)+んだ', '동사(기본형)+んだ', '형용사(-い)+んだ' 등의 학습 영향으로 '형용사(-い)+だ'의 형태를 만들어, 〈보기〉와 같은 오용이 나타나는 것 같다.	4.8 (9)	9.5 (5)	5.2 (9)	3.6 (10)
[원인10] 5단동사의 명사형은 어미 ウ단이 イ단으로 바뀐다(예:違う→違い). 이 명사(イ단음)와 형용사(-い)의 혼동으로 '명사+だ'처럼 '형용사(-い)+だ'의 형태를 만들어, 〈보기〉와 같은 오용이 나타나는 것 같다.	1.1 (10)	5.1 (9)	4.2 (10)	4.6 (8)

6. '形容詞(-い)＋と思う'형의 지도 방법

6.1 초급 학습 사항의 '形容詞(-い)＋と思う'형

여기서의 '形容詞(-い)＋と思う'형은 '形容詞(-い)＋と(＋助詞)動詞(思う, 言う…)'를 나타낸다. '形容詞(-い)＋と思う'형은 초급 학습 사항인가?

国際交流基金(編)(1983:16) '日本語教科書ガイド'의 '表 3 初級教科書各課提出文型·文法事項一覧'의 교과서(7권)에서는 모두 '～と思う' 또는 '～と言う'를 제시하고 있다[1]. 그리고 교육부(1997:262～267)의 고등학교 일본어교육 과정에서 우선적으로 이수하기를 권장하는 '의사 소통 기능 예시문'에서도 아래의 예와 같이 '形容詞(-い)＋と思う'형을 포함한 예시문을 제시하고 있어서, 이 형태가 초급 문형·문법 사항의 하나로 생각된다.

예)

体今日はおそくなると言っていました。(264쪽)

電車のほうがバスより速いと思います。(264)

その問題はむずかしすぎると思います。(265)

こちらのほうがいいと思いますけどね。(265)

日本は物価が高いと聞きましたが。(266)

実は、かんげいかいをしたいと思いましてね。(266)

이에 따라서 초급부터 '形容詞(-い)+だと思う'형의 오용이 발생하리라 예상된다. 〈표2〉의 교사에 대한 질문6의 결과(초급에서 제일 많이 나타나고 있음)와 〈표3〉의 학습자에 대한 질문3의 결과(초급[2학년] 학습자가 이 오용을 보거나 들은 적이 있음)에서도 간접적으로 잘 나타나고 있다. 즉 초급에서 배운 '形容詞(-い)+と思う'형은 '形容詞(-い)+だと思う'형의 오용을 초급부터 범하고 있는 것이다.

6.2 초급에서의 '形容詞(-い)+と思う'형의 지도 방법

여기서는 〈표2〉, 〈표3〉의 '形容詞(-い)+だと思う'형의 오용과 그 원인에 대한 교사와 학습자의 판단 결과를 바탕으로, '形容詞(-い)+と思う'형의 지도에서의 주의점에 대하여 기술한다.

초급에서의 '～と思う/言う…'의 지도 방법은 아래(①, ②, ③)와 같이 비교적 단순하다.

① 의미 : '～と思う'는 추측 또는 의견을 진술할 때, '～と言う'는 사실을 전할 때 사용한다. 이때 '～と思う'는 '～이다, 라고 생각하다', '～と言う'는 '～이다, 라고 하다' 라고 설명한다(〈표3〉의 [원인5][원인6])

《주의》 교사보다는 학습자가 오용 원인으로 영향이 크다고 판단한 사항이다. 우리말 번역의 '～이다, 라고(생각)하다'에서 '～이다'를 '～だ'로 대응시키지

않도록 오용례(우리말과 일본어 예문)를 제시한다.

② 접속 형태(보통형) : '～と思う/言う…'의 사항에서는 지금까지 배운 'です/ます'(공손체)에 이어서 보통형을 가르친다([원인4]). 즉 '～と思う/言う' 앞에 오는 '명사+だ'/형용동사(-だ)/형용사(-い)' 등을 제시한다([원인1]).

《주의》 ②는 교사와 학습자 모두가 가장 주된 오용의 원인으로 생각하고 있는 것(후자)으로, '～と思う/言う'에 이어지는 '명사+だ'/형용동사(-だ)/형용사(-い)'를 동시에 제시하여 형용사에 だ가 이어지지 않는다는 것을 강조한다. 그리고 형용동사와 형용사의 기본형이 다르다는 것과, '명사+だ'/형용동사(-だ)'에서 だ가 서로 다르다는 것을 주지시킨다.

이는 '명사+だ', '형용동사(-だ)', '형용사(-い)' 를 차례로 가르치는 경우에는 앞의 '명사+だ', '형용동사(-だ)'의 영향으로 '～だと思う/言う'형으로 정착되기 쉽기 때문이다.

한편, 寺田(1999:116)는 '～と思う'의 지도법을 설명하면서, 학습자의 '～です/ますと思う'형의 오용을 예상하고 있다.

③ 위의 ②를 설명할 때 사용 빈도가 높은 きれいだ, きらいだ에 주의한다. きれいだ/きらいだ보다 きれいです/きらいです가 먼저 제시되어, 이 형태에 익숙한 학습자가

きれいだ/きらいだを [‘형용사(-い)＋です’를 ‘형용사(-い)＋だ’]처럼 형용사로 오인하지 않도록 주의를 준다([원인2]).

《주의》 학습자 2, 4학년보다 교사와 학습자 3학년이 오용 원인으로 영향이 크다고 판단한 사항이다. きれいだ, きらいだ 이외의 어간이 い로 끝나는 형용동사(ゆうめいだ, あいまいだ 등)를 제시한다. 즉 어간과 어미를 구별하여 형용동사를 형용사로 착각하지 않도록 한다.

이하 ⓐ는 ‘〜と思う/言う…’와 같거나 이전에, ⓑ〜ⓓ는 이후에 제시되는 사항이다.

ⓐ 名詞＋という＋ 名詞 ([원인7])
ⓑ 보통형과 이어지는 ‘〜の[ん]だ/です’형 ([원인9])
ⓒ 보통형의 과거형과 이어지는 ‘〜た[だ]と思う/言う’형 ([원인1])
ⓓ 동사의 명사형(違う→違い, 間違う→間違い) ([원인10])

그리고 학습자에게 ⓔ는 가장 근본적이지만 추상적인 사항의 하나이다.

ⓔ 우리말 형용사에 해당하는 일본어 형용사와 형용동사의 구분의 어려움 ([원인8])

《주의》 ⓐ~ⓔ의 사항은 교사와 학습자의 판단에 의하면 주된 원인은 아니지만, 이들도 '形容詞(-い)+だと思う'형 오용에 영향을 주므로, 경우에 따라서는 이들이 오용에 영향을 준다는 사실을 설명한다.

다음의 ④는 ①~③에 이어 추가적인 지도 사항으로 예상된다.

④ '名詞(-い)だと思う', '形容動詞(-いだ)と思う', '形容詞(-い)と思う'(정용)과 '形容詞(-い)だと思う'(오용)의 대표적인 예를 들어 설명한다.

예)

정용 : まちがいだと思う/~せいだと思う, きれいだと思う/きらいだと思う, いいと思う/すごいと思う,

오용 : いいだと思う

6.3 '形容詞(-い)+だと思う'형의 오용 원인과 관련된 오용

여기서는 '形容詞(-い)+だと思う'형의 오용 원인이, 모어의 간섭인가 모어의 비간섭인가에 대한 문제를, 趙·佐々木(2002)의 오용례(일본어 전공자인 대학교 2학년, 3학년, 4학년 학생의 것)를 중심으로 살펴본다. 즉 '形容詞(-い)+だと思

う'형의 오용에서 形容詞 이외 다른 품사의 어휘가 오는 경우, だ가 생략 또는 첨가되는 경우, 'と思う'형이 없는 경우이다. 그 오용례를 학년별로 보면 다음과 같다.

[2학년]

〈예14〉 そして韓国人は情が多いだ。(→です)[22쪽]

〈예15〉 おおさかにおばがすんでいるから、行くことが出来だ。(→できる)[116]

〈예16〉 すでに変わるだと思います。(→変わったと言えます)[150]

〈예17〉 家族って相手方を幸せにすること__と思います。(→だ 첨가)[20]

〈예18〉 私は一番韓国的なものは伝統音楽__と思っている。(→だ 첨가)[76]

〈예19〉 自分自身の思いから__と思います。(→だ 첨가)[121]

[3학년]

〈예20〉 昔からしたいだと思っていました。(→だ 삭제)[155]

〈예21〉 彼は、「…このままの関係がいいだ。」と言いました。(→だ 삭제)[170]

〈예22〉 恋人をたくさん見たいだ。(→にたくさん会いたい)[177]

〈예23〉 …間接喫煙が体にわるいだときいたことがある。(→だ 삭제)[194]

〈예24〉 長短点があるだと思います。(→長所と短所がある) [211]

〈예25〉 この頃は、…もっとたばこを吸っているだと思います。(→だ　삭제) [214]

〈예26〉 …たばこをすう人もきらい__から。(→だ　첨가) [193]

[4학년]

〈예27〉 私は個人的に守らなければならないだと思っていますけどね。(→だ　삭제) [229]

〈예28〉 日本の医療保険制度はよくできるだと思います。(できている) (→だ　삭제) [244]

〈예29〉 子供のために作られている商品__と思います。(→だ　첨가) [221]

〈예30〉 その理由はたぶん性に対する知識が不足__からだろう。(→だ　첨가) [229]

〈예31〉 ゲームのほとんど暴力的__からです。(→だ　첨가) [241]

〈예32〉 韓国人は性味が急ですから__と思います。(→性格がせっかちだからだ) [252]

〈예33〉 動物のそのとはちがいだと思います。(→それ、ちがう) [236]

위에서 〈예14〉~〈예16〉, 〈예20〉~〈예25〉, 〈예27〉〈예28〉은 불필요하게 첨가된 だ(밑줄 부분) 부분이 한국어 번역 '다'에 해당된다. 한편 〈예17〉～〈예19〉, 〈예26〉, 〈예29〉～〈예33〉은 필요한 だ가 탈락된 부분이 한국어 번역 '다'에 해당되지 않는다. 이들 양자는 한국어 '다'의 유무에 일본어 だ를 첨가하거나 탈락시키는, 한국어(모어) 간섭에 의한 오용례라고 생각된다.

趙(2001:147)에서 제시하고 있는 아래의 '動詞(기본형)＋だ＋と', '-です/たい/-ません…＋だ＋と'형은 한국어 '다'에 해당하는 일본어 だ를 불필요하게 첨가시키고 있다.

〈예34〉 …いくらでもできるだと思っています。〈だ 삭제〉

〈예35〉 …ことですだと思います。〈→だ〉

〈예36〉 …そのようにしたいだと思って…〈だ　삭제〉

〈예37〉 …もんだいもありませんだと思います〈→ない〉

이상, 위에서 제시한 〈예34〉～〈예37〉도 한국어 '다'의 사용 유무가 커다란 원인의 하나라고 생각된다.

한편, 조(2005:68)의 아래와 같은 조사에서도 학습자(3, 4학년)와 교사 모두 ①(모어 비간섭)보다는 ②(모어 간섭)의 원인이 크다고 판단하고 있다.

오용의 원인	학습자		일본어교사 (29명) (%)
	3학년 (26명)	4학년 (28명)	
ダ[형용사(～い)＋だ] : まだ山は寒いだと思いますよ。 〈→だ삭제〉			

① '명사+だ/형용동사(だ)と思う' 등의 선행 학습의 영향 때문이다.	42.5	46.8	42.1
② '～だと思う' '～(이)다 라고 생각하다' 등의 인식으로 ～と思う 앞에 무심코 だ를 삽입하기 때문이다.	57.5	53.2	57.9

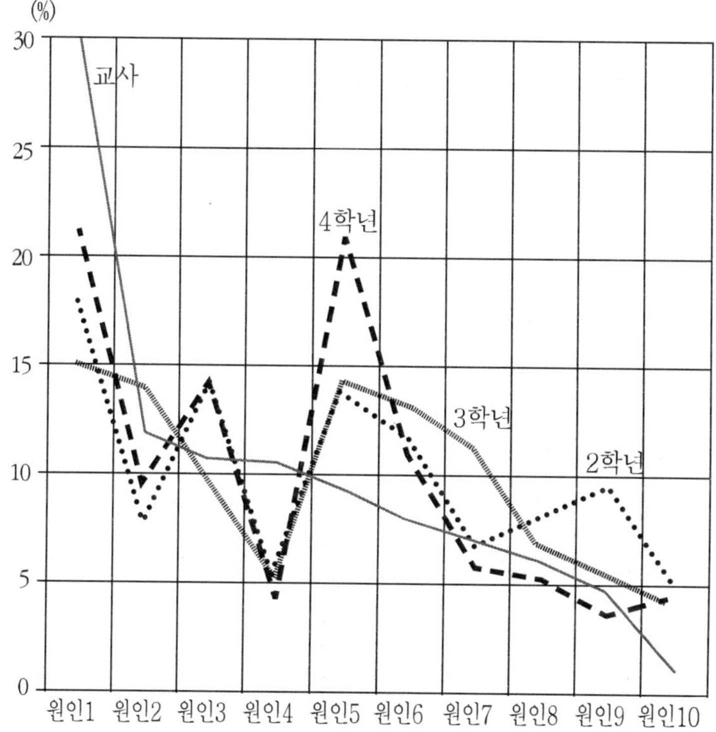

〈그림1〉 원인별 교사와 학습자의 판단률

7. 맺는 말

본고에서는 한국인 일본어학습자의 전형적인 오용의 하나인 '形容詞(-い)+だと思う'형의 오용 원인을 살펴보고, 그에 대한 교사와 학습자의 판단을 살펴보았다. 그 주요한 결과는 다음과 같다.

(1) '形容詞(-い)+だと思う'형의 오용은 한국인 학습자에게 잘 나타나는 오용의 하나로 학습 초기뿐만 아니라 중·상급 학습자에서도 나타나고 있다.

(2) '形容詞(-い)+だと思う'형의 오용 원인은, 한국인 학습자 모어인 한국어 간섭과 선행 학습과 일본어 자체의 어려움에 기인하는 것으로, 모어 간섭과 모어 비간섭의 양쪽에서 나타나고 있다.

(3) '形容詞(-い)+だと思う'형의 오용에 대해서, 교사와 학습자는 똑같이 쓸 때보다, 말할 때 많이 나타나는 오용으로 생각하고 있으며, 교사와 학습자(초급 제외)는 중대한 오용으로 판단하고 있다. 그리고 교사로서 대부분 학습자의 오용을 지적하여 설명하고 있으며, 이는 초급보다는 중·상급에서 많은 것 같다.

(4) '形容詞(-い)+だと思う'형의 오용 원인에 대하여, 교사와 학습자(2, 3, 4학년)는 모두 [원인1]('명사+だ'/형용동사(-だ)/동사(음편형)+た(だ)'と思う/言う 등의 학습 영향

…)을 가장 주된 원인으로 생각하고 있으나, 학습자는 교사보다 그 비율이 상대적으로 낮다. 그리고 교사는 선행 학습의 영향을 나타내고 있는 [원인1]~[원인4]가 전체의 63.3%를 나타내고 있으나, 학습자는 상대적으로 적게 2, 3, 4학년 각각 45.0, 45.2, 49.1%를 나타내고 있다. 그리고 우리말 간섭을 나타내는 [원인5][원인6]의 비율을 보면, 교사는 17.5%, 학습자 2, 3, 4학년은 각각 25.6, 27.5, 31.8%로 상대적으로 높게 나타나고 있다. 그리고 [원인4]~[원인6], [원인8][원인10]은 순위와 판단율에서 커다란 차이를 보이고 있지 않다.

(5) '形容詞(-い)+だと思う'형의 오용 원인에 대한 교사와 학습자의 판단 결과를 바탕으로 한, 초급에서의 '形容詞(-い)+と思う'형 지도에서의 주의점은 다음과 같다.

① 의미상에서 교사보다 학습자가 오용 원인의 영향이 크다고 판단한 사항으로, 우리말 번역의 '~이다, 라고 (생각)하다'에서 '~이다'를 '~だ'로 대응시키지 않도록 오용례(우리말과 일본어 예문)를 제시한다.

② 접속 형태(보통체)에서 '명사+だ', '형용동사(-だ)', '형용사(-い)'를 차례로 가르치는 경우에는 앞의 '명사+だ', '형용동사(-だ)'의 영향으로 '~だと思う/言う'형으로 정착되기 쉽기 때문에 이들을 동시에 제시하여 형용사에 だ가 이어지지 않는다는 것을 강조한다.

그리고 형용동사와 형용사의 기본형이 다르다는 것과, '명사+だ'/형용동사(-だ)'에서 だ가 서로 다르다는 것을 주지시킨다. 그리고 사용 빈도가 높은 きれいだ/きらいだ의 어휘에 주의한다. 그리고 ②보다는 ①의 사항을 좀 더 강조한다.

위의 결과에서 무엇보다도 중요한 것은, '形容詞(-い)+だと思う'형의 오용 원인을 교사는 교수 과정을 중심으로 선행 학습에, 학습자는 학습한 내용의 표현(이 때 우리말을 먼저 생각함)에 중점을 두고 있다는 사실이다. 따라서 교사는 학습자의 학습 내용의 산출에 좀 더 주위를 기울였으면 한다.

학습자는 자기 의견을 진술할 때는 먼저 '~이다'로 자기 생각을 말하고, 그 다음에 '~라고 생각하다'라고 끝맺음을 한다. 이러한 심리적 요인이 가장 커다란 요인이 아닌가 생각 한다. 형용사에는 '形容詞(-い)+だ(판정사)'형이 존재하지 않는다는 사실을 강조하여 지도할 필요가 있겠다.

〈주〉

1) '東京外国語大学付属日本語学校　日本語Ⅰ'는 14/32과(제시된 과/ 교과서 전체 과), '国際学友会日本語学校　日本語Ⅰ'는 19/36과, '長沼直兄編　Basic Japanese Course'는 9·17/50과, '国際基督教大学　日本語研究室　Modern Japanese for University Students P.1'은 23/40과, '早稲田大学語学教育研究所　外国学生用　日本語教科書初級'는 25/40과, 'Introduction to Modern Japanese'는 9/30과, 'Japanese for Today　あたらしい日本語'는 11/30과에서 제시하고 있다.

〈참고문헌〉

- 교육부(1997)『외국어과 교육 과정(Ⅱ)【별책14】』
- 조남성(2005)「오용 원인의 실험적 연구」『한국일본어학회 제12회 학술발표회 논문집』, pp.65~70
- ______(2004)「한국어 화자가 잘 틀리는 일본어 오용」『日語日文學硏究』第51輯, 韓國日語日文學會, pp.343~373
- ______(2003)「한국인 일본어학습자의 작문에 나타나는 오용의 분석과 평가」『日語日文學硏究』第47輯, 韓國日語日文學會, pp.339~364
- 조남성·사사키미즈키(2002)『한국인이 잘 틀리는 일본어』, 보고사
- 市川保子(1997)『日本語誤用例文小辭典』, 凡人社
- 国際交流基金編(1983)『日本語教科書ガイド』
- 趙南星(2001)「韓国人学習者の日本語作文に見られる誤りの原因」『日本語教育のためのアジア諸言語の対訳作文データの収集とコーパスの構築』, 平成11-12年度科学研究費補助金基盤研究(B)(2)研究成果報告書, pp.144~157
- 寺田和子·三上京子·山形美保子·和栗雅子(1999)『日本語の教え方　ABC』, アルク

11장 오용 원인의 실험적 분석

1. 들어가는 말
2. 조사 방법
3. 조사 결과 및 고찰
4. 맺는 말

1. 들어가는 말

오용은 외국어 학습자가 피할 수 없는 것으로, 오용을 범하지 않고서 외국어를 습득하는 것은 불가능하다. 따라서 학습자의 오용 원인을 정확히 파악하여 지도(정정)하는 것은, 외국어 교사에게 중요한 과제의 하나이다. 그러나 학습 내외적 요인 및 학습자 개인 차이에서 오는 오용 원인을 정확히 분석하는 것은 실제로 어려운 작업의 하나이며, 그 원인에 대한 판단이 학습자와 교사가 다른 경우에는 효과적인 정정은 어려울 것이다.

따라서 본고에서는 한국인 일본어학습자가 잘 틀리는 오용을 중심으로 그 원인을 조사하고자 한다. 즉 지금까지는 연구자·교사(분석자)의 일방적인 학습자의 오용 원인의 예측이 대부분으로[1], 실제 오용을 범하고 있는 학습자가 소외되어서, 학습자 스스로의 진단에 의한 오용 원인을 찾고자 한다. 그리고 학습자와 교사의 오용 원인에 대한 판단의 차이를 비교 분석한다. 구체적인 조사 내용은 다음과 같다.

(1) 학습자 수준별로 틀린 문장에서 오용을 찾아내어 정정하는 테스트를 실시한다.
(2) 학습자와 교사의 인터뷰를 통하여 오용의 원인을 찾아낸다.
(3) 오용 원인은 학습자 수준별로 어떻게 다른가, 그리고 오용 원인에 대한 학습자와 교사의 판단을 살펴본다.

2. 조사 방법

2.1 조사 I

조사 I 에서는 오용에 대한 학습 수준별 정정 테스트를 실시하여, 한국인 일본어학습자에게 전형적인 오용의 속성, 즉 오용의 난이도를 분명히 한다. 이는 효과적인 오용의 지도 방법을 고안하는데 도움을 주기 위함이다.

2. 1. 1 조사 참여자

조사 I 의 오용 정정 테스트에 참여하는 한국인 학습자는, 한국의 대학교에서 일본어를 전공하는 3, 4학년 학생 각각 36명씩으로 전체 72명이다.

2. 1. 2 조사 대상의 오용

조사 대상으로 한 오용은, 한국인 일본어학습자의 오용을 분석한 103편의 논문(1980～2003년)에서 가장 빈도가 높은 40개의 오용이다[조(2004)의 '한국어 화자가 잘 틀리는 오용'].

그 내역(〈표5〉)은 음운론(발음)의 오용 4개(문1～4), 어휘론의 오용 13개(문5～17), 형태론(활용)의 오용 2개(문18～19), 통사·의미론의 오용 21개[보어(문20～28), 태(態)(문29～31), 시제·상(相)(문32～33), 접속(문34～37), 모달리티(문38～39), 표현(문40)]이다.

2. 1. 3 조사 방법

정정 테스트는 수업 시간(2학기 중간 정도)에 시험의 형태로 실시했다. 그리고 조사의 신뢰성을 높이기 위해서 틀린 문장 40개에 올바른 문장 10개[2)]를 포함시켰다. 테스트 조건은 사전 사용은 금지하고, 시간의 제한은 특별히 두지 않았다. 다음은 질문지의 일부이다.

> ▪ 다음 50개의 문장 중에서 올바른 문장은 ( ) 안에 ○표, 틀린 문장은 잘못된 부분 한 곳만, 밑줄을 긋고 바르게 고쳐서 ( ) 안에 쓰시오.
> (1) 富士山は形の美しいことで有名する。( )
> (2) まだ山は寒いだと思いますよ。( )
> (3) だいどころで料理を作る。( )
> ……

2. 1. 4 분석 방법

조사 결과는 〈표2〉에 정리했으며, 학습자가 대답한 정정 유형 중에서 일정한 형태만 제시했다. 즉 조사 참여자 가운데 어느 한 그룹이 10% 이상 정정한 유형만 〈표2〉에 나타냈다. 그리고 정정 유형에 제시된 것으로 정답률(〈표1〉, 〈표2〉)을 구했다. '기타' 및 '무답'은 오답으로 처리했다. 한편 조사 참여자의 학습 수준은, 일본어 전반에 대한 학습 기간이 긴 대학교 4학년 학습자가 3학년 학습자보다도 높다고 간주한다.

2.2 조사II

조사Ⅱ에서는 오용 원인에 대한 학습자와 교사의 판단을 살펴본다.

2. 2. 1 조사 참여자

조사 참여자의 학습자는 조사Ⅰ과 같다('2. 1. 1 조사 참여자'). 그리고 한국인 일본어교사는 29명으로, 대부분 여성이며, 일본어교사 경력은 평균 6년(1~15년)이다.

2. 2. 2 조사 대상의 오용 원인

조사Ⅱ의 질문지 작성에 필요한 오용의 원인은, 한국인 일본어교사 3명(일본어교사 경력 평균 15년)과 학습자 9명(일본어 전공자인 대학교 2, 3, 4학년 각각 3명씩)을 대상으로, 조사Ⅰ의 결과를 참조하면서 인터뷰를 실시하여 얻었다. 오용 원인의 항목은 〈표5〉에 제시했는데, 연구의 편의상 모든 원인의 항목은 가장 의견이 많았던 2개로 한정했다.

2. 2. 3 조사 방법

조사Ⅱ의 오용 원인을 찾는 조사는 수업 시간에 실시했다. 시간 등의 특별한 제한은 두지 않았다. 교사는 개인적으로 의뢰했다. 다음은 오용 원인의 조사를 위한 질문지의 일부이다.

■ 다음은 한국인 일본어학습자의 오용이다. 40문장의 오용 원인①, ②에 대해서, 자신의 생각을 ( ) 안에 %로 나타내 주세요.

(원인①+②=100%가 되도록 하세요.)
[예) ①(0)②(100), ①(100)②(0), ①(35)②(65), ①(10)②(90), ①(50)②(50)…처럼 자유롭게 쓰세요.)

이하, K는 한국어, J는 일본어, __의 부분은 오용, 〈→〉 안은 정용(正用)을 나타낸다.

1. 음운론(발음)의 오용

(1) 어두(語頭)의 탁음

「きゅうにゅうをください。」と言ったら、「ミルクですか。」と聞かれた。

〈→ぎゅうにゅう〉

① K의 영향으로, 어두의 탁음(ガ行)을 청음(カ行)으로 발음하기 때문이다. ( )

② 평소 J 청음과 탁음(カ行/ガ行)을 정확히 구별해서 발음하고 있지 않기 때문이다. ( )

(2) 어중(語中)의 청음

そういうやり方では実際的なこうがはないでしょう。もっと効果的にやる方法を考えなさい。〈→こうか〉

① K의 영향으로, 어중의 청음(カ行)을 탁음(ガ行)으로 발음하기 때문이다. ( )

② 평소 J 청음과 탁음(カ行/ガ行)을 정확히 구별해서 발음하고 있지 않기 때문이다. ( )

……

2. 2. 4 분석 방법

본고에서의 오용 원인의 분류는 학습자와 교사의 인터뷰

를 통하여 얻은 것을 바탕으로, 크게 모어(한국어) 간섭의 오용(L_1-interference error)과 모어 간섭 이외의 오용 (L_1-independent error)으로 나누었다(小篠, 1987:37～42). 그리고 모어 간섭 이외의 오용은 언어 내의 오용(intralingual error), 유발된 오용(induced error), 학습 방략(learning strategy)에 의한 오용 등으로 분류했다. 언어 내의 오용은 목표언어 내부 간섭의 오용으로, 목표언어 자체의 어려움에 의한 오용, 기습의 언어 규칙을 미지의 구조에 적용하려고 한 경우의 오용이다. 전자는 일본어 구조의 곤란함과 미습득, 후자는 선행학습의 영향에 의한 것이다. (〈표3〉)

3. 조사 결과 및 고찰

3.1 학습자의 오용 정정(조사 I)

〈표1〉은 '오용 종류별 정답률'을 나타낸다. 〈표1〉에서 그 정답률을 보면, 학습 수준이 높은 4학년이 3학년보다 '어휘론의 오용', '형태론(활용)의 오용', '통사·의미론의 오용'에서는 높으나, '음운론(발음)의 오용'에서는 낮다. 이는 외래어 표기에서 장음을 간과했기 때문이다(〈표2〉의 문4). 그리고 오용의 종

류에 따른 학년별 정답률의 차이가 작은 것은, 조사 대상의 오용이 3학년 수준의 것이며, 4학년이 되어도 조사 대상의 오용이 더 학습되지 않았기 때문일 것이다. 한편 오용 종류별로 정답률을 보면, 전체적(3, 4학년)으로 '형태론(활용)의 오용', '음운론(발음)의 오용', '통사·의미론의 오용', '어휘론의 오용'의 순서로 높아서, 어휘 즉 의미적인 것이 학습하기 어렵다는 것을 알 수 있다.

〈표1〉 오용 종류별 정답률

오용의 종류	문제	학습자별 오용 정정의 정답률 (%)		
		3학년	4학년	합계
1. 음운론(발음)의 오용	문1～4 (4문)	53.5	45.9	49.9
2. 어휘론의 오용	문5～17 (13문)	34.8	42.7	38.8
3. 형태론(활용)의 오용	문18～19 (2문)	65.3	70.9	68.1
4. 통사·의미론의 오용	문20～40 (21문)	40.7	46.8	43.8

〈표2〉는 '학습자의 오용 정정 유형 및 빈도'를 나타낸다. 〈표2〉에서 보면, 본 조사 대상의 오용은 반드시 학습 수준이 높다고 정답률이 높지 않다. 그러나 학습 수준이 낮은 쪽이 정답률이 높은 것(문1, 3, 4, 7, 12, 19, 21, 25, 27, 30, 37)은 그 차이가 작다(문1, 4, 7, 12, 19, 27, 37은 10% 이하). 그 경우 대부분 학습 수준이 높은 쪽은 '기타'의 비율이 높아서, 제시 문장의 여러 요소를 보고서 정정한 것이, 잘못 정정된 것으로 판단된다(문1, 3, 4, 7, 12, 25, 30, 37). 학습 수준별

로 정답률을 보면, 3학년에서 정답률이 높은 것(80.0% 이상)은, 문19(91.7%), 20(88.9), 7·23(83.3)이며, 4학년에서는 문20·24(91.7%), 19·38(88.9), 10·23(86.1), 5(80.6)이다. 이중에서 학습 초기에 배우는 문19(きれい→きれいな), 20(~をできる→~ができる), 23(~を乗る→~に乗る)은 3, 4학년에서 정답률이 높은 것을 알 수 있다. 그리고 3학년과 4학년의 차이가 큰 것(20% 이상)은 문16(3학년 2.8% 〈 4학년 38.9%), 29(2.8〈30.6), 6(2.8〈25.0), 4(69.4〉47.2), 39(27.8〈50.0)이다. 3, 4학년에서 똑같이 정답률이 낮은 것은 문12(こと→もの), 17(その→あの)(10% 이하), 11(女大→女子大), 21[に(時)의 사용 유무], 33(行った→行っている)(20% 이하)이다. 전자는 학습 정도가 많아짐에 따라서 오용률이 줄어드는 것이나, 후자는 학습 정도에 관계없이 학습하기 어려운 사항으로 판단된다.

〈표2〉 학습자의 오용 정정 유형 및 빈도

문제번호	문제의 문장 (__의 부분은 오용) 〈→정답〉	학습자가 정정한 유형	학습자		정답률(%)
			3학년 36명	4학년 36명	3학년 4학년
1	「きゅうにゅうをください。」と言ったら、「ミルクですか。」と聞かれた。〈→ぎゅうにゅう〉。	きゅうにゅう →ぎゅうにゅう ○/무답/기타	18 15/1/2	15 15/3/3	50.0 41.7

2	そういうやり方では実際的なこうがはないでしょう。もっと効果的にやる方法を考えなさい。〈→こうか〉	こうが→こうか 効果的に →効果的な ○/무답/기타	13 4 9/5/5	14 2 7/3/10	36. 1 38. 9
3	きみはいつ日本へ来ったのか。 〈→来て〉	来った→来た へ→に ○/무답/기타	21 6 6/1/2	20 5 6/1/4	58. 3 55. 6
4	健康のために何かスポツをしようと思う。	スポツ →スポーツ ○/무답/기타	25 7/-/4	17 9/-/10	69. 4 47. 2
5	富士山は形の美しいことで有名する。〈→有名だ〉	有名する →有名だ ○/무답/기타	23 7/1/5	29 -/-/7	63. 9 80. 6
6	先のことばかり考えて心配していてもしかたがありません。現在を楽しく住むことが大切です。 〈→暮らす〉	住む→暮す 住む→過ごす 住む→生きる ○/무답/기타	1 5 4 17/4/5	9 2 3 9/4/9	2. 8 25. 0
	このへやにはだれもない。 〈→いない〉	ない→いない ○/무답/기타	30 5/-/1	28 4/-/4	83. 3 77. 8
8	先生はむずかしいことばをやすく説明します。	やすく →やさしく ○/무답/기타	19 12/-/15	20 8/2/6	52. 8 55. 6
9	それが事実か事実がないかは、調べてみなければわからない。 〈→でない〉	が→では(じゃ) ○/무답/기타	13 12/3/8	16 11/1/8	36. 1 44. 4
10	まだ山は寒いだと思いますよ。 〈→だ삭제〉	だ→だ삭제 ○/무답/기타	28 8/-/-	31 2/1/2	77. 8 86. 1

11	むすめは女大に行っております。〈→女子大〉	行って→通って 女大→女子大 おります →います ○/무답/기타	18 – 4 8/1/5	8 6 3 8/1/10	0. 0 16. 7
12	親切ということは人の心を明るくする。〈→もの〉	親切→親切だ する→なる こと→もの ○/무답/기타	10 5 2 13/–/6	13 3 1 9/2/8	5. 6 2. 8
13	このくすりは必ずその病気にはきくでしょう。〈→きっと〉	必ず→きっと には→に ○/무답/기타	7 6 14/2/7	8 2 5/5/16	19. 4 22. 2
14	聞いたことはありましたが、見たのは初めです。〈→初めて〉	初め→初めて ありましたが →ありますが の→こと 見た→見る ○/무답/기타	10 9 3 4 9/–/1	11 8 4 – 8/1/4	27. 8 30. 6
15	今年の夏はたくさん暑かった。〈→ひじょうに, とても、すごく〉	たくさん →とても たくさん →すごく ○/무답/기타	26 3 1/–/6	22 4 4/–/6	80. 6 72. 2
16	もうこの以上がまんできない。〈→これ〉	この→これ 以上→以上は ○/무답/기타	1 9 19/2/5	14 4 12/4/2	2. 8 38. 9
17	その人とはむかしからの知り合いです。〈→あの〉	その→あの の→の삭제 ○/무답/기타	– 5 21/1/9	1 10 17/4/4	0. 0 2. 8

18	けさは寒いでしたね。〈→寒かったです〉	寒いでした→ 寒かったです 寒いでした→ 寒かった ○/무답/기타	14 6 8/-/8	19 4 7/-/6	38. 9 52. 8
19	きれい花ですね。〈→きれいな〉	きれい →きれいな ○/무답/기타	33 3/-/-	32 4/-/-	91. 7 88. 9
20	あなたは自動車の運転をできますか。〈→が〉	を→が ○/무답/기타	32 2/-/2	33 1/-/2	88. 9 91. 7
21	彼らは、昼にねて、夜にはたらきます。〈→に，に삭제〉	昼に，夜に →昼，夜 はたらきます →はたらいています 昼に→昼は ○/무답/기타	4 1 1 18/2/10	- 4 4 15/4/9	11. 1 0. 0
22	このへんは夜がなると、人も車も通らず寂しくなる。〈→に〉	が→に ○/무답/기타	25 6/-/5	26 5/1/4	69. 4 72. 2
23	5時の汽車をのります。〈→に〉	を→に ○/무답/기타	30 6/-/-	31 1/-/4	83. 3 86. 1
24	それはどこにお買いになりましたか。〈→で〉	に→で ○/무답/기타	28 6/-/2	33 2/1/-	77. 8 91. 7
25	田中さんにのおくりものは何にしましょうか。〈→へ〉	に→へ の→の삭제 に→に삭제 ○/무답/기타	14 5 12 2/1/2	7 9 6 6/3/5	38. 9 19. 4

26	山中さん、大阪で電話がかかってきていますよ。〈→から〉	から→で ○/무답/기타	13 13/1/9	18 10/2/6	36. 1 50. 0
27	5時まではきっと帰って来なさい。〈→までに〉	きっと→必ず まで→までに ○/무답/기타	10 8 11/1/6	12 7 11/1/5	22. 2 19. 4
28	大学で医学__勉強をするつもりです。〈→の삽입〉	医学勉強 →医学の勉強 ○/무답/기타	11 23/1/1	12 17/2/5	30. 6 33. 3
29	その先生は3時間も休まずに続いて話をした。〈→続けて〉	続いて→続けて ○/무답/기타	1 24/−/11	11 12/4/9	2. 8 30. 6
30	山下さんはとてもまじめで、いかにも学生らしい印象をあげる人です。〈→あたえる〉	あげる→くれる あげる →あたえる ○/무답/기타	8 10 9/3/6	10 5 7/5/9	27. 8 13. 9
31	これは田中君が旅行のみやげにあげたのです。〈→くれた〉	あげた→くれた に→で みやげ →おみやげ ○/무답/기타	12 7 5 4/−/8	19 3 4 3/1/6	33. 3 52. 8
32	きのう1日かかって書く作文を先生に出した。〈→書いた〉	書く→書いた ○/무답/기타	22 9/2/3	24 6/−/6	61. 1 66. 7
33	外国へ行った友だちが、現地の様子を手紙で知らせてきた。〈→行っている〉	行った →行っている きた→くれた へ→に ○/무답/기타	3 4 1 15/5/	4 2 4 15/5/	8. 3 11. 1
34	着くと手紙をくださいね。〈→着いたら〉	着くと →着いたら ○/무답/기타	16 10/2/8	18 10/3/5	44. 4 50. 0

35	毎朝ごはんを食べなくて学校へ行きました。〈→食べないで〉	食べなくて→食べないで 行きました→行きます ○/무답/기타	15 12 5/-/4	22 6 5/2/1	41.7 61.1
36	ガンは多い学者によって研究されている。〈→多くの〉	多い→多くの ○/무답/기타	10 14/2/10	12 16/5/3	27.8 33.3
37	おそくなるので、早く行けよ。〈→から〉	ので→から ○/무답/기타	16 12/1/7	14 2/4/16	44.4 38.9
38	えんぴつはありますが、まんねんひつがありません。〈→は〉	が→は ○/무답/기타	26 9/-/1	32 1/2/1	72.2 88.9
39	急に空がくもってきて、今にも雨が降り出しようだ。〈→降り出しそうだ〉	降り出しようだ→降り出しそうだ 今にも→今でも ○/무답/기타	10 4 6/3/13	18 - 4/4/6	27.8 50.0
40	きのうは天気が蒸し暑かったが、きょうはすずしい。〈→天気が삭제〉	天気が→天気が삭제 きのうは天気が→きのうの天気は ○/무답/기타	2 4 27/2/1	8 2 19/4/3	5.6 22.2

주) 각 문제가 요구하고 있는 사항과 관계없는 사항은 조정하여 정리했다. 예를 들면, 문5의 有名である, 有名です는 有名だ에, 문8의 やさしい는 やさしく에 포함되어 있다. 그리고 문35의 食べずに(3학년 2명)는 食べないで에 포함되어 있다.

3.2 오용의 원인

3. 2. 1 오용 종류별 원인

〈표3〉은 '오용 종류별 원인'을 나타낸다. 〈표3〉에서 보면, 모든 오용의 종류에서 한국어 간섭의 오용보다 한국어 간섭 이외의 오용의 비율이 높다. 그러나 음운론(발음)의 오용은 상대적으로 그 차이가 작다. 그리고 후자의 경우, 음운론(발음)의 오용을 제외한 나머지 오용 종류에서 언어 내의 오용이 대부분이다. 언어 내의 오용의 경우, 통사·의미론의 오용은 기습의 언어 규칙을 미지의 구조에 적용하려고 한 경우의 오용, 즉 선행 학습의 영향에 의한 것보다 일본어(목표언어) 자체의 어려움에 의한 오용이 많이 보인다. 어휘론의 오용은 비슷하고, 형태론(활용) 오용은 같다. 한편 모든 오용의 종류에서 유발된 오용과 학습 방략에 의한 오용(음운론의 오용 제외)은 적거나 없는 것을 알 수 있다.

〈표3〉 오용 종류별 원인

<table>
<tr><th rowspan="5">오용의 종류</th><th colspan="7">오용의 원인 (80개)</th></tr>
<tr><th rowspan="4">모어(한국어)간섭의 오용</th><th colspan="6">모어 간섭 이외의 오용</th></tr>
<tr><th colspan="3">언어 내 (목표언어 내부의 간섭)의 오용</th><th rowspan="3">유발된 오용</th><th rowspan="3">학습방략에 의한 오용</th><th rowspan="3">합계 (%)</th></tr>
<tr><th colspan="2">목표언어(일본어) 자체의 어려움에 의한 오용</th><th rowspan="2">기습 규칙 적용 (선행 학습) 의 오용</th></tr>
<tr><th>일본어 구조의 곤란함에 의한 오용</th><th>미습득 에 의 한 오용</th></tr>
<tr><td>1. 음운론(발음)의 오용
문1～4 (4문제)</td><td>3
(37. 5)</td><td>2</td><td>-</td><td>-</td><td>-</td><td>3</td><td>5
(62. 5)</td></tr>
<tr><td>2. 어휘론의 오용
문5～17 (13문제)</td><td>6
(23. 1)</td><td>9</td><td>2</td><td>9</td><td>-</td><td>-</td><td>20
(76. 9)</td></tr>
<tr><td>3. 형태론(활용)의 오용
문18～19 (2문제)</td><td>-</td><td>1</td><td>1</td><td>2</td><td>-</td><td>-</td><td>4
(100)</td></tr>
<tr><td>4. 통사·의미론의 오용
문20～40 (21문제)</td><td>11
(26. 2)</td><td>21</td><td>2</td><td>7</td><td>1</td><td>-</td><td>31
(73. 8)</td></tr>
</table>

3. 2. 2 문제 전체의 오용 원인

문제별 각각의 오용 원인[40(문제)×2(원인)=80(원인)(〈표5〉)]에 대해서 살펴보면 다음과 같다. '한국어 간섭의 오용'에 의한 것은 대부분 한국어를 그대로 일본어에 대응시키거나 직역

한 것이다(문1①, 2①, 4①, 5①, 7①, 9①, 10②, 11②, 14②, 20①, 21①, 22①, 23①, 24②, 27①, 28①, 29①, 32①, 33①, 38①, 40①). '일본어 구조의 곤란함에 의한 오용'에 의한 것은 일본어 용법 자체의 어려움에서 오는 것으로 일본어 내부의 간섭의 하나이다. 실제로 문1, 2, 5, 8, 10, 11, 18 이외의 모든 문제는 '일본어 구조의 곤란함'에 기인하고 있다. '학습 방략에 의한 오용'은 학습 방법에 의한 것으로, 평소 발음 연습에서 주의했으면 표기상에서 오용을 범하지 않았으리라 생각되는 발음상의 오용 원인의 하나이다[문1②, 2②, 3②, (4②)]. '유발된 오용'은 교수 방법에 기인하는 것으로 문30①이 해당된다. 이는 수수동사 학습에서 あげる, くれる, もらう 이외 あたえる, うける의 동사도 함께 가르쳤다면, 그 오용의 발생 빈도가 낮았을 것이다. '기습 규칙 적용(선행 학습)의 오용'은 이미 학습한 내용의 영향으로, 기습의 규칙을 잘못 유추하거나 확대 적용하고 있다(문5②, 6②, 8①②, 10①, 12②, 15①, 16①, 17①, 18①②, 25①, 26①, 31①, 32②, 34②, 36②). '미습득에 의한 오용'은 일본어 자체의 어려움에 의한 오용으로 판단되며, 올바른 표현을 만들기에는 아직 불안전한 학습 상태로, 그것이 오용을 유발하고 있다(문11①, 13②, 29②, 39②).

3.3 오용 원인에 대한 학습자와 교사의 판단(조사II)

3. 3. 1 오용 종류별 원인에 대한 학습자와 교사의 판단

〈표4〉는 '오용 종류별 원인에 대한 학습자와 교사의 판단'을 나타낸다. 〈표4〉에서 오용 종류별 원인에 대한 학습자(3, 4학년)와 교사의 판단 차이를 보면 다음과 같다.

음운론(발음)의 오용에서, '한국어 간섭의 오용'은 거의 차이가 없고, '일본어 구조의 곤란함에 의한 오용'은 4학년과 교사는 비슷하며, 이들은 3학년과 약간의 차이를 보인다. '학습 방략에 의한 오용'은 4학년과 교사는 차이가 거의 없고, 이들은 3학년과 약간의 차이를 보이고 있다.

어휘론의 오용에서, '한국어 간섭의 오용'은 3학년과 교사는 거의 같고 이들은 4학년과 약간의 차이를 보이고 있다. '일본어 구조의 곤란함에 의한 오용'은 4학년과 교사는 약간의 차이를 보이며, 3학년은 이들의 중간에 위치하고 있어 양쪽과 차이가 크지 않다. '미습득에 의한 오용'과 '기습 규칙 적용의 오용'에서는 큰 차이를 보이고 있지 않다.

형태론(활용)의 오용에서, '일본어 구조의 곤란함에 의한 오용'은 4학년과 교사는 비슷하고 이들은 3학년과 큰 차이를 보이고 있다. '미습득에 의한 오용'은 4학년과 교사는 거의 비슷하며 이들은 3학년과 큰 차이를 보이고 있다. '기습 규칙 적용의 오용'은 똑같다.

통사·의미론의 오용에서 '한국어 간섭의 오용'은 3학년과 4학년은 약간의 차이를 보이고, 교사는 이들의 중간에 위치하여 큰 차이를 보이고 있지 않다. '일본어 구조의 곤란함에 의한 오용'은 3학년과 교사는 거의 비슷하며, 이들은 4학년과 약간의 차이를 보이고 있다. '미습득에 의한 오용'은 3학년과 4학년은 약간의 차이를 보이고 있으며, 교사는 이들의 중간에 위치하고 있어서 큰 차이가 없다. '기습 규칙 적용의 오용'은 3학년과 4학년은 거의 비슷하며, 이들은 교사와도 커다란 차이를 보이고 있지 않다. '유발된 오용'은 3학년과 4학년은 커다란 차이를 보이고, 4학년과 교사는 약간의 차이가 보이나 3학년과 교사는 큰 차이가 없다.

여기서는 음운론(발음) 오용의 '일본어 구조의 곤란함에 의한 오용'은 3학년과 교사, 어휘론 오용의 '한국어 간섭의 오용', '일본어 구조의 곤란함에 의한 오용'은 4학년과 교사, 형태론(활용) 오용의 '일본어 구조의 곤란함에 의한 오용', '미습득에 의한 오용'은 3학년과 교사, 통사·의미론 오용의 '유발된 오용'은 4학년과 교사에서 차이가 있음을 알 수 있다.

〈표4〉 오용 종류별 원인에 대한 학습자와 교사의 판단

오용의 원인					오용의 종류 (%)			
(〈표5〉의 문제 번호)→					1. 음운론(발음)의 오용 (문1~4)	2. 어휘론의 오용 (문5~17)	3. 형태론(활용)의 오용 (문18~19)	4. 통사·의미론의 오용 (문20~40)
모어(한국어) 간섭의 오용				3학년	52.1	51.0		54.1
				4학년	49.1	60.3		67.3
				교사	50.0	50.0		59.8
모어간섭 이외의 오용	언어내(목표언어 내부의 간섭)의 오용	목표언어(일본어) 자체의 어려움에 의한 오용	일본어 구조의 곤란함에 의한 오용	3학년	42.3	50.7	66.5	48.3
				4학년	28.4	46.3	44.8	39.6
				교사	30.9	56.1	46.9	47.4
			미습득에 의한 오용	3학년		35.9	33.5	43.9
				4학년		32.5	55.2	31.3
				교사		29.5	53.1	38.4
		기습 규칙 적용(선행 학습)의 오용		3학년		51.8	50.0	50.7
				4학년		50.8	50.0	51.1
				교사		48.4	50.0	45.0
	유발된 오용			3학년				47.7
				4학년				66.4
				교사				54.8
	학습 방략에 의한 오용			3학년	53.1			
				4학년	65.3			
				교사	62.7			

3.3.2 오용 원인에 대한 학습자와 교사의 판단

〈표5〉는 '오용 원인 및 그에 대한 학습자와 교사의 판단'을 나타낸다. 〈표5〉에서 판단의 차이가 큰 것(10.0~20.0%)을 보면, 학습자(3학년+4학년)와 교사의 경우는 문6, 7, 14, 15, 24, 33, 35, 38, 3학년과 교사의 경우는 문1, 4, 5, 6, 14, 15, 19, 21, 23, 24, 34, 4학년과 교사의 경우는 문7, 9, 12, 14, 15, 17, 20, 21, 25, 29, 30, 33, 36, 38(이 중에서 문7, 14, 33은 20.0% 이상), 3학년과 4학년의 경우는 문1, 2, 4, 5, 6, 7, 12, 16, 17, 18, 19, 20, 21, 22, 23, 26, 29, 30, 32, 33, 34, 36, 38, 40(이 중에서 문5, 17, 19, 21, 23, 36은 20.0% 이상)이다.

여기서는 학습자와 교사의 오용 원인에 대한 판단에는 적지 않은 차이가 보이며(3학년과 교사 : 11/40문 27.5%, 4학년과 교사 : 14/40문 35.0%), 3학년보다는 4학년과의 차이가 좀 더 보인다. 그리고 학습자와 교사의 판단 차이가 보이는 문제(문14, 15, 21은 제외) 대부분이 다른 것을 알 수 있다. 학습자의 수준에 따른 판단의 차이는 상당히 큰 편으로(24/40문 60%), 문1, 2, 4, 5, 6, 7, 12, 16, 18, 20, 22, 23, 26, 29, 30, 32, 33, 34, 38, 40은 10%, 문17, 19, 21, 36은 20% 이상 차이를 보이고 있다.

〈표5〉 오용 원인 및 그에 대한 학습자와 교사의 판단

문제번호	오용의 원인	오용 원인의 분류 K:한국어 J:일본어	학습자		일본어 교사
			3학년 26명	4학년 28명	29명
1	어두(語頭)의 탁음 : 「きゅうにゅうをください。」と言ったら、「ミルクですか。」と聞かれた。〈→ぎゅうにゅう〉				
	① K의 영향으로, 어두의 탁음(ガ行)을 청음(カ行)으로 발음하기 때문이다.	K간섭	49.6	34.5	39.8
	② 평소 J 청음과 탁음(カ行/ガ行)을 정확히 구별해서 발음하고 있지 않기 때문이다.	학습방법	50.4	65.5	60.2
2	어중(語中)의 청음 : そういうやり方では実際的なこうがはないでしょう。もっと効果的にやる方法を考えなさい。〈→こうか〉				
	① K의 영향으로, 어중의 청음(カ行)을 탁음(ガ行)으로 발음하기 때문이다.	K간섭	45.4	32.0	35.0
	② 평소 J 청음과 탁음(カ行/ガ行)을 정확히 구별해서 발음하고 있지 않기 때문이다.	학습방법	54.6	68.0	65.0
3	촉음 삽입 : きみはいつ日本へ来ったのか。〈→来て〉				
	① 来る를 5단 동사로 잘못 활용시키고 있다.	J内 간섭	45.8	37.7	37.1
	② 来た와 来った를 정확히 구분해서 발음하고 있지 않기 때문이다.	학습방법	54.2	62.3	62.9
4	장음 탈락(외래어) : 健康のために何かスポツをしようと思う。〈→スポーツ〉				
	① 보통 장음과 단음으로 의미를 구별하지 않는 K 영향과, 평소 J 학습에서 장음을 한 박자(拍)로 발음하고 있지 않기 때문이다.	K간섭, (학습방법)	61.2	80.9	75.3
	② 외래어의 가타카나 표기법을 모르기 때문이다.	J内 간섭	38.8	19.1	24.7

5	품사의 혼동(漢語+だ/漢語+する) : 富士山は形の美しいことで有名する。〈→有名だ〉				
	① J 有名だ는 K '有名하다'에 해당한다. 그러나 '～이다'는 ～だ, '～하다'는 ～する라는 인식 때문에, '～하다'를 ～する로 대응시키기 때문이다.	K간섭	45.6	67.1	57.8
	② K '한자어+하다'(동사, 형용사), J '漢語+する'(동사) 등의 선행 학습과의 혼동 때문이다.	先行학습	54.4	32.9	42.2
6	동사(유의어) : 先のことばかり考えて心配していてもしかたがありません。現在を楽しく住むことが大切です。〈→暮らす〉				
	① K '살다'에 J 住む·暮らす가 해당되는데, 이들의 용법을 모르기 때문이다.	J内 간섭	53.8	67.0	71.7
	② K '살다' '보내다/지내다'에 각각 J 住む·暮らす가 해당된다고 생각해서, '살다'를 住む로 했기 때문이다.	先行학습	46.2	33.0	28.3
7	동사(いる의 부정) : このへやにはだれもない。〈→いない〉				
	① K '없다'에 J ない가 해당되는데, 이를 그대로 직역했기 때문이다.	K간섭	61.1	76.1	51.2
	② ある·いる의 부정이 각각 ない·いない에 해당하는 용법을 모르기 때문이다.	J内 간섭	38.9	23.9	48.8
8	형용사(유의어) : 先生はむずかしいことばをやすく説明します。〈→やさしく〉				
	① '동사(ます형)+やすい(쉽다)'의 선행 학습 때문이다.	先行학습	30.6	30.2	31.6
	② K '쉽다'에 J やすい·やさしい가 해당되는데, やさしい는 '쉽다'보다 '상냥하다/다정하다'로 더 인식되고 있어서, '쉽다'에 やすい를 대응시키기 때문이다.	先行학습	69.4	69.8	68.4

9	ダ(「～だ」의 부정형) : それが事実か事実がないかは、調べてみなければわからない。〈→でない〉				
	① 학습자는 K '없다, 아니다'에 J ない가 해당한다고 잘못 생각하는 경우가 많다. 이에 K '이' '아니다'를 각각 J が·ない로 대응시키고 있기 때문이다.	K간섭	47.3	56.7	43.8
	② K '있다(ある)'의 반대말 '없다(ない)'와, '이다(だ)'를 부정하는 '아니다(でない)'를 정확히 인식하고 있지 않기 때문이다.	J内 간섭	52.7	43.3	56.2
10	ダ[형용사(～い)+だ] : まだ山は寒いだと思いますよ。〈→だ 삭제〉				
	① '명사+だ/형용동사(だ)と思う' 등의 선행 학습의 영향 때문이다.	先行학습	42.5	46.8	42.1
	② '～だと思う' '～(이)다 라고 생각하다' 등의 인식으로 '～と思う' 앞에 무심코 'だ'를 삽입하기 때문이다.	K간섭	57.5	53.2	57.9
11	명사(한자어) : むすめは女大に行っております。〈→女子大〉				
	① K '여대'에 J 女子大가 해당하는 것을 알고 있으나, 무심코 '여대'를 女大로 직역했기 때문이다.	未습득	45.8	38.6	35.2
	② K '여대'에 J 女子大가 해당하는 것을 모르고, '여대'를 女大로 직역했기 때문이다.	K간섭	54.2	61.4	64.8
12	명사(もの/こと/の) : 親切ということは人の心を明るくする。〈→もの〉				
	① K '것'에 J こと·もの가 해당되는데, 이들의 용법을 모르기 때문이다.	J内 간섭	57.5	72.3	57.9
	② 추상적인 사항은 こと, 구체적인 물건 등은 もの로 인식하고 있기 때문이다.	先行학습	42.5	27.7	42.1

13	부사(유의어) : このくすりは必ずその病気にはきくでしょう。〈→きっと〉				
	① K '꼭/반드시'에 J 必ず·きっと'가 해당되는데, 이들의 용법을 모르기 때문이다.	J内 간섭	74.0	73.8	76.2
	② きっと보다 더 확실성이 있다고 생각한 必ず가, 문장 의미상 적합하다고 생각했기 때문이다.	未습득	26.0	26.3	23.8
14	부사[初めて/初め(に)] : 聞いたことはありましたが、見たのは初めです。〈→初めて〉				
	① K '처음(명사/부사)'에 J '初め(명사)' '初めて(부사)'가 해당되는데, 이들의 용법을 모르기 때문이다.	J内 간섭	60.0	52.7	75.5
	② K '처음'하면 우선 명사로 생각하여, J '(初める→)初め(+です)'로 대응시키고 있기 때문이다.	K간섭	40.0	47.3	24.5
15	부사(정도부사) : 今年の夏はたくさん暑かった。〈→ひじょうに〉				
	① 선행 학습의 영향으로, 학습자는 K '많이'하면 우선 J たくさん을 생각하기 때문이다.	先行학습	65.6	67.7	51.4
	② J たくさん과 ひじょうに의 용법을 모르기 때문이다.	J内 간섭	34.4	32.3	48.6
16	コソア(これ/この) : もうこの以上がまんできない。〈→これ〉				
	① 'この/その/あの/どの(이/그/저/어느)'의 선행 학습으로, 학습자는 K '이 (이상)'하면 우선 J この(以上)을 생각하기 때문이다.	先行학습	65.0	78.9	71.0
	② J この와 これ의 의미·용법을 모르기 때문이다.	J内 간섭	35.0	21.1	29.0

17	コソア(あの/その) : その人とはむかしからの知り合いです。〈→あの〉				
	① 'この/その/あの/どの(이/그/저/어느)'의 선행학습으로, 학습자는 K '그 (사람)'하면 우선 J その(人)를 생각하기 때문이다.	先行학습	50.0	70.0	58.6
	② J 'その'와 'あの'의 용법을 모르기 때문이다.	J內 간섭	50.0	30.0	41.4
18	형용사('형용사です'의 과거형) : けさは寒いでしたね。〈→寒かったです〉				
	① '형용사+です→でした'는 '명사/형용동사…+です→でした'의 선행 학습의 영향 때문이다.	先行학습	45.2	55.7	52.9
	② '?+です/ます'에서 '?'의 단어를 생각하지 않고, 선행 학습의 'です→でした' (또는 'ます→ました')를 무심코 적용시키고 있기 때문이다.	先行학습	54.8	44.3	47.1
19	형용동사(きれいだ) : きれい花ですね。〈→きれいな〉				
	① 형용동사는 대개 어미(だ)를 생략하고 표기하므로, きれいだ는 종종 형용사 'きれい(어간)'로 잘못 생각되기 때문이다. きれい가 기본형으로 형용사로 알고 있다.	未습득	33.5	55.2	53.1
	② 형용동사(きれいだ)가 명사에 이어지는 형태를 모르거나, 형용사로 착각했기 때문이다. (きれいだ를 형용동사로 알고 있다.)	J內 간섭	66.5	44.8	46.9
20	격조사 ガ : あなたは自動車の運転をできますか。〈→が〉				
	① K '을/를 (할 수 있다)'에 J を(できる)가 해당되는데, 이를 그대로 직역했기 때문이다.	K간섭	60.2	78.6	62.8
	② '동작·작용의 대상'을 나타내는 が의 용법을 모르기 때문이다.	J內 간섭	39.8	21.4	37.2

21	격조사 ニ(時) : 彼らは、昼にねて、夜にはたらきます。〈→に, に삭제〉				
	① K(낮, 밤)에서는 '때'를 나타내는 '에'가 필요해서, 이에 해당하는 J に로 대응시키고 있기 때문이다.	K간섭	55.6	81.6	69.0
	② '때'를 나타내는 J に의 용법을 모르기 때문이다.	J内 간섭	44.4	18.4	31.0
22	격조사 ニ(なる) : このへんは夜がなると、人も車も通らず寂しくなる。〈→に〉				
	① K '이/가 (되다)'에 J が(なる)가 해당되는데, 이를 그대로 직역했기 때문이다.	K간섭	55.4	71.6	64.7
	② '상태의 변화'를 나타내는 J なる가 に를 취하는 용법을 모르기 때문이다.	J内 간섭	44.6	28.4	35.3
23	격조사 ニ : 5時の汽車をのります。〈→に〉				
	① K '을/를'에 J を가 해당되는데, 이를 그대로 직역하고 있기 때문이다.	K간섭	51.5	76.3	72.4
	② に와 を의 용법 차이를 모르기 때문이다.	J内 간섭	48.5	23.8	27.9
24	격조사 デ : それはどこにお買いになりましたか。〈→で〉				
	① 장소의 に와 で는 늘 함께 생각되는데, 이들 용법을 모르기 때문이다.	J内 간섭	58.7	53.9	46.2
	② 장소의 J に·で는 대개 각각 K '에' '에서'에 해당되는데, '에서'를 に로 잘못 대응시키고 있기 때문이다.	K간섭	41.3	46.1	53.8
25	격조사 ヘ : 田中さんにのおくりものは何にしましょうか。〈→へ〉				
	① K '에'하면 J へ보다도 に가 우선적으로 떠올라 사용하기 때문이다.	先行학습	56.9	58.6	48.3
	② K '에'에 J に·へ가 해당되는데, 이들의 용법을 모르기 때문이다.	J内 간섭	43.1	41.4	51.7

26	격조사 カラ : 山中さん、大阪で電話がかかってきていますよ。〈→から〉				
	① K '에서'하면 J から보다도 で가 우선적으로 떠올라 사용하기 때문이다.	先行학습	51.7	64.6	59.5
	② K '에서'에 J から·で가 해당되는데, 이들의 용법을 모르기 때문이다.	J內 간섭	48.3	35.4	40.5
27	격조사 (マデ)ニ : 5時まではきっと帰って来なさい。〈→までに〉				
	① K '까지(는)'에 J まで(は)가 해당되는데, 이를 그대로 직역했기 때문이다.	K간섭	47.3	42.7	46.0
	② J まで와 までに의 용법 차이를 모르기 때문이다.	J內 간섭	52.7	57.3	54.0
28	연체 수식 ノ(탈락) : 大学で医学_勉強をするつもりです。〈→の삽입〉				
	① K '의학 공부'를 J 医学勉強로 직역했기 때문이다.	K간섭	68.3	67.9	59.8
	② 체언을 수식하는 J の의 용법을 모르기 때문이다.	J內 간섭	31.7	32.1	40.2
29	자·타동사 구별 : その先生は3時間も休まずに続いて話をした。〈→続けて〉				
	① J 続く/続ける를 K '계속?'처럼 대강의 의미만 생각하고, 자동사인가 타동사인가는 별로 신경을 쓰고 있지 않기 때문이다.	J內 간섭	55.8	74.6	64.1
	② J 続く는 자동사, 続ける는 타동사인 것을 알고 있으나, K '계속해서'가 어느 동사(자동사/타동사)의 활용형인지 모르기 때문이다.	未습득	44.2	25.4	35.9

30	ヤリモライ(あげる/あたえる) : 山下さんはとてもまじめで、いかにも学生らしい印象をあげる人です。〈→あたえる〉				
	① 수수동사 학습에서는 보통 あげる·くれる·もらう를 비교 설명하고 있어서, 이 중에서 K '받다'에 해당하는 J あげる·くれる에서, 문장 의미상 적절하다고 생각하는 あげる를 사용했기 때문이다.	교수방법	47.7	66.4	54.8
	② J あげる와 あたえる의 용법 차이를 모르기 때문이다.	J內 간섭	52.3	33.6	45.2
31	ヤリモライ : これは田中君が旅行のみやげにあげたのです。〈→くれた〉				
	① K '주다'하면 J くれる보다도 あげる가 우선적으로 떠올라 사용하기 때문이다.	先行학습	55.0	54.8	47.6
	② K '주다'에 J あげる·くれる가 해당되는데, 이들의 용법을 모르기 때문이다.	J內 간섭	45.0	45.3	52.4
32	'する/した(+명사)'의 연체 수식 : きのう1日かかって書く作文を先生に出した。〈→書いた〉				
	① K 'ㄴ(쓴)'('과거'를 나타내는 관형사형 전성 어미)을 J '현재 연체형(書く)'으로 잘못 대응시키고 있기 때문이다.	K간섭	45.4	55.5	53.4
	② 학습자는 J에서 연체형하면 우선적으로 기본형(동사, 형용사)이 떠올라서, 무심코 사용하기 때문이다.	先行학습	54.6	44.5	46.6

33	'~る/~ている'의 용법 : 外国へ行った友だちが、現地の様子を手紙で知らせてきた。〈→行っている〉				
	① K 'ㄴ(간)'('과거'를 나타내는 관형사형 전성 어미)을 단순히 J た(行った)(과거 연체형)으로 대응시키고 있기 때문이다.	K간섭	65.8	80.2	57.6
	② J 동작동사의 경우, '行った(과거)' '行っている(현재)' '行く(미래)'의 용법을 모르기 때문이다.	J内 간섭	34.2	19.8	42.4
34	조건 : 着くと手紙をくださいね。〈→着いたら〉				
	① K '~면'에 J ~と·~ば·~たら가 해당되는데, 이들의 용법을 모르기 때문이다.	J内 간섭	54.2	69.6	69.0
	② 학습자는 대개 '가정'하면 ~たら보다 ~と·~ば를 생각하는데, 이 중에서 ~と를 선택했기 때문이다.	先行학습	45.8	30.4	31.0
35	テ형 : 毎朝ごはんを食べなくて学校へ行きました。〈→食べないで〉				
	① K '~(하)지 않고서'에 J ~ないで·~なくて가 해당되는데, 이들의 용법을 모르기 때문이다.	J内 간섭	49.1	57.5	64.5
	② 학습자는 선행 학습('중지'를 나타내는 ~て)의 영향으로, ~ないで보다는 ~なくて가 우선적으로 떠올라 사용하기 때문이다.	先行학습	50.9	42.5	35.5
36	연체 수식 : ガンは多い学者によって研究されている。〈→多くの〉				
	① 다른 형용사처럼 연체형으로 기본형(多い)을 사용하고 있기 때문이다.	先行학습	40.3	62.3	46.2
	② 예외적인 '多くの+名詞'의 용법을 모르기 때문이다.	J内 간섭	59.7	37.8	53.8

37	원인·이유 : おそくなるので、早く行けよ。〈→から〉				
	① K '~때문에'에 J ~から·~ので가 해당되는데, 이들의 용법을 모르기 때문이다.	J内 간섭	44.7	41.1	51.0
	② 학습자는 일반적으로 ~から는 주관적, ~ので는 객관적이라고 알고 있는데, 이들을 정확히 구분해서 사용하는 것이 어렵기 때문이다.	J内 간섭	55.3	58.9	49.0
38	도리타테ハ : えんぴつはありますが、まんねんひつがありません。〈→は〉				
	① K '이/가'에 J が가 해당되는데, 이를 그대로 직역했기 때문이다.	K간섭	57.3	76.1	56.2
	② J は와 が의 용법을 모르기 때문이다.	J内 간섭	42.7	23.9	43.8
39	무드 : 急に空がくもってきて、今にも雨が降り出すようだ。〈→降り出しそうだ〉				
	① K '~(할) 것 같다'(추량)에 J そうだ·ようだ가 해당되는데, 이들의 용법을 모르기 때문이다.	J内 간섭	56.5	62.9	59.1
	② 학습자는 일반적으로 そうだ보다 ようだ가 더 객관적이라고 알고 있는데, 이들을 정확히 구분해서 사용하는 것이 어렵기 때문이다.	未습득	43.5	37.1	40.9
40	표현 : きのうは天気が蒸し暑かったが、きょうはすずしい。〈→天気が삭제〉				
	① K '날씨가 무덥다'를 J 天気が蒸し暑い로 직역하고 있기 때문이다.	K간섭	47.5	63.5	62.1
	② 暑い·寒い 등의 의미에는 天気가 포함되어 있다는 것을 모르기 때문이다.	J内 간섭	52.5	36.5	37.9

주) '오용 원인의 분류'는 다음과 같다(〈표3〉 참조).

J내 간섭 : 일본어 구조의 곤란함에 의한 오용.

선행학습 : 기습 규칙 적용(선행학습)의 오용.

학습방법 : 학습 방략에 의한 오용.
교수방법 : 유발된 오용.
미습득 : 미습득에 의한 오용.

4. 맺는 말

본고에서는 한국인 일본어학습자의 전형적인 오용의 난이도, 그리고 그 원인을 조사하고, 오용 원인에 대한 학습자와 교사의 판단 차이를 살펴보았다. 그 주요한 결과는 다음과 같다.

(1) 한국인 일본어학습자의 전형적인 오용에 대한 정정 테스트에서, 학습 수준이 높은 4학년이 3학년보다 '어휘론의 오용', '형태론(활용)의 오용', '통사·의미론의 오용'에서는 정답률이 높으나, 외래어 표기에서 장음을 간과했기 때문에 '음운론(발음)의 오용'에서는 낮다. 그리고 전체적(3, 4학년)으로 '형태론(활용)의 오용', '음운론(발음)의 오용', '통사·의미론의 오용', '어휘론의 오용'의 순서로 정답률이 높다.

(2) 모든 오용의 종류에서, 한국어 간섭의 오용보다 한국어 간섭 이외의 오용의 비율이 높다. 그러나 음운론(발음)의 오용은 상대적으로 그 차이가 작다. 그리고 후자의 경우는 일본어 내부의 간섭에 의한 오용이 대부분으로 일본어 자

체의 어려움에 의한 오용과 기습 규칙 적용의 오용으로 대별된다.

한편, 개개의 오용에서 보면, 대부분(문1, 2, 5, 8, 10, 11, 18 제외) '일본어 구조의 곤란함'에 기인하고 있다.

(3) 오용 종류별 오용 원인에 대한 학습자와 교사의 판단에서는, 음운론(발음) 오용의 '일본어 구조의 곤란함에 의한 오용'은 3학년과 교사, 어휘론 오용의 '한국어 간섭의 오용', '일본어 구조의 곤란함에 의한 오용'은 4학년과 교사, 형태론(활용) 오용의 '일본어 구조의 곤란함에 의한 오용', '미습득에 의한 오용'은 3학년과 교사, 통사·의미론 오용의 '유발된 오용'은 4학년과 교사에서 차이가 보인다.

개개의 오용 원인에 대한 학습자와 교사의 판단에서는 적지 않은 차이가 보이며, 3학년보다는 4학년과의 차이가 좀 더 보인다. 그리고 학습자와 교사의 판단 차이가 보이는 문제는 대부분이 다르다. 또한 학습자의 수준에 따른 판단의 차이는 상당히 큰 편이다.

끝으로, 본 연구에서는 전형적인 다수의 오용을 대상으로 그 원인을 찾아서 세밀한 오용 분석에까지는 이르지 못했다. 앞으로는 여러 학습 단계에서 지속적이며 반복적으로 나타나는, 각각의 오용에 대한 원인 분석이 필요하겠다. 아울러 그 결과를 응용한 오용 사항에 대한 지도법 개발이 과제로 남는다.

〈주〉

1) 지금까지 한국인 일본어학습자를 대상으로 한 오용 분석에 대한 조사 연구는 1980년(森田의 '韓国人学生の日本語学習における誤用例')부터 2003년도까지 각종 학회지 및 논문집에 발표된 약 103편[한국과 일본의 학회지의 50편(48. 5%), 대학 논문집의 21편(20. 4%), 연구소 및 기타(잡지 및 서적)의 32편(31. 1%)]이 있다. 이들은 주로 대학생(약 88. 3%) 일본어 전공 학습자의 오용을 다루고 있으며, 다양한 방법 (작문, 회화, 테스트 등)으로 오용을 수집·분류하고, 우리말과 일본어의 대조분석에 의한 유의점과 차이점을 중심으로 기술하고 있다. 그리고 표출된 현상(학습자 표현)에 대한 오용의 원인을 기술하고 있다. 이들 오용 원인의 분석은 모두 연구자의 일방적인 판단에 의해서 이루어지고 있다. [조(2004)의 '한국인 일본어학습자의 오용 분석의 현황과 과제']

2) 정정 테스트에서 사용한 올바른 10문장은 다음과 같다.
① 음운론(발음)상의 예문 : だいどころで料理を作る。②어휘론상의 예문 :雨が降っているのを知らなかった。/ 今日はクリスマスですから、歌を歌って楽しくすごしましょう。/ 一度でいいからぜひヨーロッパへ行きたい。/ 電話がとおいのでもっと大きな声で話してください。③형태론(활용)상의 예문 :あの人は勉強がきらいで、学校へはあまり行かなかった。④통사·의미론상의 예문 : 人に顔を見られるのがはずかしい。/ 9時に家を出て、会社へ行く。/ あしたは雨が降ればどこへも出かけません。/ よい友だちからはよい影響を受ける。[文化庁(1975)의『外国人のための基本語用例辞典(第二版)』]

〈참고문헌〉

- 조남성(2004)「한국인 일본어학습자의 오용 분석의 현황과 과제」『日本語學研究』9집, 韓國日本語學會, pp.153-174
- ______(2004)「한국어 화자가 잘 틀리는 일본어 오용」『日語日文學研究』51-1, 韓國日語日文學會, pp.341-373
- 小篠敏明(編) (1987)『英語の誤答分析』, 大修館書店
- 文化庁(1975)『外国人のための基本語用例辞典(第二版)』

오용 정정에서의 코퍼스 활용 가능성

1. 들어가는 말
2. 조사 자료
3. 조사 방법
4. 오용 정정과 검색 건수
5. 오용 정정에서의 코퍼스
6. 맺는 말

1. 들어가는 말

학습자가 외국어로 작문(번역)을 하는 경우, 그 문장이 어느 정도 자연스러운가에 대한 스스로의 판단은 어렵다. 그 판단을 늘 교사에게 의지하는 것은 현실적으로 어려우며, 일정 부분은 스스로 해결해야 하는 경우가 대부분이다.

본고에서는 학습자가 표현한 문장에 대해서 스스로 자연스러움을 판단할 수 있는 수단으로써, 인터넷의 WWW 페이지를 코퍼스(corpus, 말뭉치)로 이용할 수 있는 가능성에 대해서 살펴보고자 한다. WWW 페이지를 코퍼스로 이용하는 경우, 부자연스러운 표현이 산재해 있으나, 거대한 규모의 데이터를 검색 엔진에서 간단하게 검색할 수 있는 이점이 있다. 실제 부자연스러운 표현의 존재는 어느 면에서 현재의 언어 사용 실태를 엿볼 수도 있어서 긍정적인 면도 없지 않다. 학습자 언어의 자연스러움 판단에서 검색 건수는 어느 정도 중요한 기준이 될 것이다.

본고에서는 구체적으로 한국인 일본어학습자(이하, 학습자)의 어휘/형태론적인 오용에 대한 일본어 모어화자의 판단 연구의 선행 결과와 검색 엔진의 검색 건수를 비교하여, 학습자 스스로 어느 정도 자연스러운 표현을 판단할 수 있는지 그 가능성에 대하여 살펴본다.

지금까지 인터넷의 WWW 페이지를 코퍼스로 이용하여, 오용 정정을 시도한 실천적 연구는 한국의 일본어교육에서 아직 보이고 있지 않다[1].

2. 조사 자료

조사 자료는 조(2008:75～76)의 『일본어의 오용 평가』에서 조사 분석한 번역상의 오용례를 이용한다. 이를 선택한 이유는 학습자 오용에 대한 일본어 모어화자 판단을 조사한 연구 중에서, 다양한 속성의 평가자 인원수가 가장 많으며[2], 오용례 또한 한국인 일본어학습자의 전형적인 것이기 때문이다. 조사 대상의 오용은 어휘론적 오용 15종류 26개, 형태론적 오용 1종류 3개이다. 구체적인 내역은 '〈표1〉 오용 종류와 개수'와 같다.

〈표1〉 오용 종류와 개수

오용 종류(16종류)와 개수 [29개]	오용례(29문제) (_ : 오용)
1. 語彙論[26]	
1.1 品詞の取り違え[2]	有名(1)し、…/(2)いろいろの種類…
1.2 動詞[2]	私は故郷に(3)いらっしゃる母…/…食べる人も(4)あります。
1.3 補助動詞[1]	食卓に…キムチがいつも(5)置いている…
1.4 慣用的な動詞句[3]	西洋化(6)になって…/…に(7)遊んで行って食事を…/…を(8)続いて食べても…
1.5 形容詞[1]	大根は(9)細かく千切りにして…
1.6 ダ[2]	それは白菜自体では(10)がなくて…/それは…が違う(11)からと思います。
1.7 名詞(漢語)[2]	大学で(12)日語を勉強し…/(13)飲食の一つであるキムチ…
1.8 名詞[3]	白菜(14)たちが…/春が来る(15)時まで食べる…/母(16)に行って…
1.9 副詞[2]	皆さんはキムチを考えれば(17)先に何が…/みることを(18)きっと 勧めます。

1.10 連体詞[1]	(19)どんな学者は両国の文化の違いについて…
1.11 コソア[1]	しかし(20)このよりもっと大切なのは…
1.12 不定語[2]	(21)どのものがおいしいか判断する…/(22)なんと言えない味わいが…
1.13 数量詞[1]	冬の間に食べるキムチを(23)一回に漬けるのを言います。
1.14 接続詞[2]	(24)それなら,キムチとはいったい…/(25)ところがキムチは…にしたがって…
1.15 熟語[1]	普通はすっぱくなるまえに食べる(26)のがいいです。
2. 形態論[3]	
2.1 活用[3]	(27)辛いでしたか。/…中に(28)入れば…/…について(29)話しようと思います。

한편 29개의 오용을 원인별로 나누어 보면(조, 2008:74), 모어(한국어) 간섭은 문1, 3, 6, 10～16, 20～22, 26의 14문제, 모어 비간섭은 문2, 4～5, 7～9, 17～19, 23～25, 27～29의 15문제이다.

3. 조사 방법

코퍼스는 세계에서 가장 많이 사용되는 구글(Google)과 일본 검색 시장률이 가장 높은 야후 재팬(Yahoo! JAPAN), 인터넷의 WWW 페이지이며, 검색은 2009년 7월 11～18일에 실시했다. 검색 엔진 구글(http://www.google.co.jp)은 フレーズ 검색(検索条件 : フレーズを含む)을 사용해서 학습자 오용과, 그와 관련된 정용 표현을 검색했다. 검색 대상의 지역(検索の対象にする地域)은 일본, 검색 대상의 언어(検索の対象にする言語)는 일본어, 웹 전체(ウェブ全体から検索)가 아닌 일본어 페이지를 검색(日本語のページを検索)했다. 야후 재팬(http://www.yahoo.co.jp)의 검색 조건은 키워드 완전 일치 (順番も含め完全に一致), 검색 대상 지역(対象とする国)은 일본, 검색 대상의 언어(対象とする言語)는 일본어이다.

검색어를 완전 일치로 하지 않으면 불필요한 정보가 너무 많고, 검색어가 어느 정도 정해진 오용 정정에는 그다지 도움이 되지 않는다. 그리고 일본어 오용은 여러 나라 일본어학습자에게서 일어나는 것으로, 가급적 그러한 오용의 정보를 없애기 위해서 일본의 일본어 페이지로 한정했다. 위 검색 조건은 최소한의 것으로 학습자의 검색 편리성도 고려했다.

4. 오용 정정과 검색 건수

여기서는 문제별 일본어 모어화자의 오용 정정과 인터넷 WWW 검색 건수에 대해서 기술하고자 한다. 일본어 모어화자의 오용 정정은 조(2008 : 174~187)의 선행 연구 결과에서 인용한 것이다. 이하 '〈표2〉 오용 정정과 검색 건수'의 29문제의 기술은 다음과 같이 한다.

(1) 〈표2〉의 내용이 많아서 문제별로 나누어 설명한다. 그리고 〈표2〉 항목 표시는 문1에만 한다.

(2) 정정 유형은 10.0% 이상의 것이다. 그러나 오용이라고 제시한 것을 바르다고 판단한 ○표의 것은 2.0% 이상의 것을 제시했다. 예를 들면 문2의 정정2, 문4의 정정2, 문5의 정정3 … 등이다. 그리고 문1의 검색어④, 문3의 ②, 문7의 ②, 문12의 ②, 문19의 ③, 문20의 ③, 문22의 ③④는 위의 ○표에 해당하는 것이나 2.0% 미만의 것이다.

(3) 오용 및 오용 정정에 대해서는 선행 연구에서 자세히 기술하고 있으므로, 검색 건수와의 비교에 필요한 최소한의 것만 기술한다.

(4) 검색어는 정정 유형에서 제시한 것으로 한다. *표 칸의 검색어는 이들 검색에 대해서 신뢰성을 얻기 위한 보충 검색이며, ' / '의 숫자는 '구글[이하, G]/야후 재팬[이하, Y]'의 검색 건수를 나타낸다. 예를 들면 문1의 *⑤有名する(392/1,240) …, 문4의 *③人もいます(3,100,000/15,500,000)…, 문6의 *④一般化していく(18,200/30,100)… 등이다.

(5) 건수에 의한 백분율(%)은 G·Y 양자 검색에서 백분율이 높은 것을 나타낸다. 이는 낮은 것을 기준으로 하면 검색 건수에 대한 신뢰성이 떨어지기 때문이다. 예를 들면 문1에서 ④有名しの 건수(④÷①=?)는 G가 0.7%, Y가 0.006%이므로, 전자를 택했다.

(6) 건수의 백분율은 오용을 검색한 건수(정정의 ○표와 일치

하는 검색어)를, 정용(정정에서 인원수가 가장 많은 것)을 검색한 건수(가장 검색 건수가 많은 것)로 나눈 것이다[문 8, 9, 16, 18, 24 제외, 이들 5문제에 대해서는 이하 각 문제 및 〈표3〉의 주2)~6) 참조]. 건수의 백분율은 소수점 이하 자리에 0이 아닌 숫자가 최초로 나오는 자리수로 한다. 정정은 오용과 정용(정정 유형 전체)을 100%로 한다.

〈표2〉 오용 정정과 검색 건수

문제번호	인원수 (691명)		오용 문장 (1~29문제)	검색어와 검색 건수		
				검색어	코퍼스별 검색 건수	
	(명)	(%)	→정정 유형		구글[G]	야후 재팬 [Y]
1	639	100	発酵食品として有名(1)し、最近には…			
	295	46.2	1 →で	①有名で	3,100,000	14,100,000
	98	15.3	2 →であり	②有名であり	370,000	657,000
	82	12.8	3 →ですし	③有名ですし	214,000	229,000
				④有名し	20,600	903
			* ⑤有名する(392/1,240), ⑥有名だ(826,000/8.570.000), ⑦有名である(1,100,000/3,460,000)			

문1 [品詞の取り違え]은 '④有名し'의 건수(G, ④÷①=0.7%)에서 보면, '有名し'가 부자연스러운 것을 알 수 있다. '④有名し'의 건수는 G에서 '50,200-29,600(검색어 : 有名。しかし)=20,600', Y에서 '1,210-903(검색어 : 有名して)=903'처럼 얻은 것이다. 한편 문1은 '⑤有名する'와 '⑥有名だ, ⑦有名である'의 문제이다. ⑤의 건수[Y, ⑤÷(⑥+⑦)=0.1%]에서 보면, 일본어에서 '有名する'가

부자연스러운 표현임을 쉽게 알 수 있다. 정정1~3도 모두 ⑤⑥에 해당한다.

2	611	100	材料と量が違い、(2)いろいろの種類があります。			
	472	77.3	1 →いろいろな	①いろいろな種類 ②色々な種類	856,000 644,000	3,340,000 2,720,000
	58	9.5	2 →○ (いろいろの)	③いろいろの種類 ④色々の種類	11,300 4,850	21,900 15,600

문2 [品詞の取り違え]는 '③いろいろの種類, ④色々の種類'의 건수[G, (③+④)÷(①+②)=1. 1%]에서 보면, 'いろいろの(色々の)'가 부자연스러운 표현임을 알 수 있다. ③④에 해당하는 정정2는 9. 5%이다.

3	628	100	私は故郷に(3)いらっしゃる母に行ってくると、…			
	564	89.8	1 →いる	①故郷にいる母	598	441
	564	89.8		②故郷にいらっしゃる母	0	0

문3 [動詞]은 '②故郷にいらっしゃる母'의 건수가 전혀 없어서, 'いらっしゃる'가 부자연스러운 것을 쉽게 알 수 있다. ②에 해당하는 정정도 2. 0% 미만이다.

4	609	100	…すっぱくして食べる人も(4)あります。			
	505	82.9	1 →い	①食べる人もいます	789	17,100
	50	8.2	2 →○(あり)	②食べる人もあります	3	29
			*③人もいます(3,100,000/15,500,000), ④人もあります(16,200/142,000)			

문4 [動詞]는 '②食べる人もあります'의 건수(G, ②÷① =0.4%)에서 보면, 'あります'가 부자연스러운 것을 알 수 있다. 검색어 ③④에서 '④人もあります'의 건수가 0.9%(Y, ④÷③)로 같은 경향인 것을 알 수 있다. 정정2는 8.2%이다.

5	619	100	食卓においしそうなキムチがいつも(5)置いているでしょう。			
	432	69.8	1 →置いてある	①にキムチが置いてある	18,900	64
	73	11.8	2 →置かれている	②にキムチが置かれている	3	1
	31	5.0	3 →○ (置いている)	③にキムチが置いている	1	0

문5 [補助動詞]는 '③にキムチが置いている'의 건수가 1/0건으로, '置いている'가 부자연스러운 표현임을 쉽게 알 수 있다. '②にキムチが置かれている'도 건수가 3/1로 문맥상 부자연스러운 표현임을 알 수 있다. 그러나 정정2, 3은 각각 11.8, 5.0%나 된다.

6	588	100	食生活がだんだん西洋化(6)になっていっても、…			
	330	56.1	1 →して	①西洋化していく	714	502
	116	19.7	2 →○ (になって)	②西洋化になっていく	0	1
	86	14.6	3 →されて	③西洋化されていく	33	58
			* ④一般化していく(18,200/30,100), ⑤一般化になっていく(2/1), ⑥一般化されていく(245/831), ⑦化していく(6,180,000/5,170,000), ⑧化になっていく(9,140/5,240), ⑨化されていく(1,120,000/531,000)			

문6 [慣用的な動詞句]은 '②西洋化になっていく'의 건수(Y, ②÷①=0. 2%)에서 보면, 'になって'가 부자연스러운 표현임을 잘 알 수 있다. '③西洋化されていく'의 건수는 11. 6%(Y, ③÷①)이다. 이는 다른 검색어(④⑤⑥)의 건수를 보아도 '⑤一般化になっていく'가 0. 01%(G, ⑤÷④), '⑥一般化されていく'가 2. 8%(Y, ⑥÷④)로 'になって', 'されて'의 표현이 부자연스럽다. 검색어를 짧게 한 ⑦⑧⑨의 건수에서는 '⑧化になっていく'가 0. 1%(G, ⑧÷⑦), '⑨化されていく'가 18. 1%(G, ⑨÷⑦)로 약간 높으나 같은 경향을 보이고 있다. 정정에서 정정1('して')은 56. 1%로 검색에 비해서 상대적으로 낮고. 정정2('になって')는 19. 7%로 높은 편이다.

7	639	100	…どの家に(7)遊んで行って食事をしてみても…			
	558	87.3	1 →遊びに行って	①家に遊びに行って	53,200	497,000
				②家に遊んで行って	1	0

문7 [慣用的な動詞句]은 '②家に遊んで行って'의 건수가 1/0건으로, '遊んで行って'가 부자연스러운 표현임을 쉽게 알 수 있다. ②에 해당하는 정정도 2. 0% 미만이다.

8	635	100	毎日キムチだけを(8)続いて食べても飽きません。			
	434	68.3	1 →続けて食べても	①を続けて食べても	42	125
	115	18.1	2 →食べ続けても	②を食べ続けても	10,100	11,000

	13	2.0	3 →○ (続いて食べても)	③を続いて食べても	0	0
			* ④を続けて飲んでも(35/96), ⑤を飲み続けても(34,800/19,200), ⑥を続いて飲んでも(0/0)			

문8 [慣用的な動詞句]은 '③を続いて食べても'의 건수가 전혀 없어서 부자연스럽고, '②を食べ続けても'가 자연스러운 표현임을 쉽게 알 수 있다. '①を続けて食べても'의 건수는 1.1%(Y, ①÷②)로 정정에서 68.3%(정정1. 続けて食べても)인 것에 비해서 상당히 적은 편이다. 이는 다른 검색어(④⑤⑥)에서도 '⑥を続いて飲んでも'의 건수는 0/0건, '④を続けて飲んでも'는 0.5% (Y, ④÷⑤)로 같은 경향을 보이고 있다. 정정과 검색에서 큰 차이를 보이고 있다.

9	552	100	一般的な白菜のキムチの漬け方について … 大根は(9)細かく千切りにして、…			
	295	53.4	1 →○(細かく)	①大根は細かく千切りに	5	7
	151	27.4	2 →細く	②大根は細く千切りに	1,870	53
	80	14.5	3 →細かく 삭제	③大根は千切りに	849	19,500

문9 [形容詞]는 '①大根は細かく千切りに'보다 '②大根は細く千切りに'의 건수가 많다. ①은 13.2% (Y, ①÷②)에 불과하다. 정정은 정반대로 정정1이 정정2보다 비율이 높다. 한편 Y 검색에서는 '③大根は千切りに' 건수가 ①②

에 비해서 상당히 많다. 정정과 검색에서 큰 차이를 보이고 있다.

10	584	100	それは白菜自体(10)がなくて、白菜の漬け具合が違うからです。			
	325	55.7	1 →ではなく	①それは物自体ではなくて	3	1
	118	20.2	2 →でなく	②それは物自体でなくて	0	0
	31	5.3	3 →○(がなく)	③それは物自体がなくて	0	0

문10 [ダ]은 검색어 '白菜'를 사용하면 건수가 없어서 '物'를 대신 사용했다. '①それは物自体ではなくて'의 건수는 3/1로 적지만, '②それは物自体でなくて, ③それは物自体がなくて'의 건수는 전혀 없다. 문맥상 한국인 교사와 학습자는 쉽게 정정할 수 있고, 오용 원인도 잘 알 수 있는 문제이나, 검색 건수가 적다. ①②가 정용으로 정정 1, 2는 이를 잘 나타내고 있다.

11	601	100	それは両国の個性が違う(11)からと思います。			
	478	79.5	1 →からだ	①違うからだと思う	4,310	11,900
	71	11.8	2 →○(から)	②違うからと思う	40	357

문11 [ダ]은 '②違うからと思う'의 건수(Y, ②÷①=3. 0%)에서 보면, ②에서 'だ'가 탈락되어 부자연스러운 것을 알 수 있다. ②에 해당하는 정정2는 11. 8%이다.

12	644	100	大学で(12)日語を勉強している…			
	641	99.5	1 →日本語	①日本語を勉強し	177,000	144,000
				②日語を勉強し	11	5

문12 [名詞(漢語)]는 '②日語を勉強し'의 건수(G, ②÷① =0.006%)에서 보면, 일본어에서 '日語'가 부자연스러운 것을 쉽게 알 수 있다. 정정1('日本語')도 99.5%에 이른다.

13	627	100	…韓国の代表的な(13)飲食の一つであるキムチ…			
	347	55.3	1 →食べ物	①韓国の代表的な食べ物	605	525
	164	26.2	2 →食物	②韓国の代表的な食物	1	0
	16	2.6	3 →○(飲食)	③韓国の代表的な飲食	0	0
			* ④日本の代表的な食べ物(994/672), ⑤日本の代表的な食物(6/13), ⑥日本の代表的な飲食(1/4)			

문13 [名詞(漢語)]은 '②韓国の代表的な食物'의 건수가 1/0건, '③韓国の代表的な飲食'의 건수가 전혀 없어서 '食物'와 '飲食'가 부자연스러운 표현임을 쉽게 알 수 있다. '⑤日本の代表的な食物'(Y, ⑤÷④=1.9%), '⑥日本の代表的な飲食'(Y, ⑥÷④=0.6%)의 건수를 보아도 잘 알 수 있다. 그러나 정정2('食物')는 26.2%에 이른다.

14	615	100	…白菜(14)たちが…			
	554	90.1	1 →たち 삭제	①白菜	1,970,000	12,800,000
	17	2.8	2 →○(たち)	②白菜たち	528	1,010

			*③花(23,200,000/706,000,000), ④花たち(1,040,000/5,500,000),⑤木(60,900,000/1,240,000,000), ⑥木たち (19,600/81,000)

문14 [名詞]는 '②白菜たち'의 건수(G, ②÷①=0.03%)에서 보면, 일본어에서 '白菜たち'라는 표현이 부자연스러운 것을 쉽게 알 수 있다. 다른 검색어, 즉 ③④에서는 '④花たち'가 4.5%(G, ④÷③). ⑤⑥에서는 '⑥木たち'가 0.03% (G, ⑥÷⑤)로 'たち'가 무생물에는 거의 사용하지 않는 것을 알 수 있다. 정정1('たち 삭제')도 90.1%를 나타내고 있다.

15	591	100	漬物は春が来る(15)時まで食べるので…			
	336	56.9	1 →時 삭제	①春が来るまで	14,600	55,300
	152	25.7	2 →頃	②春が来る頃まで	3,900	84
	57	9.6	3 →○(時)	③春が来る時まで	3	5
			*④来るまで(5,380,000/9,390,000), ⑤来る頃まで(2,740/2,330), ⑥来る時まで(35,300/40,600)			

문15 [名詞]는 '③春が来る時まで'의 건수(G, ③÷①=0.02%)에서 보면, '春が来る時まで'의 표현이 일반적이 아닌 것을 알 수 있다. 여기서는 문맥상 '①春が来るまで'가 적절하다. ①에 해당하는 정정1('時 삭제')은 56.9%이다. 한편 검색어를 짧게 해서(④⑤⑥) 검색 건수를 많게 해도, ⑥이 0.7%(G, ⑥÷④)로 같은 경향을 보이고 있지만, '来る時まで'의 건수는 다소 증가했다.

16	582	100	私は故郷にいらっしゃる母(16)に行ってくると、…			
	283	48.6	1 →のところに	①母のところに行って ②母の所に行って	5,920 4,640	6,310 2,140
	127	21.8	2 →のところへ	③母のところへ行って ④母の所へ行って	5,360 2,460	1,950 1,440
	28	4.8	3 →○(に)	⑤母に行って ⑥母へ行って(9/73)	754 9	10,800 73
			*⑦先生のところに行って(112,000/49,000), ⑧先生の所に行って(42,800/26,100), ⑨先生のところへ行って(24,100/28,400), ⑩先生の所へ行って(8,130/13,900), ⑪先生に行って(1,570/18,600), ⑫先生へ行って(31/167)			

문16 [名詞]은 'ところ(に)' 사용 여부의 문제이다. G 검색에서는 'ところ' 사용 건수(①②〉⑤)가 많으나, Y 검색에서는 반대로 'ところ'(①②〈⑤) 사용 건수가 적다. 즉 Y 검색에서는 정정1('のところに')보다 정정3('に')이 자연스럽다고 판단한 것이다. 정정과 검색에서 차이를 보이고 있다. 그리고 ①②는 ③④보다 건수가 많아서, '母の所(ところ)に行って'가 좀 더 자연스러운 것을 나타내고 있다. 그러나 'ところ(へ)' 사용 경우에는 G·Y 양자 검색에서 'ところ'의 사용이 많다(③④〉⑥).

한편 다른 검색어(⑦⑧, ⑨⑩, ⑪⑫)에서 보면, 'ところ(に)' 사용 여부에서는 ⑪ 건수가 37.8%[G, ⑪÷(⑦+⑧)], 1.0%[Y, ⑪÷(⑦+⑧)]로 '先生の所(ところ)に行って'가 자연스러운 것을 알 수 있다. 'ところ(へ)' 사용 여부에서는 ⑫ 건수가 0.1%[G, ⑫÷(⑨+⑩)], 0.3%[Y, ⑫÷(⑨+⑩)]로, ⑫보다 ⑨⑩이 자연스러운 것

을 알 수 있다. 정정에서는 'ところ' 사용이 많으며(정정 1, 2〉3), 'のところに'(정정1)가 'のところへ'(정정2)보다 많다.

17	622	100	キムチを考えれば(→と言えば)(17)先に何が思い浮かびますか。		
	403	64.8	1 →まず	①と言えばまず何が ②といえばまず何が	400 8,690	79 130
	24	3.9	2 →○(先に)	③と言えば先に何が ④といえば先に何が	0 0	0 0

문17 [副詞]은 '③と言えば先に何が, ④といえば先に何が'의 건수가 전혀 없다. 이 표현(③④)에서 '先に'를 사용하지 않는 것을 쉽게 알 수 있다. 정정에서는 문맥상 다른 표현들을 사용하고 있어서 정정1('まず')이 64.8%이나 정정2('先に')는 3.9%이다.

18	600	100	キムチを食べてみることを(18)きっと 勧めます。			
	267	44.5	1 →ぜひ	①ことをぜひお勧めします	5,510	9,470
	238	39.7	2 →きっと 삭제	②ことをお勧めします	6,530,000	17,800,000
	16	2.7	3 →○(きっと)	③ことをきっとお勧めします	0	0
			*④ことを必ずお勧めします(4/3)			

문18 [副詞]은 '③ことをきっとお勧めします'의 건수가 전혀 없어서 부자연스러운 것을 잘 알 수 있다. 정정에 의하면 '①ことをぜひお勧めします'가 자연스러우나 상대적으

로 '②ことをお勧めします'의 건수가 훨씬 많다. 정정과 검색에서 큰 차이를 보이고 있다. ④는 건수가 적어서 '必ず'를 사용하면 부자연스러운 것을 알 수 있다.

19	579	100	それで(19)どんな学者は両国の文化の違いについて…と言っています。			
	300	51.8	1 →ある	①ある学者は	4,830	32,100
	100	17.3	2 →どんな 삭제	②学者は	476,000	3,280,000
				③どんな学者は	1	1

문19 [連体詞]는 'ある'와 'どんな'의 문제이다. '③どんな学者は'의 건수가 1/1건으로, 'どんな'의 사용이 잘못된 것을 쉽게 알 수 있다. ③에 해당하는 정정은 2.0% 미만이다.

20	634	100	しかし(20)このよりもっと大切なのは真心です。			
	431	68.0	1 →これ	①これより	2,170,000	15,000,000
	75	11.8	2 →それ	②それより	13,400,000	53,300,000
				③このより	14,100	32,300
			*④そのより(28,800/53,300)			

문20 [コソア]은 'このより'와 'これより'의 문제이다. '③このより'의 건수(G, ③÷①=0.6%)에서 보면, 'この'가 부자연스러운 것을 알 수 있다. 이는 ②④에서도 같은 경향을 보이고 있다. ④의 건수는 0.2%(G, ④÷②)이다. ③에 해당하는 정정은 2.0% 미만이다.

21	628	100	塩辛いキムチと…水キムチのようなものもあります。(21)どのものがおいしいか判断する…			
	475	75.6	1 →どれ	①どれがおいしい	31,900	34,100
	74	11.8	2 →どちら	②どちらがおいしい	17,200	38,700
	15	2.4	3 →○(どのもの)	③どのものがおいしい	0	0

문21 [不定語]은 문맥상 ‘どれ’와 ‘どのもの’의 문제이다. ‘③どのものがおいしい’의 건수가 전혀 없어서, ‘どのもの’ 표현을 사용하지 않는 것을 잘 알 수 있다. ③에 해당하는 정정은 2.4%이다.

22	636	100	そこには(22)なんと言えない味わいが…			
	627	98.6	1 →なんとも	①何とも言えない ②なんとも言えない	1,550,000 1,310,000	7,560,000 6,290,000
				③何と言えない ④なんと言えない	384 1,060	330 808

문22 [不定語]는 ‘③何と言えない, ④なんと言えない’의 건수[G, (③+④)÷(①+②)=0.05%]에서 보면, ‘何(なん)と’가 부자연스럽다. 정정도 ①②에 해당하는 정정1(‘なんとも’)이 98.6%로, ③④에 해당하는 정정2(‘なんと’)가 상대적으로 부자연스러운 것을 잘 알 수 있다.

23	596	100	冬の間に食べるキムチを(23)一回に漬ける…			
	515	86.4	1 →一度	①を一度に漬ける	11	54
	45	7.6	2 →○(一回)	②を一回に漬ける	0	0
			*③を一度にやる(916/3,160), ④を一回にやる(5/17)			

문23 [数量詞]은 '②を一回に漬ける'의 건수가 전혀 없어서, '一回' 사용이 부자연스러운 것을 쉽게 알 수 있다. 건수가 적어서 검색어(③④)를 달리해도 같은 것(Y, ④÷③=0.5%)을 잘 알 수 있다. 정정도 같은 경향으로 정정1('一度')은 86.4%, 정정2('一回')는 7.6%이다.

24	605	100	毎日キムチだけを続いて食べても飽きません。(24)それなら、キムチとはいったいどんな食べ物か…			
	389	64.3	1 →それでは	①それでは人間とは一体 ②それでは人間とはいったい	1 3	2 3
	92	15.2	2 →では	③では人間とは一体 ④では人間とはいったい	7 4	12 15
	52	8.6	3 →○(それなら)	⑤それなら人間とは一体 ⑥それなら人間とはいったい	0 0	0 0

문24 [接続詞]는 검색어 'キムチ'를 사용하면 건수가 없어서 '人間'을 대신 사용했다. '①それでは人間とは一体, ②それでは人間とはいったい'의 건수는 4/5로 적지만, '⑤それなら人間とは一体, ⑥それなら人間とはいったい'는 건수가 전혀 없다. '③では人間とは一体, ④では人間とはいったい'의 건수는 검색상 ①②의 건수를 뺀 11/27건으로 약간 보인다. 검색 건수가 적으나 어느 정도 기준은 되겠다. 정정에서는 정정1('それでは')이 64.3%에 이른다. 정정과 검색에서 차이를 보이고, 접속사는 문맥이 필요하므로 검색에 적지 않은 어려움이 있겠다.

25	560	100	発酵させたあとで食べます。(25)ところがキムチは地方と家庭にしたがって…			
	221	39.5	1 →○(ところが)	①ところがそれは	34,400	119,000
	204	36.4	2 →ところで	②ところでそれは	46,400	173,000
	60	10.7	3 →しかし	③しかしそれは	1,510,000	8,930,000

문25 [接続詞]는 긴 문장(문맥)이 필요하므로 검색 건수로 오용을 정정하기에는 다소 무리가 있는 것 같다. ①②③은 문맥을 무시한 건수이기 때문에 별 의미가 없겠다.

26	545	100	普通はすっぱくなるまえに食べる(26)のがいいです。			
	299	54.9	1 →○(の)	①前に食べるのがいい	8,350	252
	216	39.6	2 →ほう	②前に食べるほうがいい ③前に食べる方がいい	176 4	14 47
			＊ ④なる前に食べるのがいい(4/10), ⑤なる前に食べるほうがいい(1/1), ⑥なる前に食べる方がいい(1/1)			

문26 [熟語]은 '②前に食べるほうがいい, ③前に食べる方がいい'의 건수[((②+③)÷①]를 보면, G에서는 2.2%, Y에서는 24.2%로 다소 차이를 보이나, 정정과 똑같이 '方(ほう)'보다 'の'의 사용이 자연스러운 것을 나타내고 있다. 검색어를 늘려서 건수[((⑤+⑥)÷④]를 보아도, G에서는 50.0%, Y에서는 20.0%로 G와 Y의 비율이 다르나, 'の'의 사용이 자연스럽다.

27	604	100	(27)辛いでしたか。			
	348	57.6	1 →辛かったです	①辛かったです	812,000	2,530,000

	81	13.4	2 →辛かったでしょう	②辛かったでしょう	165,00	196,000
	66	10.9	3 →○(辛いでした)	③辛いでした	2,650	1,790
			* ④おいしかったです(3,780,000/18,200,000), ⑤おいしいでした(16,200/34,300)			

문27 [活用]은 형용사 과거형 '①辛かったです'와 '③辛いでした'의 문제이다. ③의 건수(G, ③÷①=0. 3%)에서 보면, '辛いでした'가 부자연스러운 과거형임을 잘 알 수 있다. 검색어(④⑤)를 달리해도 거의 동일하다(G, ⑤÷④=0. 4%). 한편 ③에 해당하는 정정3은 10. 9%나 된다.

28	619	100	薬味を塩漬にした白菜の中に(28)入ればキムチになります。			
	452	73.0	1 →入れれば	①を中に入れれば	546	1,300
	72	11.6	2 →入れると	②を中に入れると	17,500	18,100
	62	10.0	3 →○(入れば)	③を中に入れば	25	54
			*④を入れれば(3,670,000/4,490,000), ⑤を入れば(16,100/74,200)			

문28 [活用]은 '入れば'와 '入れれば'의 문제로, '③を中に入れば'의 건수(G, ③÷①=4. 6%)에서 보면, '入れば'가 부자연스러운 것을 알 수 있다. 검색어를 달리해서 ④⑤의 건수를 보면, ⑤는 1. 6%(Y, ⑤÷④)로 '入れば'보다 '入れれば'가 자연스러운 것을 좀 더 정확히 알 수 있다. 한편 ③에 해당하는 정정3은 10. 0%이다.

29	621	100	日本の漬物について(29)話しようと思います。		
	292	47.0	1 →話そう	①について話そうと思います	10,100	15,700
	118	19.0	2 →話をしよう	②について話をしようと思います	2,540	984
	96	15.5	3 →お話しよう	③についてお話しようと思います	41,100	45,400
	20	3.2	4 →○(話しよう)	④について話しようと思います	16	24
			*⑤話そう(2,100,000/10,100,000), ⑥話しようと(12,100/667,000)		

문29 [活用]는 '話しよう'와 '話そう'의 문제이다. '④について話しようと思います'의 건수(Y·S, ④÷①=0.2%)에서 보면, '話しよう'가 부자연스러운 것을 알 수 있다. 검색어 ⑤⑥에서는 '⑥話しよう'의 건수가 6.6%(Y, ⑥÷⑤)로 '話しよう'의 사용이 조금 더 많다. ④에 해당하는 정정4는 3.2%이다.

이상, 오용 정정과 검색 건수에서 커다란 특징을 보면, 어휘/형태론인 오용(16종류 29문제) 정정에서의 코퍼스로서 G·Y 검색은 '接続詞'의 오용(문24, 25)을 제외한 모든 종류의 오용 정정에 상당히 유효한 것을 알 수 있다. 그러나 '慣用的な動詞句'의 문8(続けて食べても/食べ続けても), '形容詞'의 문9(細かく トル/細く), '名詞'의 문16(ところに/に), '副詞'의 문18(ぜひ/きっと トル), '接続詞'의 문24(それなら/では) 등, 오용 5종류 5문제에서는 정정과 검색에서 다소 차이를 보이고 있다.

5. 오용 정정에서의 코퍼스

5.1 오용 종류별 구글과 야후 재팬의 검색 비교

〈표3〉은 '오용 종류별 구글과 야후 재팬의 검색 비교'를 나타내고 있다. 〈3표〉에서 보면, G·Y 양자에서 보다 오용 검색 건수가 적어서(굵은 숫자) 판단하기가 좋은 것(신뢰성이 있는 것)은, G에서는 11문이고 Y에서는 18문이다. Y의 검색이 좀 더 판단하기에 좋으나, 이는 오용의 종류(오용례가 2개 이상 있는 것)에서 'ダ'는 G, '否定語, 活用'는 Y이나, '品詞の取り違え, 動詞, 慣用的な動詞句, 名詞(漢語), 名詞, 副詞'는 G 또는 Y이므로, 어느 종류의 오용 정정(정·오용 판단)에 어느 쪽의 검색이 좋다고는 할 수 없다. 양 검색을 함께 이용하는 것이 정·오용 판단에 좀 더 객관적이라고 할 수 있겠다. 문3(品詞の取り違え), 7~8(慣用的な動詞句), 13[名詞(漢語)], 17~18(副詞), 21(不定語), 23(数量詞), 24(接続詞)는 모두 G ·Y 양자(문7은 Y만)에서 오용의 검색 건수가 1건도 없어서 판단에 어려움이 없겠다. 그러나 문10(ダ)은 건수가 적으나, 실제 문맥에서 판단하기 쉬운 것으로 건수가 반드시 절대적인 기준이 아님을 잘 나타내고 있다. 또한 '接続詞'의 문24는 오용의 건수가 없어서 판단하기에 어려움이 없게 나타나 있으나, 문맥의 영향이 있어서 절대적인 판단 기준으로 하기에는 다소 무리가 있겠다(〈표2〉의 문24 참조).

한편 오용의 원인별[3], 즉 모어 간섭과 비간섭의 오용에 따라서 판단하기 좋은 것(〈표3〉의 굵은 숫자)을 보면, 모어 간섭 오용에는 G가 7문(문3, 6, 10~11, 13, 16, 26), Y가 7문(문1, 12, 14~15, 20~22)으로 같으나, 모어 비간섭 오용에서는 G가 3문(문2, 5, 17), Y가 11문(문4, 7~9, 18~19, 23~24, 27~29)으로 많다. 모어 비간섭 오용은 Y의 검색이 좀 더 판단하기에 좋은 것 같다.

〈표3〉 오용 종류별 구글과 야후 재팬의 검색 비교

오용의 종류(16종류)와 개수 [29개]	29문제의 번호	모어 간섭과 비간섭	코퍼스별 오용 검색 건수 백분율* (건/건)	
			구글[G]	야후 재팬 [Y]
1. 語彙論[23]				
1.1 品詞の取り違え[2]	有名(1)し	간섭	0.7	0.006
	(2)いろいろの種類	비간섭	1.1	6.2
1.2 動詞[x2]	(3)いらっしゃる母	간섭	(0/598)	(0/441)
	(4)あります	비간섭	0.4	0.2
1.3 補助動詞[1]	(5)置いている	비간섭	0.02	1.6
1.4 慣用的な動詞句[3]	西洋化(6)になって	간섭	(0/714)	0.2
	(7)遊んで行って	비간섭	0.002	(0/497,000)
	(8)続いて食べても	비간섭	(0/10,100)	(0/11,000)
1.5 形容詞[1]	(9)細かく	비간섭	0.6	0.04
1.6 ダ[2]	(10)がなくて	간섭	(0/3)	(0/1)
	(11)からと	간섭	0.9	3.0
1.7 名詞(漢語)[2]	(12)日語	간섭	0.006	0.002
	(13)飲食	간섭	(0/605)	(0/525)

1.8 名詞[3]	(14)たち	간섭	0.03	0.008
	(15)時	간섭	0.02	0.009
	母(16)に	간섭	12.7	127.8
1.9 副詞[2]	(17)先に	비간섭	(0/9,090)	(0/209)
	(18)きっと	비간섭	(0/5,510)	(0/9,470)
1.10 連体詞[1]	(19)どんな	비간섭	0.02	0.003
1.11 コソア[1]	(20)このより	간섭	0.6	0.2
1.12 不定語[2]	(21)どのものが	간섭	(0/31,900)	(0/34,100)
	(22)なんと	간섭	0.05	0.008
1.13 数量詞[1]	(23)一回に	비간섭	(0/11)	(0/54)
1.14 接続詞[2]	(24)それなら	비간섭	(0/11)	(0/27)
	(25)ところが	비간섭	×	×
1.15 熟語[1]	(26)のがいい	간섭	2.2	24.2
2. 形態論[3]				
2.1 活用[3]	(27)辛いでした	비간섭	0.3	0.07
	(28)入れば	비간섭	4.6	4.2
	(29)話しよう	비간섭	0.158	0.152

주 1) *백분율에 대해서는 '4.오용 정정과 검색 건수'의 (6)을 참조. 그리고 백분율로 나타나 있지 않은 것(/)은 오용을 검색한 건수가 0/0건인 것을 나타낸다. ×표는 검색할 수 없는 것을 나타낸다.

2) '慣用的な動詞句'의 문8은 검색 건수와 정정 인원수가 가장 많은 것이 다르다. 정정은 '続けて食べても', 검색은 'を食べ続けても'이다. 여기서는 검색 건수가 많은 것을 기준으로 했다.

3) '形容詞'의 문9는 검색 건수와 정정 인원수가 가장 많은 것이 다르다. 정정은 '細かく', 검색은 G가 '細く', Y가 '細かく 삭제'이다. 여기서는 검색 건수가 많은 것('細かく 삭제')을 기준으로 했다.

4) '名詞'의 문16은 검색 건수와 정정 인원수가 가장 많은 것이 G는 같고 Y는 다르다. Y의 경우 정정은 'ところに', 검색은 'に'이다. 여기서는 정정이 많은 것을 기준으로 했다.

5) '副詞'의 문18은 검색 건수와 정정 인원수가 가장 많은 것이 다르다. 정정은 'ぜひ', 검색은 'きっと 삭제'이다.

6) '接続詞'의 문24는 검색 건수와 정정 인원수가 가장 많은 것이 다르다. 정정은 'それなら', 검색은 'では'이다. 여기서는 검색 건수가 많은 것을 기준으로 했다.

5.2 오용별 검색어 선정

여기서는 '4. 오용 정정과 검색 건수'의 문제별 검색에 대한 분석을 참조해서, 오용별 검색어 선정에 대해서 기술하고자 한다.

(1) 검색어(오용)의 길이는 오용에 따라서 다르므로 조정한다.

- 예를 들면 '品詞の取り違え'의 문2[色々(いろいろ)の種類], '名詞'의 문14(白菜たち), 'コソア'의 문20(このより), '活用'의 문27(辛いでした) 등은 해당 오용이나 단어 1개를 첨가해서 검색하나, '副詞'의 문17[と言(い)えば先に何が], 문18(ことをきっとお勧めします), '接続詞'의 문24[それなら人間とは一体(いったい)] '熟語'의 문26[前に食べる方(ほう)が] '活用'의 문29(について話しようと思います) 등은 여러 단어를 첨가해서 검색한다. 이는 '活用'의 문27, 29 오용에서도 알 수 있는 것처럼 오용 종류 내에서도 다르다.

(2) 검색어(오용을 포함)는 다용되는 어휘가 아니면 '유사한 종류의 어휘'나 '지시어'로 바꾸어 검색 건수를 늘린다.

- 예를 들면 'ダ'의 문10[それは白菜(→物)自体がなくて], '接続詞'의 문24[それならキムチ(→人間)とはいったい, '接続詞'의 문25[ところがキムチ(→それ)

は] 등이다.

(3) 검색어는 필요에 따라서 가나와 한자의 양쪽을 검색한다.

- 예를 들면 '品詞の取り間違え'의 문2[色々(いろいろ)の種類], '名詞'의 문16[母の所(ところ)に行って], '副詞'의 문17[と言(い)えば先(さき)に何が], '不定語'의 문22[何(なん)とも言えない/何(なん)と言えない], '接続詞'의 문24[それなら人間とは一体(いったい)] 등이다.

(4) 문장의 단어 일부를 생략하여 검색한다.

- 예를 들면 '補助動詞'의 문5[(食卓)に(おいしそうな)キムチが(いつも)置いている(→にキムチが置いている)], '活用'의 문28[(薬味)を(塩漬にした白菜の)中に入れば(→を中に入れば] 등이다.

(5) 검색하기에 다소 문제가 있는(활용형) 오용은 '기본형'으로 하여, 그 검색을 보충한다.

- 예를 들면 '品詞の取り間違え'의 문1(有名し→有名する) 등이다.

(6) 검색어인 정·오용 용법이 일반적인가를 확인하기 위하여, '같은 종류의 어휘'로 추가 검색을 한다.

- 예를 들면 '慣用的な動詞句'의 문6[西洋化になって

(→一般化になって)], 문8[を続いて食べても(→を続いて飲んでも)], '名詞'의 문14[白菜たち(→花たち/木たち)], 문16[母に行って(→先生に行って)] 등이다.

또는 수식어를 삭제한다.

- 예를 들면 '動詞'의 문4[食べる人もあります(→人もあります)] 등이다.

(7) 오용을 포함한 검색어 건수가 0이 되면서, 정용을 포함한 검색어 건수가 가급적 많도록 검색어를 조정한다.

- 예를 들면 '慣用的な動詞句'의 문8(を続いて食べても), '不定語'의 문21(どのものがおいしい) 등이다.

6. 맺는 말

본고에서는 한국인 일본어학습자의 어휘/형태론적인 오용을 정정하기 위하여, 구글과 야후 재팬, 인터넷의 WWW 페이지를 코퍼스로 하여 검색을 실시해 보았다. 그 주된 결과는 다음과 같다.

(1) 오용 정정을 위한 코퍼스로서 구글과 야후 재팬은 상호 보완적으로 양자를 검색하는 것이 보다 더 신뢰성이 있겠

다. 그러나 모어 비간섭 오용에서는 구글보다 야후 재팬 검색에서 오용 검색 건수가 낮은 것이 많다.

(2) 어휘/형태론인 오용 정정에서 코퍼스로서 G·Y 검색은 '接続詞'의 오용을 제외한 모든 종류의 오용 정정에 상당히 유효하다.

(3) 일본어 모어화자의 오용 정정과 검색 건수에서는 '慣用的な動詞句'의 문8, '形容詞'의 문9, '名詞'의 문16, '副詞'의 문18, '接続詞'의 문24 등, 오용 5종류 5문제에서 다소 차이를 보이고 있다.

(4) 효과적인 검색을 위해서는 ①검색어의 단어 숫자 조정, ②검색어의 유사 어휘나 지시어로 대체, ③검색어의 한자·가나 표기 검색, ④검색어로 문장의 단어 일부 생략, ⑤활용형 검색어는 기본형 포함, ⑥같은 종류의 어휘를 추가 또는 수식어 삭제, ⑦오용 검색어 건수가 0이 되도록 조정 등의 방법을 이용한다.

끝으로 본 연구에서는 어휘/형태론적인 오용을 대상으로 했으나, 금후 의미·통사론적인 오용 정정에서의 코퍼스 활용에 대하여 조사하고 싶다. 특히 오용 정정과 검색 건수에서 차이를 보이고 있는 몇 문제[위의 결과 (3)]에 대해서, 그 차이의 원인 규명을 우선적으로 하고 싶다.

〈주〉

1) 장(2006)은 'Google 검색엔진을 활용한 일본어연구의 가능성'에서 Google 검색엔진을 활용한 일본어연구의 가능성에 대해서 기술하고

있다. 검색엔진 중에서 Google이 언어연구에 적합한 점, 그리고 나라별 일본어 사용의 차이를 설명하며, 웹상에서 한국인 일본어학습자가 틀린 것과 같은 오용례가 보인다는 것도 기술하고 있다.

2) 일본어 모어화자(691명)는 성별 남자 396명, 여자 292명, 무답 3명, 연령별 10대 85명, 20대 189명, 30대 169명, 40대 107명, 50대 82명, 60세 이상 54명, 무답 4명이다. 그 밖의 속성에 대해서는 조(2008:87~91)를 참조.

3) 모어 간섭(interference errors)은 학습자의 모어(한국어)의 구조를 반영해서 무의식적으로 직역한 것이고, 모어 비간섭(non｢interference errors)은 목표언어(일본어)내부 구조 그것이 곤란하거나, 이미 학습한 언어규칙을 미지의 구조에 적용하려고 했을 때의 것이다. (조, 2008:74)

〈참고문헌〉

- 조남성(2008)『일본어의 오용 평가』, 보고사
- 장원재(2006)「Google 검색엔진을 활용한 일본어연구의 가능성」『일어일문학연구』57/1, 한국일어일문학회, pp.1-21

13장

문법 오용 정정에서의 코퍼스 활용 가능성

1. 들어가는 말

본 연구는 코퍼스(corpus, 말뭉치)를 이용한 한국인 일본어 학습자의 문법 오용 정정에 대한 가능성에 대하여 살펴본다. 大曽·滝沢(2003:240)는 코퍼스에 의한 일본어교육 연구 중에서, 오용 정정의 하나로 모어화자에 의한 대규모 일본어 코퍼스 활용을 제시하고 있다. 이에 대한 구체적 실천적 연구로는 조(2009)의 '오용 정정에서의 코퍼스 활용 가능성'이 있다. 이는 한국인 일본어학습자의 전형적인 어휘/형태론적인 오용 정정에 대한, WWW 페이지를 코퍼스로 이용할 수 있는 가능성에 대해서 보고하고 있다[1]. 본 연구는 이 연구의 일환으로서 WWW 페이지를 코퍼스로 이용한 문법(통사·의미론적인) 오용 정정 가능성에 대하여 살펴본다. 장(2008)은 한국의 일본어 연구에서 코퍼스 활용 현황에 대하여 가술하고 있는데, 아직 위와 같은 연구는 보이고 있지 않다.[2] 또한 大曽(2006:7)는 일본어교육에서 학습자에 의한 코퍼스의 이용은 그다지 활발하지 않다고 지적하고 있다.

2. 코퍼스를 이용한 학습자의 오용 정정

언어 자료의 코퍼스(raw corpus)는 언어공동체의 모든 발화의 총집합은 아니지만, 대규모 코퍼스에서는 다수의 모어화자의 언어 사용의 일정한 경향을 추출 하는 것은 가능하다. 또한 제한된 언어 사용을 요구하는 앙케트 조사에서는 발견하지 못하는 언어 표현이나, 내성(內省)에서는 나오지 않는 새로운 유형(비문법적 표현이 많이 존재하지만)을 발견할 수도 있다. 코퍼스는 언어 사용의 객관적 현실이고, 언어 연구의 중요한 대상이기도 하다. 본 연구는 현실적인 언어 사용을 바탕으로 학습자의 오용 정정 가능성을 살펴보는 것이다. 그리고 조사하고자 하는 것은 연어(collocations)나 숙어(idioms)가 아니고 자연스러운 조합의 표현이다. 물론 이들 표현의 선정에는 조사자의 판단이 필요하다. WWW 페이지를 코퍼스로 이용하여 학습자의 오용을 정정할 경우에는 오용의 유형도 영향을 주지만, 어떠한 어구로 검색하는가가 가장 중요하다. 조사자의 해당 언어 직관력이 있으면 있을수록, 코퍼스에서의 언어 사용 조사는 그 의의를 더할 것으로 예상된다. 특히 본고의 오용 정정은 학습자의 자발적인 표현에 대하여 학습자 자신이 확인할 수 있는 가능성을 엿볼 수 있다. 한편 위와 같은 WWW 페이지를 코퍼스로 사용하는 것은 오용 정정, 즉 쓰기 교육에서 학습자 표현을 좀 더 자연스러운 일본어, 일본어다운 표현의 산출에 큰 도움이 되리라 예상한다.

3. 조사 자료

조사 자료는 조(2008:76~79)의 『일본어의 오용 평가』에서 조사 분석한 번역상의 오용례를 이용한다. 이를 선택한 이유는 학습자 오용에 대한 일본어 모어화자 판단을 조사한 연구 중에서, 다양한 속성의 판단자 즉 인원수가 가장 많으며[3], 오용례 또한 한국인 일본어학습자의 전형적인 것이기 때문이다. 조사 대상의 오용은 통사·의미론적인 오용 32종류 53개이다. 구체적인 내역은 '〈표1〉 오용 종류와 오용 개수'와 같다.

〈표1〉 오용 종류와 오용 개수

통사·의미론 [개] (シンタクス·意味論)	오용 종류(32종류)와 오용 개수 [53개] *〈표2〉〈표3〉 참조
1. 補語[12]	1.1 格助詞 ニ[3], 1.2 格助詞 デ[2], 1.3 格助詞ト[1], 1.4 格助詞カラ[1], 1.5 格助詞ニヨッテ[1], 1.6 格助詞トシテ[1], 1.7 格助詞ニツイテ[1], 1.8 連体助詞ノ[2]
2. ヴォイス[12]	2.1 受け身[3], 2.2 使役[1], 2.3 可能[3], 2.4 自発[1], 2.5 自他の区別[2], 2.6 ヤリモライ[2]
3. テンス·アスペクト[2]	3.1 タ[1], 3.2 ル[1]
4. 接続[16]	4.1 条件[2], 4.2 テ形[1], 4.3 連用形[1], 4.4 動詞句の並立[2], 4.5 名詞句の並立[1], 4.6 副詞的連用修飾[3], 4.7 連体修飾[2], 4.8 名詞節[2], 4.9 引用[1], 4.10 原因·理由[1]

5. モダリティ [11]	5.1 取り立て詞ハ[2], 5.2 取り立て詞ダケ[1], 5.3 取り立て詞マデ[1], 5.4 ムード[3], 5.5 スタイル[2], 5.6 ノダ1[2]

4. 조사 방법

코퍼스는 일본 검색 시장률이 가장 높으며, 검색 건수에서 비교적 일정한 야후 재팬(Yahoo! JAPAN)과 일본의 Goo 인터넷의 www 페이지이며, 검색은 2009년 8월 8일~9월 5일에 실시했다.

검색 엔진 Goo(http://www.goo.ne.jp)는 フレーズ 검색[文字の並び順通り検索する(フレーズ検索)]을 사용해서 학습자 오용과, 그와 관련된 정용 표현을 검색했다. 언어 지정(言語を指定)은 웹전체(ウェブ全体)가 아닌 일본어(日本語のみ)로 했다. 야후 재팬(http://www.yahoo.co.jp)의 검색 조건은 키워드 완전 일치 (順番も含め完全に一致), 검색 대상 지역(対象とする国)은 일본, 검색 대상의 언어(対象とする言語)는 일본어이다.

검색어를 완전 일치로 하지 않으면, 검색어와 관련 없는 불필요한 정보가 너무 많고, 검색어가 어느 정도 정해진 오용 정정에서는 그다지 도움이 되지 않는다. 그리고 일본어 오용은 여러 나라 일본어학습자에게서 일어나는 것으로, 가급적 그러한 오용의 정보를 없애기 위해서 일본의 일본어 페이지로 한정했다. 위 검색 조건은 최소한의 것으로, 본 연구 결과를 바탕으로 한 이후, 학습자의 검색 편리성도 고려했다.

한편 오용별 검색어 선정은 가급적 검색 대상 원본의 문장을 그대로 사용하였으며, 오용 검색 건수가 0이 되면서, 정용 건수가 가급적 많도록 검색어를 조정했다.[4)]

5. 오용 정정과 검색 건수

여기서는 문제별 일본어 모어화자의 오용 정정과 인터넷 WWW 검색 건수에 대해서 기술하고자 한다. 일본어 모어화자의 오용 정정은 조(2008 : 174-188)의 선행 연구 결과에서 인용한 것이다. 이하 '〈표2〉 오용 정정과 검색 건수'의 53문제의 기술은 다음과 같이 한다.

(1) 〈표2〉는 그 내용이 너무 많아서 문제별로 나누어 작성하고 설명한다. 그리고 〈표2〉의 항목 설명 표시는 문1에만 한다.

(2) 정정 유형은 정정 인원수의 10.0% 이상의 것이다. 그러나 오용이라고 제시한 것을 바르다고 판단한 ○표의 것은 2.0% 이상의 것을 제시했다. 예를 들면 문2-정정3, 문7-정정2, 문10-정정8 … 등이다. 그리고 문1-검색어②, 4-③,

8-③④, 12-②, 16-②, 17-③, 18-③, 21-③, 22-②, 23-③, 34-③, 36-③, 37-③, 44-②, 51-②, 53-②는 위의 ○표에 해당하는 것이나 2.0% 미만의 것이다.

(3) 오용 및 오용 정정에 대해서는 선행 연구에서 자세히 기술하고 있으므로, 검색 건수와의 비교에 필요한 최소한의 것만 기술한다.

(4) 검색어는 주로 정정 유형에서 제시한 것으로 한다. *표 칸의 검색어는 정정 유형의 검색에 대한 신뢰성을 얻기 위한 보충 검색어이며, ' / '의 숫자는 'Goo/Yahoo! JAPAN(이하 Yahoo)'의 검색 건수를 나타낸다. 예를 들면 문2 *④時までには終える(43/231)…, 문7 *③力はどこから出てくる(156/467)…, 문8 *⑤家庭によって(31,100/528,000)… 등이다.

(5) 건수에 의한 백분율(%)은 Goo와 Yahoo 양자 검색에서 백분율이 높은 것을 나타낸다. 이는 낮은 것을 기준으로 하면 검색 건수에 대한 신뢰성이 떨어지기 때문이다. 예를 들면 문1에서 ②昔にはの 건수(②÷①=?)는 G가 0.5%, Y가 0.7%이므로 후자를 선택한다.

(6) 건수의 백분율은 오용을 검색한 건수(정정의 ○표와 일치하는 검색어)를, 정용(정정에서 인원수가 가장 많은 것)을 검색한 건수(가장 검색 건수가 많은 것)로 나눈 것이다. 건수의 백분율은 소수점 이하 자리에 0이 아닌 숫자가 최초로 나오는 자리수로 한다. 정정은 오용과 정용(정정 유형 전체)을 100%로 한다.

(7) 예문(검색한 예문)은 모든 문제에 제시하지 않고, 정·오용에 상관없이 그 검색 건수가 상대적으로 적은 것을 일부 제시했다. 이는 실제 언어 사용의 일면을 알기 위해서이다. 예를 들면 문1의 ②昔にはの 예문(a)(b), 문2의 ①初めまでには終えるの 예문(a), ②初めには終えるの 예문(b)(c)(d)… 등이다.

〈표2〉 오용 정정과 검색 건수

<table>
<tr><th rowspan="3">문제번호</th><th colspan="2">인원수 (691명)</th><th rowspan="3">오용 예문(53문장) →정정 유형</th><th colspan="3">검색어와 검색 건수</th></tr>
<tr><th rowspan="2">(명)</th><th rowspan="2">(%)</th><th rowspan="2">검색어</th><th colspan="2">코퍼스별 검색 건수</th></tr>
<tr><th>Goo</th><th>Yahoo! JAPAN</th></tr>
<tr><td rowspan="4">1</td><td>621</td><td>100</td><td>昔(1)には…</td><td></td><td></td><td></td></tr>
<tr><td>581</td><td>93.6</td><td>1 →に 삭제</td><td>①昔は</td><td>5,040,000</td><td>58,200,000</td></tr>
<tr><td></td><td></td><td></td><td>②昔には</td><td>23,000</td><td>434,000</td></tr>
<tr><td colspan="6">②昔にはの 예문
(a)昔には昔の良さが、今には今の良さがということで。もうちょっと描き続けていれば、やった分だけ良くなる…(http://www.enpitu.ne.jp/usr2/bin/month?id=24355&pg=200304)2009.8.30〈Goo〉 (b)昔には昔の苦しみがあって、今には今の苦しみがある。昔には昔の楽しみがあって、今には今の楽しみがある。(bbs.nicovideo.jp/test/read.cgi/question/1193722256)2009.8.30〈Yahoo〉</td></tr>
</table>

문1 [格助詞ニ]은 ②昔にはの 건수(Y, ②÷①=0.7%)에서 보면, ②昔には가 부자연스럽고 ①昔は가 자연스러운 것을 알 수 있다. ①에 해당하는 문맥상의 정정1도 93.6%이다. ②는 예문(a)(b)처럼 대비의 경우에 사용한다.

2	620	100	…12月初め(2)まではキムヂャンを終えて…

	425	68.5	1 →までに	①初めまでには終える	1	0
	141	22.7	2 →に	②初めには終える	2	3
	42	6.8	3 →○(まで)	③初めまでは終える	0	0
			* ④時までには終える(43/231), ⑤時には終える(120/370), ⑥時までは終える(0/0), ⑦月までには終える(18/65), ⑧月には終える(29/71), ⑨月までは終える(0/0)			
	①初めまでには終えるの 예문((a)), ②初めには終えるの 예문((b)(c)(d)) (a)植え替えや株分け、挿し木苗の鉢上げなどは10月初めまでには終えるよう…(http://lining.kir.jp/flower/knowhow/10gatu.php)2009.8.8〈Goo〉 (b)現在1年かけて習っている内容を遅くとも3学期の初めには終えるくらいのスピードでこなさなければ,教科書が終わりません。(http://www4.plala.or.jp/shimomura_juku/others/transitiona...)2009.8.8〈Goo〉(www4.plala.or.jp/shimomura_juku/others/transitional.html)2009.8.8〈Yahoo〉(94-dan.cocolog-nifty.com/blog/2007/12/post_685b.html)〈Yahoo〉2009.8.8 (c)そんな訳で、ホームページの更新を3月末から4月初めには終える予定でしたが本日ようやくできました。(http://www.city.daisen.akita.jp/site/gyousei/org_inf...)2009.8.8〈Goo〉 (d)建設のピッチは早く、来年の初めには終える予定とか…。(94-dan.cocolog-nifty.com/blog/2007/12/index.html)2009.8.8〈Yahoo〉					

문2 [格助詞ニ]는 ①②③의 검색에서 건수가 적어서, ④⑤⑥(初め→時), ⑦⑧⑨(初め→月)를 검색한 결과, までは(③⑤⑨)의 건수는 전혀 보이지 않아서 부자연스러운 것을 알 수 있다. 문맥상まで를 사용한 정정1(までには, ①④⑦)이 적절하나(예문(a)), ②⑤⑧(정정2. には)이 일반적으로 많이 사용되고 있는 것(예문(b)(c)(d))을 알 수 있다.

3	586	100	工場(3)で直接注文させて(←して)…			
	323	55.1	1 →に	①工場に注文して	126	334
	119	20.3	2 →へ	②工場へ注文して	6	13
	103	17.6	3 →○(で)	③工場で注文して	11	34

	①工場に注文しての 예문 (a)しかしこの頃はキムチを漬ける季節になっても準備をせず、外で買って食べたり、キムチ工場に注文して食べる人が多くなりました。(www.tamoap.com/academy/bunka2.htm)2009.8.8(Goo)〈Yahoo〉

문3 [格助詞ニ]은 ③工場で注文しての 건수(Y, ③÷①=10.2%)에서 보면, ③보다 ①工場に注文してが 더 자연스러운 것을 알 수 있다((a)). 문맥상의 정정1(①)도 51.1%이다. ③은 工場이 주체가 되므로 문맥상 부적절하다. 문맥상의 판단을 요한다. 정정2(②)는 정정1보다 일반적이 아니나, 약간 사용되고 있는 것을 알 수 있다.

4	642	100	…,最近(4)には…			
	502	78.2	1 →で	①最近では	4.280,000	51,300,000
	132	20.6	2 →に 삭제	②最近は	7,940,000	169,000,000
				③最近には	10,700	142,000
	③最近にはの 예문 (a)最近にはないいい映画です(http://bbs.kakaku.com/bbs/D0057358601/SortID=6174011/)2009.8.30(Goo) (b)最近には珍しく、今朝みた夢をはっきりと覚えている。(quattro.phys.sci.kobe-u.ac.jp/nishiyume.html)2009.8.30(Tahoo)					

문4 [格助詞デ]는 ③最近にはの 건수(Y·G, ③÷①=0.3%)에서 보면, ③보다 ①最近ではが 자연스러운 것을 알 수 있다. 문맥상의 정정1(①)도 78.2%이다. 그러나 ②最近はが 일반적으로 ①보다 많이 사용되고 있는 것을 알 수 있다. ③은 예문 (a)(b)처럼 사용한다. 문맥상의 판단을 요한다.

5	605	100	ほとんどの家庭(5)は遅くとも…終えて

	460	76.0	1 →では	①家庭では遅くとも	4	12
	112	18.5	2 →○(は)	②家庭は遅くとも	1	0
	②家庭は遅くともの 예문 (a)公立でも私立中学目指す家庭は遅くとも5年までに日本に帰国するか、目標校に通えるエリアに定住している方多いですよ。(http://life.2ch.net/ojyuken/kako/1007/10079/1007908955.ht...)2009.8.30〈Goo〉					

문5 [格助詞デ]는 ②家庭は遅くとも보다 ①家庭では遅くとも의 건수가 많으나(G, 1〈4), 문맥상의 판단을 요한다. 문맥상의 정정1(①)은 76.0%이다. 예문(a)는 ②의 일례이다.

6	564	100	真心(6)は愛する家族について母の心です。			
	335	59.4	1 →とは	①真心とは愛する家族	0	0
	202	35.8	2 →○(は)	②真心は愛する家族	0	0

문6 [格助詞ト]은 ①②의 건수가 전혀 없어서 자연도 판단이 어렵다. 문맥상의 판단을 요한다.

7	608	100	…味はどこ(7)で出てくる…			
	522	85.9	1 →から	①味はどこから出てくる	1	13
	39	6.4	2 →○(で)	②味はどこで出てくる	0	0
			*③力はどこから出てくる(156/467), ④力はどこで出てくる(0/2)			
	①味はどこから出てくるの 예문 (a)でもとても美味しかったです。この香ばしく深いお味はどこから出てくるの?(http://mocamoca.com/hara/0207_1.html)2009.8.8 〈Goo〉					

문7 [格助詞カラ]은 ①②의 검색에서 건수가 적어서, ③④(味→力)를 검색한 결과, ④力はどこで出てくる의 건수(Y,

④÷③=0. 4%)가 적어서 での 사용이 부자연스러운 것을 알 수 있다. ①② 검색에서 건수는 적지만, ②의 건수는 전혀 없으며, 문맥상의 정정에서도 정정2(②)의 비율이 상대적으로 낮다. 예문(a)는 ①의 일례이다.

8	633	100	…家庭(8)にしたがって使う…			
	556	87.8	1 →によって	①家庭によって使う	112	265
	28	4.4	2 →により	②家庭により使う	7	9
				③家庭にしたがって使う ④家庭に従って使う	0 0	0 0
			*⑤家庭によって(31,100/528,000), ⑥家庭にしたがって(1/3)			

문8 [格助詞ニヨッテ]은 ③④의 건수가 전혀 없어서, ③④家庭に従(したが)っての 표현이 부자연스러운 것을 쉽게 알 수 있다. 이에해당하는 정정도 2. 0% 미만이다. 검색어에서 使う를 제외해서 건수를 늘려도(⑤⑥) ⑥家庭にしたがっての 건수가 거의 없어서 にしたがって 사용이 부자연스러운 것을 쉽게 알 수 있다. 문맥상의 정정(1, 2)도 92. 2%이다.

9	596	100	…発酵食品(9)で有名し、…			
	389	65.3	1 →として	①食品として有名	1,290	14,400
	173	29.0	2 →○(で)	②食品で有名	1,280	8,870

문9 [格助詞トシテ]는 ①②의 검색 건수는 Goo에서 거의 유사하나 Yahoo에서는 ①이 많다. 문맥상의 판단을 요하는 문제

로 ①(として)은 有名하다고 판단할 때 한 측면을 나타내고, ②(で)는 有名한 그 원인 이유를 나타내고 있다.

10	604	100	…家族(10)について母の心です。		
	207	34.3	1 →に対する	①に対する母の心	5	21
	131	21.7	2 →への	②への母の心	0	3
	13	2.2	3 →○(について)	③について母の心	1	3

문10 [ニツイテ]은 ③について母の心의 건수(G, ③÷①=20.0%에서 보면, ①に対する母の心의 표현을 많이 사용하는 것을 알 수 있다. ③에 해당하는 문맥상 정정3도 2.2%에 지나지 않는다. ②는 검색 건수가 적다.

11	598	100	大根(11)の以外に…			
	527	88.1	1 →のトル 삭제	①大根以外に	514	513
	43	7.2	2 →○(の)	②大根の以外に	0	0
			*③人以外に(79,900/445,000), ④人の以外に(41/100)			

문11 [連体助詞ノ]은 ②大根の以外に의 건수가 전혀 없어서, の의 사용이 부자연스러운 것을 잘 알 수 있다. ②에 해당하는 정정2는 7.2%나 된다. 검색 건수를 늘려도[③④(大根→人)], ④人の以外に의 건수(G, ④÷③=0.05%)가 적어서 の의 사용은 상당히 부자연스럽다.

12	634	100	キムチ(12)を食べ方も…			
	615	97.0	1 →の	①キムチの食べ方も	13	21
				②キムチを食べ方も	0	0

			*③寿司の食べ方も(84/199), ④寿司を食べ方も(0/0), ⑤水の飲み方も(342/159,000), ⑥水を飲み方も(0/12)

문12 [連体助詞ノ]는 원문(①②)의 검색에서 건수가 적어서, ③④(キムチ→寿司)를 검색한 결과, ④寿司を食べ方も의 건수가 전혀 없어서 を의 사용이 부자연스러운 것을 알 수 있다. ①② 검색에서 건수는 적지만, ②의 건수는 전혀 없으며, 정정에서도 정정2(②)의 비율이 2.0% 미만으로 낮다. ⑤⑥(キムチ→水, 食べ方→飲み方)의 검색에서도 ⑥水を飲み方も의 건수(⑥÷⑤=0.008%)가 상당히 낮다.

13	631	100	料理法がよく発達(13)された国…			
	478	75.8	1 →した	①発達した国	3,100	31,300
	116	18.4	2 →している	②発達している国	1,650	14,000
	14	2.2	3 →○(された)	③発達された国	5	12
			*④発展した国(2,710/28,000), ⑤発展している国(1,680/16,000), ⑥発展された国(3/7)			

문13 [受け身]은 ③発達された国의 건수(G, ③÷①=0.2%)에서 보면, 発達された의 표현이 부자연스러운 것을 알 수 있다. ③에 해당하는 정정3도 2.2%에 지나지 않는다. 검색어를 달리 해서 보아도[④⑤⑥(発達→発展)], 같은 경향[G, ⑥÷④=0.1%]을 보이고 있다. ②発達している国의 건수는 53.2%(G, ②÷①)로 정정(정정2)보다도 상대적 비율이 높다. 여기서는 '漢語동사(發達)+되다'가 '한어동

사＋される'(⑤発達される 0.003% 이하)가 아니고'한어 동사(発達)＋する'인 것을 확인할 수 있다. ①②는 유의 표현이다.

14	629	100	…山と(14)積もっている こと…		
	384	61.0	1 →積まれて(い)る	①山と積まれている	1,950	18,300
	121	19.2	2 →積んである	②山と積んである	479	1,740
	27	4.3	3 →○(積もっている)	③山と積もっている	25	63

문14 [受け身]는 ③山と積もっている의 건수(G, ③÷①＝1.3%)에서 보면, 積もっている의 표현이 부자연스러운 것을 알 수 있다. ③에 해당하는 정정3도 4.3%에 지나지 않는다. ①山と積まれている(무의식적 행위)와 ②山と積んである(의식적 행위)의 판단은 문맥을 요한다.

15	583	100	…味わいが(15)隠れています。			
	394	67.6	1 →隠されて	①味わいが隠されています	10	18
	156	26.8	2 →○(隠れて)	②味わいが隠れています	30	69
			*③味が隠されています(31/103), ④味が隠れています(60/260), ⑤ものが隠されています(308/423), ⑥ものが隠れています(1,100/1,400)			

문15 [受け身]는 원문(①②) 검색과 문맥상의 정정의 결과가 정반대이다. 문맥상의 판단을 요한다.

16	628	100	工場で直接注文(16)させて…			
	588	93.6	1 →して	①工場に注文して	126	334
				②工場に注文させて	0	0

문16 [使役]은 ②工場に注文させて의 건수가 전혀 없어서, 注文させて 표현이 부자연스러운 것을 잘 알 수 있다. ①의 예문은 문3의 (a)를 참조.

17	636	100	…積もっている こと(←の)をよく(17)見えます。			
	290	45.6	1 →見ます	①ているのをよく見ます	4,680	183
	228	35.8	2 →見かけます	②ているのをよく見かけます	14,500	263
				③ているのをよく見えます	0	0
			*④のをよく見ます(9,620/92,000), ⑤のをよく見かけます(23,700/435,000), ⑥のをよく見えます(0/2)			

문17 [可能]은 ③ているのをよく見えます의 건수가 전혀 없어서, 見えます 표현이 부자연스러운 것을 잘 알 수 있다. ている를 제외해서 건수를 늘려도(④⑤⑥) ⑥のをよく見えます의 건수가 거의 없어서 見えます 사용이 부자연스러운 것을 쉽게 알 수 있다. ①ているのをよく見ます의 건수는 ②ているのをよく見かけます보다 낮고(Y, 183〈263), ⑤のをよく見かけます의 건수는 ④のをよく見ます(G, 9,620〈23,700)보다 낮아서, 정정과 다르나, 見ます(①④)보다 見かけます(②⑤)가 적절한 것을 알 수

있다. 문맥상의 판단을 요한다.

18	631	100	…について簡単に(18)知られるように…			
	390	61.8	1 →わかる	①について簡単にわかるように	22	11
	58	9.2	2 →分かる	②について簡単に分かるように	34	8
				③について簡単に知られるように	0	0
			④簡単にわかるように(3,490/39,600), ⑤簡単に分かるように(1,650/16,000), ⑥簡単に知られるように(5/15)			

문18 [可能]은 ③について簡単に知られるように의 건수가 전혀 없어서, 知られる 표현이 부자연스러운 것을 잘 알 수 있다. 검색 건수를 늘려서(④⑤⑥), ⑥簡単に知られるように(G, ⑥÷④=0. 1%)에서 보아도 같은 경향을 나타내고 있다. ③⑥에 해당하는 정정도 2. 0% 미만이다.

19	545	100	…白菜の中に入ればキムチ(19)になります。			
	341	62.6	1 →○(入れば)	①ばキムチになります	2	0
	106	19.4	2 →が出来ます	②ばキムチが出来ます ③ばキムチができます	0 0	0 0
	①ばキムチになります의 예문 (a)キムチヤンニョムを多めに作って、色々野菜を塩漬けてから混ぜればキムチになります。(http://www.atcenter.or.jp/atcenter/main/recipeView.jsp?br)2009.9.4〈Goo〉 (b)白菜の塩漬けとか牡蠣もいいですよーなんでも漬ければキムチになります(http://unaco98.da-te.jp/d2007-11.html)2009.9.5〈Goo〉					

문19 [可能]는 ②③의 건수가 전혀 없어서 ①ばキムチになります가자연스러운 것을 알 수 있다((a)(b)). 이에 해당하는

정정1은 62.6%이다.

20	606	100	味が(20)思い出して寂しく…		
	434	71.6	1 →思い出されて	①味が思い出されて	220	603
	45	7.4	2 →思い出され	②味が思い出され	756	428
	30	5.0	3 →○(思い出して)	③味が思い出して	5	29
			*④味が思い出し(24/9), ⑤ことが思い出されて(6,010/25,500), ⑥ことが思い出して(133/553), ⑦味を思い出して(5,080/61,800), ⑧味を思い出し(18,000/49,600)			

문20 [自発]은 ③味が思い出して의 건수(Y, ③÷①=4.8%)에서 보면, 思い出して가 부적절한 것을 알 수 있다. ③에 해당하는 정정3도 5.0%이다. ③④는 문맥에 영향을 받으므로 판단하기 어려우나, ④의 건수(Y, ④÷②=3.5%)를 보면, ①②와 같은 경향을 보이고 있다. 검색어를 달리해 보아도[⑤⑥(味→こと)], 같은 경향[G, ⑥÷⑤=2.2%]을 보이고 있다. 思い出す는 대상을 を(⑦⑧), 思い出される(직접 수동)는 が를 취한다.

21	635	100	韓国でとれる材料でなければ、その味が(21)出さないかも知れません。			
	323	50.9	1 →出	①その味が出ない	44	71
	282	44.4	2 →出せ	②その味が出せない	38	171
				③その味が出さない	0	1
	③その味が出さない의 예문 (a)なかなかその味が出さないんですよね~(ameblo.jp/pastel08/entry-10129370794.html)2009.8.12 〈Yahoo〉					

문21 [自他の区別]은 ③その味が出さない의 건수가 0/1로, 出さない가 부자연스러운 것을 잘 알 수 있다. ③에 해당하는 정정도2.0% 미만이다. 문맥에 의하면 ①その味が出ない가 올바른 사용이나, ②その味が出せない로도 표현될 수 있다. 정정에서는 정정1이 정정2보다 약간 비율이 높다. ②의 검색은 문맥에 의한 것으로 많이(Y, ①71〈② 171건) 사용하고 있다.

22	626	100	…薬味を(22)混じて,			
	607	97.0	1 →混ぜて	①薬味を混ぜて	807	2960
				②薬味を混じて	0	0
			*③薬味を混じって(0/0), ④を混ぜて(688,000/9,600,000), ⑤を混じて(854/1,300), ⑥を混じって(290/1,030)			

문22 [自他の区別]는 ②薬味を混じて의 건수가 전혀 없어서, 混じて가 자연스럽지 못한 것을 쉽게 알 수 있다. 이에 해당하는 정정도 2.0% 미만이다. 薬味를 제외해서 건수를 늘려 보아도(④⑤), ⑤を混じて의 건수가 0.1%(G, ⑤÷④)로 부자연스럽다. 한편 混じる는 5단동사로 ③⑥을 검색해도 각각 ②⑤와 큰 차이가 없다.

23	629	100	…について紹介(23)してあげます。			
	225	35.8	1 →しましょう	①について紹介しましょう	4,000	49,000
	180	28.6	2 →します	②について紹介します	136,000	3,060,000
				③について紹介してあげます	0	33

문23 [ヤリモライ]은 ③について紹介してあげます의 건수(Y, ③÷①=0.07%)에서 보면, 紹介してあげます가 부자연스러운 표현임을 잘알 수 있다. ②について紹介しますの 검색은 문맥에 의한 것으로 많이(Y, ①4,000〈②136,000건) 사용하고 있다. ①について紹介しましょう는 상대를 의식한 표현이다.

24	569	100	日本の漬物に国から送っ(24)てくれた薬味を…		
	251	44.1	1 →てもらった	①国から送ってもらった	11	36
	188	33.0	2 →○(てくれる)	②国から送ってくれた	8	47
	115	20.2	3 →てきた	③国から送ってきた	29	137
			*④私は実家から送ってもらった(12/66), ⑤私は実家から送ってくれた(0/1), ⑥私は実家から送ってきた(5/20)			

문24 [ヤリモライ]는 ①②③은 문맥에 영향을 받기 때문에, 私は를 첨가해서 검색하면(④⑤⑥). ⑤私は実家から送ってくれた의 건수가 0/1로, から送ってくれた가 부자연스러운 표현임을 쉽게 알 수 있다. ⑥私は実家から送ってきた는 문맥에 의한 것으로 41.7%(G, ⑥÷④)나 사용하고 있다. 정정은 정정1, 2, 3의 순으로 비율이 높다.

25	623	100	このよく(38)混ぜる薬味を…			
	496	79.6	1 →混ぜた	①よく混ぜた薬味	2	4
	41	6.6	2 →○(混ぜる)	②よく混ぜる薬味	0	0
			*③よく混ぜたものを(995/2,280), ④よく混ぜるものを(0/0)			

	①よく混ぜた薬味의 예문 (a)よく混ぜた薬味を水気を切った白菜に塗りこみます。(http://blog.d1b.jp/?eid=47842) 2009.8.8〈Goo〉 (b)蒸気のあがった蒸し器で豚肉に火が通るまで10分～20分ほど蒸す；4のキャベツに、よく混ぜた薬味ソースをかけてできあがり (http://pouchi.blog.so-net.ne.jp/archive/c2300267524-1) 2009.8.8〈Goo〉

문25 [タ]는 원문(①②)의 검색에서 건수가 적어서, ③④(薬味→ものを)를 검색한 결과, ④よく混ぜるものを의 건수가 전혀 없어서 混ぜる의 사용이 부자연스러운 것을 알 수 있다. ①② 검색에서 건수는 적지만, ②의 건수는 전혀 없으며, 정정에서도 정정2(②)의 비율은 6.6%로 낮다.

26	582	100	…白菜の(26)持った生気を…			
	331	56.9	1 →持つ	①の持つ生気	43	166
	119	20.4	2 →持っている	②の持っている生気	1	4
	116	19.9	3 →○(持った)	③の持った生気	1	0
			*④の持つ気(1,260/12,600), ⑤の持っている気(231/979), ⑥の持った気(0/5)			
	②の持っている生気의 예문((a)), ③の持った生気의 예문((b)) (a)花の持っている生気は自分だけでなく、家も吸収するのです。(http://www.iwate-np.co.jp/ave/hakkaisiki06/hakkaisiki06.h...)2009.8.8〈Goo〉 (b)こういう意味で風水説ば?地の持った生気が凝結されている所を探して、?そこに定住空間を決めて、…。(http://jpn.korean.net/wcms/list.jsp?bID=22357&pageID=0402...) 2009.8.8〈Goo〉					

문26 [ル]은 ③の持った生気의 건수가 1/0으로, 持った가 부자연스러운 것을 잘 알 수 있다. ②の持っている生気도 건수가 1/4로 적다. 정정에서는 정정1(①, 56.9%)이 비율이 가장 높지만 정정2(②, 20.4%), 3(③, 19.9%)도 똑같이 적잖은 비율을 보이고 있다. 검색어 '生気→気'로 해

서 건수를 늘려 보아도(④⑤⑥), ⑥の持った気의 건수가 0.04%(Y, ⑥÷④)로 상당히 부자연스럽다. ①②의 사용 구분은 문맥상의 판단을 요한다.

27	615	100	…に(27)行ったら…をよく見えます(←見ます)。			
	442	71.9	1 →行くと	①行くとよく見ます	98	234
	73	11.9	2 →○(行ったら)	②行ったらよく見ます	9	23
	67	10.9	3 →行けば	③行けばよく見ます	7	34
			*④行くとよく見る(395/1,100), ⑤行ったらよく見る(34/135), ⑥行けばよく見る(74/214)			

문27 [条件]은 ②行ったらよく見ます의 건수(Y, ②÷①=9.8%)를 보면, ①行くとよく見ます의 표현이 적절한 것을 알 수 있다. ③行けばよく見ます의 건수(Y, ③÷①=14.5%)도 약간 보인다. ①②③은 대략정정1, 2, 3과 같은 경향을 보이고 있다. 검색어'見ます→見る'로 해서건수를 늘려 보아도(④⑤⑥), ⑤行ったらよく見る의 건수가 12.3%(Y, ⑥÷④), ⑥行けばよく見る의 건수가 19.5%(Y, ⑥÷⑤)로 ②③보다 약간 높으나 큰 차이는 없다.

28	585	100	…すっぱく(28)なればどうしたらいいでしょうか。			
	265	45.3	1 →なったら	①なったらどうしたらいいでしょうか	97	237
	116	19.8	2 →○(なれば)	②なればどうしたらいいでしょうか	1	5
	80	13.7	3 →なると	③なるとどうしたらいいでしょうか	8	23

	②なればどうしたらいいでしょうかの 예문 (a)出来ないとなれば、どうしたらいいでしょうか? proはインストールできるみたいですが、さすがにproの機能を使いこなすほどのユーザーでも無いですし、値段が…無理です…。(http://questionbox.jp.msn.com/qa2455837.html)2009.8.9〈Goo〉

문28 [条件]은 ②なればどうしたらいいでしょうか의 건수(Y, ②÷①=2.1%)로, ①なったらどうしたらいいでしょうか의 표현이 적절한 것을 알수 있다. ③なるとどうしたらいいでしょうか 표현의 건수(Y, ③÷①=9.7%)도 약간 보인다. 이들 ①②③의 검색은 정정에서보다 ①(정정1)의 표현을 좀 더 적절한 것으로 나타내고 있다.

29	600	100	とうがらしを使わ(29)なくて塩で…			
	179	29.8	1 →ず	①使わず塩で	146	411
	176	29.3	2 →ないで	②使わないで塩で	10	34
	120	20.0	3 →ずに	③使わずに塩で	97	402
	107	17.8	4 →○(なくて)	④使わなくて塩で	1	0
			*⑤使わず手で(4,870/48,500), ⑥使わないで手で(726/2,230), ⑦使わずに手で(3,980/38,200), ⑧使わなくて手で(3/5)			
	④使わなくて塩での 예문 (a)歯磨き粉使わなくて、塩で磨いたら!!!(http://blogs.yahoo.co.jp/pyonraindrops/24811400.html)2009.8.10〈Goo〉					

문29 [テ形]는 ①②③을 같은 용법으로 생각하고, ④의 건수를 보면 1/0으로 使わなくて의 표현이 부자연스러운 것을 잘 알 수 있다. 이에 해당하는 정정4는 17.8%나 차지하고 있다. 검색어 '塩→手'로 해서 건수를 늘려 보아도(⑤⑥⑦⑧), ⑧使わなくて手で의 건수가 3/5로 ④와 거의 같다.

30	585	100	日本だけではなく(30)て、ほかのいろいろな国でも…		
	500	85.5	1 →トル	①だけではなくいろいろな国でも	3	7
	70	12.0	2 →○(て)	②だけではなくていろいろな国でも	1	1
			*③だけではなくほかの国でも(9/23), ④だけではなくてほかの国でも(5/26), ⑤だけではなく日本でも(1,300/12,800), ⑥だけではなくて日本でも(46/176)			

문30 [連用形]은 ①②의 검색 건수는 적고, ③④에서 なく와 なくて의 어느 쪽이 적절한가를 판별하기는 어렵다. 검색어를 달리해서(ほかのいろいろな国→日本) 검색한 결과(⑤⑥), ⑥だけではなくて日本でも의 건수(④÷③=3.5%))가 적어서, ⑤だけではなく日本でも가 적절한 것을 알 수 있다. 이에 해당하는 정정1도 85.5%나 된다. 그러나 이는 문맥에 영향을 받으므로 검색의 건수로 자연도 판단이 좀 어렵겠다.

31	570	100	…匂うし,(31)辛くて嫌っている…			
	321	56.3	1 →辛いので	①辛いので嫌っている	1	0
	172	30.2	2 →○(辛くて)	②辛くて嫌っている	0	0
			*③辛いから嫌っている(0/0),④なくて嫌っている(20/31), ⑤ないので嫌っている(8/13), ⑥ないから嫌っている(18/23)			
	①辛いので嫌っている의 예문 (a)大抵の人は走り辛いので嫌っていると思うが そこが良いのである バイクが面白いのは本来、倒れるはずの乗り物に倒れないように乗るからである(http://hornet-r2.hp.infoseek.co.jp/etc10.html)2009.8.9〈Goo〉					

문31 [動詞句の並列]은 원문(①②③)의 검색이나, 검색어를

달리해서(辛い→ない) 보아도(④⑤⑥), 일정한 결과를 찾을 수가 없다. 문맥에 영향을 받으므로 자연도 판단이 어렵다.

32	567	100	…さえあれば十分(32)ですが…			
	177	31.2	1 →○(ですが)	①さえあれば十分ですが	20	65
	136	24.0	2 →で	②さえあれば十分で	295	1.030
	104	18.3	3 →ですし	③さえあれば十分ですし	15	46
	64	11.3	4 ですが →です	④さえあれば十分です	1,250	10.100

문32 [動詞句の並列]는 ①②③④의 검색에서 건수를 달리하고 있지만, 문맥에 영향을 받으므로 자연도 판단이 어렵다.

33	571	100	…塩辛いキムチ(33)と水をたくさん入れた水キムチのような…			
	356	62.3	1 →や	①や	?	?
	154	27.0	2 →○(と)	②と	?	?

문33 [名詞句の並列]은 ①②의 검색이 무의미하다. 문맥상의 판단을 요한다.

34	631	100	キムチは(34)こんなにして…食べます。			
	472	74.8	1 →このように	①はこのようにして食べます	9	38
	82	13.0	2 →こう	②はこうして食べます	24	112
				③はこんなにして食べます	0	1

			*④はこのようにして食べる(39/171),⑤はこうにして食べる(658/2,070), ⑥はこんなにして食べる(1/7)			

문34 [副詞的連用修飾]는 ③はこんなにして食べます의 건수(Y, ③÷①=2.6%)가 적어서, ①はこのようにして食べます의 표현이 적절한 것 같다. 검색 건수를 늘려도[④⑤⑥(食べます→食べる)], ⑥はこんなにして食べる의 건수(G, ⑥÷④=4.1%)가 적어서 こんなにして의 사용은 적절하지 않은 것 같다. ②④의 건수는 각각 ①③보다 많으나, 이는 과정(단계) 유무의 차이로 문맥에 의한다.

35	581	100	…思うように(35)よくできなかった…			
	225	38.7	1 →うまく	①思うようにうまくできなかった	10	50
	200	34.4	2 →よく 삭제	②思うようにできなかった	2,030	28,600
	103	17.7	3 →○(よく)	③思うようによくできなかった	0	0
			*④ようにうまくできなかった(69/242), ⑤ようにできなかった(3,670/47,200), ⑥ようによくできなかった(0/1)			

문35 [副詞的連用修飾]는 ③思うようによくできなかった의 건수가 전혀 없어서, よく의 사용이 부자연스러운 것을 알 수 있다. 思う를 제외해서 건수를 늘려 보아도(④⑤⑥), ⑥ようによくできなかった(0/1)의 건수가 0/1로 자연스럽다. ②思うようにできなかった의 표현은 ①보다 건수가 상당히 많다. 이는 ④⑤⑥에서도 ④보다 ⑤가 상당히

건수가 많다. うまく가 생략된 정정2(②⑤)의 표현이 일반적이겠다.

36	619	100	…誰でも(36)やすく作ることができます。			
	376	60.7	1 →簡単に	①誰でも簡単に作ることができます	707	12,600
	168	27.1	2 →たやすく	②誰でもたやすく作ることができます	0	0
				③誰でもやすく作ることができます	0	0

문36 [副詞的連用修飾]은 ③誰でもやすく作る의 건수가 전혀 없어서 やすく의 사용이 부자연스러운 것을 쉽게 알 수 있다. 이에 해당하는 정정도 2.0% 미만이다. ②誰でもたやすく作る(たやすい:가볍게 즉 아주 간단하게)의 건수도 전혀 없다. 이에 해당하는 정정2(②, たやすく)는 정정1(①, 簡単に)의 절반 정도로 높다.

37	628	100	忙しい方は(37)休む日に家族の皆で…			
	361	57.5	1 →休日	①忙しい方は休日に	6	16
	236	37.6	2 →休みの日	②忙しい方は休みの日に	1	1
				③忙しい方は休む日に	0	0
			④方は休日に(636/2,340), ⑤方は休みの日に(135/843), ⑥方は休む日に(0/0)			

문37 [連体修飾]은 ③忙しい方は休む日に의 건수가 전혀 없어서, 休む日의 사용이 부자연스러운 것을 쉽게 알 수 있

다. 忙しい方를 제외해서 건수를 늘려 보아도(④⑤⑥), ⑥方は休む日に(개인적이며 주관적)의 건수는 전혀 없다. 이에 해당하는 정정도 2.0% 미만이다. ②忙しい方は休みの日に의 건수는 1/1로 사용이 적은 것으로 나타나고 있으나, 이에 해당하는 정정2는 37.5%나 된다. 검색이나 문맥상 공식적인 休日이 자연스럽다.

38	585	100	(39)辛いことが気になる方は…			
	342	58.5	1 →辛いの	①辛いのが気になる方	6	12
	119	20.3	2 →辛さ	②辛さが気になる方	39	114
	111	19.0	3 →○(辛いこと)	③辛いことが気になる方	0	0
			*④甘いのが気になる方(8/17), ⑤甘さが気になる方(251/801), ⑥甘いことが気になる方(0/0)			

문38 [連体修飾]은 ③辛いことが気になる方의 건수가 전혀 없어서 こと의 사용이 부자연스러운 것을 잘 알 수 있다. 검색어를 달리해도 ④⑤⑥(辛い→甘い)은 ⑥의 건수가 전혀 없어서 같은 경향은 보이고 있다. 그러나 이에 해당하는 정정3은 19.0%나 보이고 있다. ②辛さが気になる方는 ①辛いのが気になる方(매운가 단가의 문제) 건수가 많으나(G, 6〈39), 정정은 정반대이다. 정정2(②⑤)의 辛さ(매운 정도) 표현이 일반적이겠다.

39	623	100	…を一回に漬ける(38)のを言います。			
	516	82.8	1 →こと	①漬けることを言う	3	10
	44	7.1	2 →○(の)	②漬けるのを言う	0	0

			*③漬けることを言います(4/6), ④漬けるのを言います(0/0), ⑤すること を言う(12,400/107,000), ⑥するのを言う(149/382)

문39 [名詞節]는 ②漬けるのを言う의 건수가 전혀 없으며, 검색어를 달리해도(③④, 言う→言います) 동일하다. 다른 검색어(漬ける, する)로 건수를 늘려 보면(⑤⑥), ⑥するのを言う가 1.2%로 ⑤することを言う가 적절한 것을 알 수 있다. 정정도 같은 경향으로 ①③⑤에 해당하는 정정1(こと)이 82.8%를 보이고 있다.

40	616	100	…積もっている(40)ことをよく見えます。			
	426	69.2	1 →の	①ているのをよく見ます	4,460	173
	63	10.2	2 →ところ	②ているところをよく見ます	232	3
	56	9.1	3 →○(こと)	③ていることをよく見ます	14	0

문40 [名詞節]은 ③ていることをよく見ます의 건수(G, ③÷①=0.3%)를보면, こと의 사용이 부자연스러운 것을 알 수 있다. ③에 해당하는 정정3은 9.1%이다. ②는 문맥에 의한 것으로 5.2%(G, ②÷①)를 보이고 있다.

41	624	100	皆さんはキムチ(41)を考えれば 先に何が思い浮かびますか。			
	204	32.7	1 →と言えば	①キムチと言えば ②キムチといえば	698 1200	2,450 13,300
	34	5.4	2 →○(を考えれば)	③キムチを考えれば	0	5

			*④キムチを思えば(1/4)

문41 [引用]은 ③キムチを考えれば의 건수[Y, ③÷(①+②)=0. 03%]에서 보면, ③의 표현이 부자연스러운 것을 잘 알 수 있다. ①에 해당하는 정정은 32. 7%이나, 이는 문맥에 의해 다양한 표현으로 정정했기 때문이다.

42	592	100	辛い(42)から…あまりたべすぎないようにしてください。			
	470	79.4	1 →ので	①ので食べ過ぎないようにしてください	35	105
	83	14.0	2 →○(から)	②から食べ過ぎないようにしてください	2	10
			*③ので忘れないようにしてください(1,330/12,300), ④から忘れないようにしてください(1,160/442),⑤ので間違えないようにしてください(1680/6,150), ⑥から間違えないようにしてください(73/323)			

문42 [原因·理由]는 ②から食べ過ぎないようにしてください의 건수[G, ②÷①=9. 5%]에서 보면, ②의 표현이 부자연스러운 것을 잘 알 수 있다. ①에 해당하는 정정은 79. 4%이다. 검색어를 달리해서 보면(③④, ⑤⑥), ④의 건수는 87. 2%(G, ④÷③), ⑥의 건수는 5. 2%(Y, ⑥÷⑤)로 차이를 보이나, から(주관)보다는 ので(객관)를 많이 사용하는 것 같다. 전후 문맥상의 판단을 요하나, 검색 건수로 食べ過ぎないようにしてください는 ので를 선호한다고 판단된다.

43	618	100	…を食べてみた人(43)が多いと思いますが、…		
	465	75.2	1 →は	①てみた人は多いと思いますが	4	0
	72	11.7	2 →○(が)	②てみた人が多いと思いますが	0	0
	69	11.2	3 →も	③てみた人も多いと思いますが	21	0

문43 [取り立て詞ハ]은 ②てみた人が多いと思いますが의 건수는 약간 보이지만, ①てみた人は多いと思いますが와 ②의 자연도 판단이 어렵겠다. 문맥상의 판단을 요한다.

44	634	100	私の考え(44)でキムチの味は…		
	596	94.0	1 →では	①私の考えではそれは	420	1,390
				②私の考えでそれは	13	35
			*③私の考えではこれは(532/319), ④私の考えでこれは(7/8)		

문44 [取り立て詞ハ]는 私の考えで(は)의 검색이 무의미하므로, 검색어를 달리해서(キムチの味は→それは) 보면(①②), ②私の考えでそれは의 건수가 3. 1%(G, ②÷①)로 부자연스러운 것을 알 수 있다. 또 다른 검색어(③④, それは→これは)의 건수도 2. 5%(Y, ④÷③)로 유사한 경향을 보이고 있다. ②④에 해당하는 정정은 2. 0% 미만이다.

45	611	100	…塩(45)ばかりを使って…		
	444	72.7	1 →だけ	①塩だけを使って	352	964
	75	12.3	2 →○(ばかり)	②塩ばかりを使って	1	4

문45 [取り立て詞ダケ]는 ②塩ばかりを使っての 건수(Y, ②÷①=0.4%)에서 보면, ばかり의 사용이 일반적이 아님을 쉽게 알 수 있다. ②에 해당하는 정정2는 12.3%이다.

46	593	100	…輸出(46)までもしています。			
	452	76.2	1 →まで 삭제	①輸出もし	2,110	290
	98	16.5	2 →○(まで)	②輸出までもし	3	0
			*③輸出もする(372/1,160), ④輸出までもする(0/0), ⑤運動もし(27,600/101,000), ⑥運動までもし(5/1)			
	②輸出までもし의 예문 (a)○○産業(株)は国内外の市場で生き残る為に新製品の研究開発に主力しており、また今まで溜めて来た技術を海外移転及びPLANT輸出までもしております。(http://www.kayang.co.kr/jp/page3.html)2009.9.5〈Goo〉 (b)独島の近隣海域で操業をして、日本に輸出までもしていたという史料が公開されて関心を集めている。(http://nida.seesaa.net/archives/200607-1.html)2009.9.5〈Goo〉 (c)なんとデンマークは、北海に油田を所有しているのだそうだ。つまり産油国!この石油は自国供給に使用するのはもちろんのこと、輸出までもしているらしい。(http://kengo.tdiary.net/?date=200610)2009.9.5〈Goo〉					

문46 [取り立て詞マデ]은 ②輸出までもし의 건수(G, ②÷①=0.1%)에서 보면, までも 표현을 거의 사용하지 않는 것을 쉽게 알 수 있다. 검색어를 달리 해도(③④, し→する)(⑤⑥, 輸出→運動) ②와 같은 ④⑥의 건수는 전혀 없거나 거의 없는 것을 알 수 있다. 그러나 ②④⑥에 해당하는 정정2는 16.5%이다.

47	584	100	…も少しは(47)ありそうです。			
	239	40.9	1 →あるよう	①も少しはあるようです	205	648

	110	18.8	2 ありそうです →あります	②も少しはあります	3,560	32,500
	97	16.6	3 →○(ありそう)	③も少しはありそうです	44	204
	80	13.7	4 →あるの	④も少しはあるのです	436	1,550

문47 [ムード]은 ①(객관적)②③(주관적)④의 검색이 문맥에 의하기 때문에 그다지 의미가 없다.

48	610	100	…選択にある(48)とみます。			
	356	58.4	1 →と思います	①選択にあると思います	25	193
	60	9.8	2 →○(とみます)	②選択にあるとみます	0	0
			*③選択にあるとおもいます(0/0), 選択にあると見ます(0/0)			

문48 [ムード]은 ②選択にあるとみます의 건수가 전혀 없어서 부자연스러운 것을 알 수 있다. 자연스럽다고 생각되는 ①選択にあると思います에 해당하는 정정1은 58. 4%이다. 문맥에 의해 여러 표현으로 판단한 것 같다.

49	567	100	…作ったことがある(49)とします。			
	305	53.8	1 →そうです	①作ったことがあるそうです	244	803
	100	17.6	2 →といいます	②作ったことがあると言います	2	2
	86	15.2	3 →○(とします)	③作ったことがあるとします	0	0

문49 [ムード]는 ③作ったことがあるとします의 건수가 전

혀 없어서, とします의 표현이 부자연스러운 것을 잘 알 수 있다. 그러나 ②作ったことがあると言います의 건수가 2/2로 거의 없는데, 이에 해당하는 정정2는 문맥에 의하나 17.6%나 된다. 건수가 전혀 없는 ③에 해당하는 정정3도 15.2%이다.

50	554	100	忙しい方は…食べてみることをきっと(50)勧めます。			
	309	55.8	1 →お勧めします	①てみることをぜひお勧めします	49	0
	224	40.4	2 →○(勧めます)	②てみることをぜひ勧めます	0	0
			*③皆さんぜひお勧めします(4/16), ④皆さんぜひ勧めます(0/0)			

문50 [スタイル]은 ②みることをぜひ勧めます의 건수가 전혀 없어서 勧めます의 표현이 부자연스러운 것을 잘 알 수 있다. 문맥상 皆さま를 첨가하고 てみることを를 삭제한 검색(③④)에서도 ④皆さんぜひ勧めます의 건수가 전혀 없어서 같은 것을 알 수 있다. 그러나 정정은 정정1(①③)이 55.8%, 정정2(②④)가 40.4%로, 검색과 다르다. 그러나 이는 문맥상 皆さん을 첨가하면 실제 자연도 판단이 어렵지는 않겠다.

51	627	100	… 思わないで作ってみ(51)なさい。			
	613	97.8	1 →てください	①思わないで作ってみてください	1	2
				②思わないで作ってみなさい	0	0

			③皆さん作ってみてください(545/197), ④皆さん作ってみなさい(0/0)

문51 [スタイル]은 검색어①②의 건수가 적어서(G/Y, ①1/2, ②0/0), 문맥상 皆さま를 첨가해서 검색한 결과 ②皆さん作ってみなさい의 건수가 전혀 없어서 ①皆さん作ってみてくださいが 자연스러운 것을 잘 알 수 있다. 이에 해당하는 정정1도 97.8%에 이른다. 이는 문맥상 皆さん을 첨가하면 실제 자연도 판단이 어렵지는 않겠다.

52	629	100	…どうして こんなに(52)辛いですか。			
	536	85.2	1 →辛いのです	①どうしてこんなに辛いのですか	4	14
	40	6.4	2 →辛いんです	②どうしてこんなに辛いんですか	5	47
	26	4.1	3 →○(辛いです)	③どうしてこんなに辛いですか	0	0
			*④どうしてこんなに安いのですか(788/5,670), ⑤どうしてこんなに安いんですか(197/658), ⑥どうしてこんなに安いですか(2/58)			

문52 [ノダ]는 ③どうしてこんなに辛いですか의 건수가 전혀 없다. ①②처럼 の[ん]를 사용한 표현이 자연스러운 것을 잘 알 수 있다. ①②에 해당하는 정정1, 2는 91.6%에 이른다. 검색어를 달리해서(辛い→安い) 건수를 늘려 보아도(④⑤⑥), ⑥どうしてこんなに安いですか는 0.3%(G, ⑥÷④)로 ④⑤가 자연스럽다.

53	627	100	…ことから始まる(53)のがない…			
	546	87.1	1 →のではない	①ことかた始まるのではないでしょうか	630	2,670
				②ことから始まるのがないでしょうか	0	0

문53 [ノダ]은 ②ことから始まるのがないでしょうか의 건수가 전혀 없어서, ①ことかた始まるのではないでしょうか가 자연스러운 것을 잘 알 수 있다. ②에 해당하는 정정도 2.0% 미만이다.

6. 검색 결과의 분석

〈표3〉은 '검색 결과의 내역'을 나타내고 있다. 〈표3〉에서 [A]는 검색 가능 여부를 나타내는 것, 즉 해당 오용의 문제는 코퍼스 검색으로 오용 정정의 가능성이 있다는 것(○표)을 나타낸다. 이는 문맥상의 정정(〈표2〉의 53문제 각각의 정정1)에서도 가장 비율이 높은 것과 일치하는 것으로, 정정[B](건수에 의한 판단)의 결과와도 같은 것을 나타낸다. 따라서 [A]가 ○표인 문제는 [B]도 ○표이다. 〈표3〉에서 보면 '1. 補語[12문]'의 8문, '2. ヴォイス[12]'의 8문, '3. テンス·アスペクト[2]'의 2문, '4. 接続[16]'의 9문, '5. モダリティ[11]'의 9문, 전

체 69.8%(37/53문)가 해당된다. 이는 한국인 일본어학습자의 문법 오용은 2/3 정도가 코퍼스 검색으로 정정할 수 있다는 가능성을 말한다. 그리고 テンス·アスペクト(100%), モダリティ(81.8%), 補語(66.7%), ヴォイス(66.7%), 接続(56.3%)의 순으로 검색 가능성이 높은 것을 알 수 있다. 특히 接続에서 連用形, 動詞句の並立名詞句の並立의 오용은 검색으로 정정이 불가능하다.

한편 △표는 '1. 補語[12문]'의 1문, '2. ヴォイス[12]'의 3문, '3. テンス·アスペクト[2]'의 0문, '4. 接続[16]'의 3문, '5. モダリティ[11]'의 0문으로, 전체 13.2%(7/53문)가 해당된다. 이는 각 문제에서 검새 건수가 가장 많은 것은 아니지만, 오용이라고 제시한 것과 정정에서 가장 비율이 높은 것에 해당하는 검색 건수가 큰 차이가 나서, 오용은 정정할 수 있는 것이다. 이는 결국 문맥상의 정정과 검색 건수의 결과(순위1)가 동일하지 않은 것이다. 이 경우 검색에서 가장 건수가 많은 것은 문맥상에서 가장 적절한 표현은 아니지만, 일반적으로 가장 많이 사용되는 표현인 것을 나타내고 있다. 따라서 △표의 문제는 문맥상의 판단이 요구되고 있다([C]의 ○표). [A]에서 △표의 문제는 [B]에서 ×표로 나타난다. 그리고 ×표는 1. 補語[12문]'의 2문, '2. ヴォイス[12]'의 1문, '3. テンス·アスペクト[2]'의 0문, '4. 接続[16]'의 4문, '5. モダリティ[11]'의 2문, 전체 17.0%(9/53문)가 해당된다. 이는 검색으로 오용을 정정할 수 없는 것을 나타낸다. 검색 자체가 불가능하거나[검색어를 한정(선택)할 수 없음](문33), 검색어를 선택해서 검색해도

검색 자체가 의미가 없는 것을 나타낸다(문33 이외 ×표의 문제). [A]에서 ×표의 문제는 [B]에서도 ×표이다.

[B]는 건수에 의한 판단으로 문맥상의 정정 비율이 가장 높은 것(〈표2〉의 53문제 각각의 정정1)과 해당 검색어의 검색 건수가 가장 많은 것과 일치하는 것은 ○표, 그렇지 않은 것은 ×표 했다. [A]에서 ○표의 문제는 [B]에서도 ○표이고, [A]에서 △표, ×표의 문제는 [B]에서 ×표이다.

[C]는 검색어 이외 문맥이 필요한가에 대한 것으로, ○표는 검색어 이외 문맥이 필요하고, ×표는 필요 없는 것을 나타낸다. 따라서 [A]에서 검색으로 정정이 다소 미흡하거나(△표), 불가능했던 것(×표)은 모두 문맥이 필요했던 것으로 ○표로 나타난다. 따라서 [A][B]에서 ○표로 나타난 문제는 문맥이 필요 없는 것이지만, 다른 정정(검색어)과 구별을 위해서는 문맥이 필요한 것을 나타낸다. 이는 [A][B][C]에서 모두 ○표인 문1, 3, 5, 24, 26, 42, 50, 51의 8문이다. ○표는 '1. 補語[12문]'의 6문(50.0%), '2. ヴォイス[12]'의 5문(41.7%), '3. テンス·アスペクト[2]'의 1문(50.0%), '4. 接続[16]'의 8문(50.0%), '5. モダリティ[11]'의 4문(36.4%)으로, 전체 45.3%(24/53문)가 해당된다. モダリティ가 검색어 이외 문맥이 가장 덜 요구된다.

한편 오용의 원인별[5], 즉 모어(한국어) 간섭과 비간섭의 오용에 따라서 검색이 가능한 것(오용 정정이 가능한 것)은 모어 간섭 오용[25문]에서 [A]의 ○표 20문(80.0%), △표 2문(8.0%), ×표 3문(12.0%)이며, 모어 비간섭 오용[28문]에서

[A]의 ○표 17문(60.7%), △표 5문(17.9%), ×표 6문(21.4%)이다. 따라서 모어 간섭의 오용이 모어 비간섭 오용보다도 코퍼스 검색에 의한 오용 정정의 가능성이 좀 더 높은 것을 알 수 있다.

〈표3〉 검색 결과의 내역

오용 종류(32종류)와 오용 개수 53개	통사·의미론(シンタクス·意味論)적인 오용례 (53문제) (_ : 오용)	[A]검색 가능 여부	[B]건수에 의한 판단	[C]검색어 이외 문맥 필요 여부	[D]검색 건수에 의한 조사 결과	모어(한국어) 간섭[25문]과 비간섭[28문]
1. 補語[12]						
1.1 格助詞 ニ[3]	昔(1)には…	○	○	○	0.7%	간섭
	初め(2)までは…	○	○	×	0/0	간섭
	工場(3)で直接注文させて食べる…	○	○	○	10.2%	간섭
1.2 格助詞 デ[2]	最近(4)には…	△	×	○	0.3%	간섭
	家庭(5)は遅くとも…	○	○	○	1/4	간섭
1.3 格助詞ト[1]	真心(6)は愛する家族…	×	×	○	-	간섭
1.4 格助詞カラ[1]	味はどこ(7)で出てくる…	○	○	×	0/0	비간섭
1.5 格助詞ニヨッテ[1]	家庭(8)にしたがって使う…	○	○	×	0/0	간섭
1.6 格助詞トシテ[1]	発酵食品(9)で有名し,…	×	×	○	-	비간섭
1.7 格助詞ニツイテ[1]	家族(10)について母の心です。	○	○	×	20.0%	비간섭

1.8 連体助詞ノ[2]	大根(11)の以外に…	○	○	×	0/0	비간섭
	キムチ(12)を食べ方も…	○	○	×	0/0	비간섭
2. ヴォイス[12]						
2.1 受け身[3]	よく発達(13)された国…	○	○	×	0.2%	간섭
	山と(14)積もっている こと…	○	○	×	1.3%	간섭
	味わいが(15)隠れています。	×	×	○	-	비간섭
2.2 使役[1]	工場で直接注文(16)させて食べる…	○	○	×	0/0	간섭
2.3 可能[3]	ことをよく(17)見えます。	△	×	○	0/0	비간섭
	簡単に(18)知られるように…	○	○	×	0/0	비간섭
	中に入れればキムチ(19)になります。	○	○	×	0/0	간섭
2.4 自発[1]	味が(20)思い出して寂しくなります。	○	○	×	4.8%	비간섭
2.5 自他の区別[2]	その味が(21)出さない…	△	×	○	0/1	비간섭
	薬味を(22)混じて…	○	○	×	0/0	비간섭
2.6 ヤリモライ[2]	味について紹介(23)してあげます。	△	×	○	0.07%	간섭
	国から送っ(24)てくれた薬味…	○	○	○	0/1	간섭
3. テンス·アスペクト[2]						
3.1 タ[1]	このよく(25)混ぜる薬味を…	○	○	×	0/0	간섭
3.2 ル[1]	キムチは白菜の(26)持った生気を…	○	○	○	1/0	비간섭
4. 接続[16]						
4.1 条件[2]	市場に(27)行ったら…ことをよく見えます。	○	○	×	9.8%	비간섭
	すっぱく(28)なればどうしたらいいでしょうか。	○	○	×	2.1%	비간섭
4.2 テ形[1]	とうがらしを使わ(29)なくて塩で…	○	○	×	1/0	비간섭
4.3 連用形[1]	日本だけでななく(30)て,ほかのいろいろな国でも…	×	×	○	-	비간섭
4.4 動詞句の並立[2]	匂うし,(31)辛くて嫌っている…	×	×	○	-	비간섭
	キムチさえあれば十分(32)ですが…	×	×	○	-	비간섭

4.5 名詞句の並立[1]	辛いキムチ(33)と…水キムチのようなものもあります。	×	×	○	-	간섭
4.6 副詞的連用修飾[3]	キムチは(34)こんなにして…	△	×	○	0/1	비간섭
	思うように(35)よくできなかった…	△	×	○	0/0	비간섭
	誰でも(36)やすく作る…	○	○	×	0/0	비간섭
4.7 連体修飾[2]	忙しい方は(37)休む日に…	○	○	×	0/0	간섭
	(38)辛いことが気になる…	△	×	○	0/0	비간섭
4.8 名詞節[2]	キムチを一回に漬ける(39)のを言います。	○	○	×	0/0	비간섭
	山と積もっている(40)ことをよく見えます。	○	○	×	0.3%	비간섭
4.9 引用[1]	キムチ(41)を考えれば …	○	○	×	0.03%	간섭
4.10 原因·理由[1]	初めは辛い(42)からあまり食べすぎないようにしてください。	○	○	○	9.5%	비간섭
5. モダリティ[11]						
5.1 取り立て詞ハ[2]	キムチを食べてみた人(43)が多いと思いますが…	×	×	○	-	간섭
	私の考え(44)でキムチの味は…	○	○	×	3.1%	간섭
5.2 取り立て詞ダケ[1]	塩(45)ばかりを使って…	○	○	×	0.4%	비간섭
5.3 取り立て詞マデ[1]	輸出(46)までもしています。	○	○	×	0.1%	간섭
5.4 ムード[3]	苦味も少しは(47)ありそうです。	×	×	○	-	비간섭
	選択にある(48)とみます。	○	○	×	0/0	간섭
	友達は…キムチを作ったことがある(49)とします。	○	○	×	0/0	간섭
5.5 スタイル[2]	忙しい方は…をきっと(50)勧めます。	○	○	○	0/0	비간섭
	…思わないで作ってみ(51)なさい。	○	○	○	0/0	간섭
5.6 ノダ1[2]	どうしてこんなに(52)辛いですか。	○	○	×	0/0	간섭
	…から始まる(53)のがないでしょうか。	○	○	×	0/0	간섭

7. 맺는 말

본고에서는 한국인 일본어학습자의 전형적인 문법(통사·의미론적인) 오용을 정정하기 위하여 Goo와 Yahoo! JAPAN, 인터넷 WWW 페이지를 코퍼스로 하여 검색을 실시하여, 오용 정정의 가능성에 대하여 살펴보았다.

여기서 무엇보다도 중요한 결과는 문법 오용의 2/3 정도는 코퍼스 검색에 의한 정정이 가능하다는 것이다. 이는 정정 가능성이 높은 어휘/형태론적 오용과 함께 생각해 보면[주1)참조], 한국인 일본어학습자의 전형적인 오용에 대한 코퍼스에 의한 정정 가능성은 높아서 그 활용이 가능하다는 것이다.

물론 위의 결과는 어떤 과학적인 조사의 객관적인 결과는 아니다. 오용 정정과 검색 건수에서도 알 수 있듯이, 검색 건수의 상대적 빈도에 의한 정·오용의 판단 및 검색어 선정에는, 검색자의 일본어 능력에 의해서 크게 좌우된다. 그러나 이러한 문제점은 어떠한 오용 검색이나 어떠한 검색자에게도 존재하는 문제점으로 본 연구 결과에만 한하지 않을 것이다.

끝으로 이러한 문제점을 인식하고, 언어 교수 학습에서 적절하게 코퍼스를 사용하는 것은, 한국인 일본어교사 및 학습자에게는 또 다른 의미의 언어 가정교사를 두고 있는 것은 아닐까 생각한다.

〈주〉

1) 조(2009)는 語彙論[26개](品詞の取り違え, 動詞, 補助動詞, 慣用的な動詞句, 形容詞, ダ, 名詞(漢語), 名詞, 副詞, 連体詞, コソア, 不定語, 数量詞, 接続詞, 熟語)과 形態論[3개](活用)의 오용에서 接続詞 오용을 제외한 모든 오용을 코퍼스(WWW 페이지)를 이용하여 정정할 수 있다고 보고하고 있다.
2) 장(2008:208~213)은 2개 학회지 5년분의 634편에서 436편을 조사 대상으로 하여, 한국의 일본어 연구에서 코퍼스 활용에 대하여 조사했다. 436편은 연구 방법에서 계량적 연구가 180편(41.3%), 비계량적 연구가 256편(58.7%)이다. 그리고 634편 중에서 15.1%(66편)만이 코퍼스를 이용하고 있으며, 그 이용 코퍼스에서 글말은 문학작품 41편, 신문 16편, 연구용 코퍼스 10편, 웹문서 11편, 사전 7편이며, 입말은 3편으로 보고하고 있다. 각 논문의 내용에 대한 언급은 없다.
3) 일본어 모어화자(691명)는 성별 남자 396명, 여자 292명, 무답 3명, 연령별 10대 85명, 20대 189명, 30대 169명, 40대 107명, 50대 82명, 60세 이상 54명, 무답 4명이다. 그 밖의 속성에 대해서는 조(2008:87~91)를 참조.
4) 오용 정정의 검색어 선정에 대해서는 조(2009:31~32) '오용 정정에서의 코퍼스 활용 가능성'의 '5.2 오용별 검색어 선정'을 참조.
5) 모어 간섭(interference errors)은 학습자의 모어(한국어)의 구조를 반영해서 무의식적으로 직역한 것이고, 모어 비간섭(non-interference errors)은 목표언어(일본어)내부 구조 그것이 곤란하거나, 이미 학습한 언어규칙을 미지의 구조에 적용하려고 했을 때의 것이다[조(2008:74)].

〈참고문헌〉

- 장원재(2008)「한국 일본어 연구의 코퍼스 활용 현황」『일본어문학』41권, 일본어학회, pp.205-220
- 조남성(2009)「오용 정정에서의 코퍼스 활용 가능성」『日語教育』제49집, 한국일본어교육학회, pp.19-33
- ______(2008)『일본어의 오용 평가』, 보고사

- 大曽美恵子(2006)「日本語コーパスと日本語教育」『日本語教育』130号, 日本語教育学会, pp.3-10
- 大曽美恵子·滝沢直宏(2003)「コーパスによる日本語教育の研究 -コロケーション及びその誤用を中心に-」『日本語学』4 月臨時増刊号, 明治書院, pp.234-244

한국인 일본어학습자와 한일 기계번역의 어휘 오류 비교 연구

1. 들어가는 말
2. 조사 방법
3. 조사 결과의 분석
4. 맺는 말

1. 들어가는 말

외국어 번역에서 기계번역은 완벽하지는 않지만 그 편리성 및 실용성에서 대단히 유용하다. 그리고 완벽한 번역을 위해서 많은 연구가 계속 진행되고 있음은 주지의 사실이다. 본 연구에서는 한국인 일본어학습자의 한일 번역과 한일 기계번역에 나타난 일본어 어휘 오류를 비교하여 그 차이점을 살펴보고자 한다. 이 실험적 연구는 현행의 한일 기계번역의 적확성(的確性) 정도, 그 적확성을 높이는 연구의 단서, 그리고 학습자의 일본어교육에의 응용 가능성을 살펴보는데 그 의의를 두고 있다. 지금까지 한국의 일본어교육에서 학습자의 오류와 기계번역의 오류 비교에 대한 본격적으로 연구는 보이지 않는다[1].

2. 조사 방법

2.1 조사 자료

번역 자료는 한국인 일본어학습자의 번역 오류를 조사한 선행 연구의 것을 사용한다(조, 2006:227~243). 이는 한국인 일본어학습자가 종종 틀리는 어휘(112개)로 일본어 전공자(대학

교 4학년) 36명이 번역한 것이다. 이 중에서 조사 대상으로 한 어휘 오류는 16종류 40개, 즉 품사의 혼동(2개), 동사(6)[동사(3), 유의 동사(3)], 관용적인 동사구(3), 형용사(3), 형용동사(1), ダ(2), 명사(6)[명사(3), 한자어(3)], 부사(3), 연체사(1), コソア(3), 부정어(3), 수량사(3), 접속사(3), 숙어(1)이다(〈표1〉)[2]. 그리고 이들 40개 오류의 학습 정도에 따른 습득률을 분명히 하기 위해서, 2010년 10월 일본어 전공자(대학교 3학년) 36명의 번역 오류를 추가로 조사했다.

그리고 한일 기계번역은 인터넷상에서 모든 사람이 손쉽게(로그인 없이) 무료로 이용할 수 있는 아래의 5개 사이트를 사용한다.

(1) http://www.ocn.ne.jp./translation
(2) http://freetranslation.paralink.com/
(3) http://translate.google.co.kr/#
(4) http://honyaku.yahoo.co.jp/transtext
(5) http://translate.reference.com/

2.2 분석 방법

〈표2〉('학습자와 기계번역의 유형')에서는 한국어와 일본어 문장을 함께 제시했는데, 일본어 문장의 밑줄 친 부분이 비교 대상의 오류이다. 이들 어휘 오류에는 번역에서 오류를 범한 인원수가 제시되어 있는데, 인원수가 다양하다. 즉 빈도가 다른 여

러 오류를 조사 대상으로 하고 있는 것을 나타내고 있다. 그러나 인원수가 적은 것은 실제 오류를 포함한 문장을 제시해서 학습자가 인정해서(찾아내어) 정정하는 테스트와, 오류를 제시하고 정정(오류 부분을 표시해서 정오를 판단하고 오류인 경우에는 정정)하는 테스트를 함께 생각했을 때에는, 여러 어휘 오류 가운데 상대적으로 빈도가 높은 것이다. 선행 연구(다양한 자료)에서 종종 나타나는 어휘 오류이다(조, 2006:194).

무료 번역 사이트는 5개인데 임의로 Ⓐ, Ⓑ, Ⓒ, Ⓓ, Ⓔ로만 나타낸다. 이는 사이트의 좋고 나쁨을 판정하는 것이 아니라, 학습자 번역과의 비교가 주된 목적이기 때문이다.

학습자 번역과 기계번역을 비교할 때에는, 조사 대상의 어휘 오류 이외의 번역 오류는 분석하지 않는다. 예를 들면 〈표2〉에는 제시하고 있지 않지만, 문13의 경우는 '되다'가 なる인가 いい/よい인가의 문제로 앞부분의 잘못된 번역은 무시했다. 즉 문13(당신은 필요한 말만 하면 된다.→あなたは必要なことだけ話せばなる。)에서 기계번역 Ⓐ는 ことだけ話せばなる →言葉だけ言えば良い, Ⓓ는 ことだけ話せばなる→言葉だけすればよい이지만, 분석 대상 부분이 いい/よい로 적절한 번역으로 간주한다.

한편 일본어학습자는 학습 기간이 긴 4학년이 3학년보다 학습 수준이 높은 것으로 간주한다.

3. 조사 결과의 분석

3.1 학습자의 번역

〈표1〉(‘학습자와 기계번역의 어휘 오류’)에서 학습자의 번역을 보면, 3학년(60. 3%)이 4학년(57. 1%)보다 오류율(오답률)이 높지만 큰 차이가 없다. 학습자가 종종 틀리는 어휘의 오류율이 학습 수준별 큰 차이가 없는 것이다[3]. 그 내역을 보면 3학년이 4학년보다 오류율이 높은 것은 37. 5%(15문, 특히 문21, 22, 24), 낮은 것은 47. 5%(19문, 특히 문17, 28), 같은 것은 15. 0%(6문)이다. 각 문제에서 3학년이 4학년보다 오류율이 낮은 것이 많으나, 전체 오류율이 높은 것을 나타낸다.

이는 4학년 학습자가 안이하게 직역한 것이 주된 원인의 하나로 판단된다. 예를 들면 오류율 (3학년〈4학년) 차이가 큰 문28(36. 1%, 그→その), 문17(33. 3, -이 아니다→がない)을 보면 잘 알 수 있다.

3.2 학습자와 기계번역의 어휘 오류

〈표1〉의 기계번역에서 ●표는 올바른 번역, ○표는 잘못된 번역을 나타낸다. 〈표1〉에서 보면 학습자(59. 3%)와 기계번역(54. 5%)의 오류율은 거의 비슷하다. 기계번역에서 오류가 전혀 없는 것(Ⓐ, Ⓑ, Ⓒ, Ⓓ, Ⓔ 모두 ●표)이 8문이고, 100% 오

류를 범하고 있는 것(Ⓐ, Ⓑ, Ⓒ, Ⓓ, Ⓔ 모두 ○표)이 9문이다. 오류율이 0%와 100%로 나타나는 비율이 42.5%에 이르고 있다. 그리고 종류별 '5. 형용동사' 이외 모든 문제에서 100% 오류를 범하고 있지는 않다. 또한 '6. ダ'(문16, 17)에서는 오류를 범하고 있지 않고, '3. 관용적인 동사구'에서는 문제별 100%, 0%로 오류율이 양분된다.

문제(41문)별 학습자와 기계번역의 오류율을 보면, 기계번역의 오류율이 높은 것(100%, 9문)은 학습자 오류율이 80.6%(3학년 77.2%/4학년 83.9%)로 높고, 낮은 것(100%, 8문)은 학습자 오류율 37.0%(38.9%/35.1%)로 낮아서, 양자가 유사한 경향을 보이고 있다. 그리고 이 경향은 3학년보다 4학년이 더 강하게 나타나고 있다.

종류(16종)별 학습자와 기계번역의 오류율을 보면, 학습자의 경우는 부사(85.7%), コソア(80.6), 접속사(69.0), 관용적인 동사구, 명사, 부정어, 동사, 숙어, 동사, ダ, 형용사, 수량사, 연체사(37.5), 품사의 혼동(29.2), 형용동사(22.2)의 순, 기계번역의 경우는 형용동사(100%), 부사(80.0), 형용사(73.3), コソア, 관용적인 동사구, 동사, 숙어, 명사, 접속사, 품사의 혼동, 연체사, 부정어(40.0), 수량사(26.7), ダ(0.0)의 순으로 높다. 부사, コソア, 관용적인 동사구 등에서는 양자가 비교적 오류율이 높고, 형용동사, ダ에서는 가장 커다란 차이를 보이고 있다.

한편 사이트별 기계번역은 ○표의 비율이 사이트 Ⓐ, Ⓑ, Ⓒ, Ⓓ, Ⓔ 각각 20, 23, 22, 22, 22문으로, 즉 오류율이 50.0

~57.5% 범위에서 나타나 큰 차이가 없다.

〈표1〉 학습자와 기계번역의 어휘 오류

어휘 오류의 14종류(40개)		문제 번호		오류										
				학습자 오류율(%)				기계번역 (●올바른 번역)(○잘못된 번역)						
				3 학년	4 학년	합계		오류율(%)		Ⓐ	Ⓑ	Ⓒ	Ⓓ	Ⓔ
1.품사의 혼동 (2)		문1~2	1	19.4	5.6	12.5	29.2	0.0	40.0	●	●	●	●	●
			2	58.3	33.3	45.8		80.0		●	○	○	○	○
2.동사 (6)	동사(3)	문3~8	3	77.8	69.4	73.6	55.8	20.0	60.0	●	○	●	●	●
			4	25.0	27.8	26.4		20.0		○	●	●	●	●
			5	69.4	69.4	69.4		80.0		○	○	○	●	○
	유의 동사(3)		6	47.2	47.2	47.2		80.0		○	○	○	●	○
			7	50.0	33.3	41.7		80.0		●	○	○	○	○
			8	75.0	77.8	76.4		80.0		○	○	○	○	●
3.관용적인 동사구(3)		문9~11	9	13.9	19.4	16.7	66.7	0.0	66.7	●	●	●	●	●
			10	94.4	86.1	90.3		100		○	○	○	○	○
			11	97.2	88.9	93.1		100		○	○	○	○	○
4.형용사(3)		문12~14	12	88.9	91.7	90.3	48.6	100	73.3	○	○	○	○	○
			13	22.2	25.0	23.6		60.0		●	○	○	●	○
			14	38.9	25.0	32.0		60.0		●	○	○	●	○
5.형용동사(1)		문15	15	11.1	33.3	22.2	22.2	100	100	○	○	○	○	○
6.ダ(2)		문16~17	16	61.1	69.4	65.3	54.9	0.0	0.0	●	●	●	●	●
			17	27.8	61.1	44.5		0.0		●	●	●	●	●
7.명사 (6)	명사(3)	문18~23	18	72.2	72.2	72.2	64.4	80.0	46.7	○	○	○	●	○
			19	83.3	88.9	86.1		100		○	○	○	○	○
			20	30.6	41.7	36.2		40.0		●	●	●	○	○
	한자어 (3)		21	80.6	41,7	61.2		0.0		●	●	●	●	●
			22	63.9	33.3	48.6		0.0		●	●	●	●	●
			23	80.6	83.3	82.0		100		○	○	○	○	○
8.부사(3)		문24~26	24	91.7	61.1	76.4	85.7	60.0	80.0	○	●	●	○	○
			25	88.9	97.2	93.1		100		○	○	○	○	○
			26	86.1	88.9	87.5		80.0		○	○	○	○	●
9.연체사(1)		문27	27	50.0	25.0	37.5	37.5	40.0	40.0	○	●	●	○	●
10.コソア(3)		문28~30	28	55.6	91.7	73.7	80.6	100	73.3	○	○	○	○	○
			29	94.4	97.2	95.8		40.0		○	●	●	○	●
			30	77.8	66.7	72.3		80.0		●	○	○	○	○
11.부정어(3)		문31~33	31	44.4	50.0	47.2	64.4	20.0	40.0	●	●	●	○	●
			32	47.2	63.9	55.6		80.0		●	○	○	○	○
			33	91.7	88.9	90.3		20.0		●	●	●	○	●

12.수량사(3)	문34~36	34	94.4	69.4	81.9	40.7	60.0	26.7	●	○	○	●	○
		35	19.4	25.0	22.2		0.0		●	●	●	●	●
		36	11.1	25.0	18.1		20.0		○	●	●	●	●
13.접속사(3)	문37~39	37	91.7	69.4	80.6	67.6	40.0	46.7	○	●	●	○	●
		38	97.2	97.2	97.2		100		○	○	○	○	○
		39	25.0	25.0	25.0		0.0		●	●	●	●	●
14.숙어(1)	문40	40	58.3	58.3	58.3	58.3	60.0	60.0	●	○	○	●	○
	합계(○표)		60.3	57.1	59.3	55.5	54.5	53.8	20	23	22	22	22
	합계(●표)								20	17	18	18	18

3.3 오류 종류별 학습자와 기계번역의 비교

이하, 한국인 일본어학습자는 KJL, 기계번역은 MT로 한다. 또한 KJL의 오류율은 3학년과 4학년을 합계한 것이다. 그리고 〈표 2〉는 오류 종류별로 기술 편의상 분리해서 제시하며, KJL의 번역 유형은 3학년과 4학년의 어느 한쪽이 10%(4명) 이상인 것과 MT의 유형에 해당하는 KJL의 번역 유형은 모두 제시했다. 또한 예상되는 오류 유형(밑줄 부분)은 오류율에 상관없이 모두 제시한다. MT의 유형은 ●표 또는 ○표로 모두 제시한다. 끝으로 유형 앞의 ＋표는 정답 즉 올바른 번역을 나타낸다.

3.3.1 품사 혼동의 오류

문1은 형용동사(한자어＋だ)를 동사(한자어＋する)로 잘못 사용한 오류로 KJL에게는 가끔 일어나는 것이나, MT는 전혀 오류가 없다. 문2는 어간이 的으로 끝나는 형용동사(한자어＋的だ)를 명사로 잘못 사용한 것으로, MT는 품사 혼동에 대한 오류는 없으나(Ⓐ, Ⓑ, Ⓒ, Ⓔ), 유의 표현(Ⓑ, Ⓒ, Ⓔ) 및 동음 한자어(Ⓓ)로 오류가 발생하고 있다. 이들 형용동사는 '的な+명사'가 일반적이고 '的+명사'가 허용되나 '的の+명사'는 오류로 판정된다. KJL은 오류율이 절반 이하(45. 8%)로, 번역 유형1(私的な)에서 3학년과 4학년(41. 7%<66. 7%)의 정답률 차이가 크다.

〈표2〉 학습자와 기계번역의 유형

번호	한국어와 일본어 문장 (밑줄 친 부분은 학습자의 예상되는 오류)	학습자와 기계번역의 유형							
			학습자		기계번역				
			3 학년	4 학년	Ⓐ	Ⓑ	Ⓒ	Ⓓ	Ⓔ
〈품사 혼동의 오류〉									
1	여기는 높은 곳이니까, 홍수가 나도 안전하다. ここは高い所だから、大水になっても安全する。	+1.安全だ	27	33	●			●	
		安全である	2	1		●	●		●
		2.安全する	-	2					
		기타	4	-					
		무답	3	-					
2	이것은 그의 사적인 문제이다. これは、彼の私的の問題である。	+1.私的な	15	24	●				
		2.個人的な	8	5		○	○		○
		3.プライベットな(3) プライベットの(2)	5	-					
		4.私的の	-	2					
		5.史蹟な	-	-				○	
		기타	3	5					
		무답	5	-					

3. 3. 2 동사의 오류

(1) 동사

문3은 '신문을 보다/읽다'에서 '보다'를 見る로 직역한 것이다. KJL은 見る를 많이 사용하고 있지만, MT는 동사 사용에서 보면 読む만 사용하고 있다. 문4에서 한국어 '없다'는 일본어 ない/いない에 해당한다. KJL은 '없다'를 ない로 직역, 또는 ない/いない의 유의 용법의 미습득으로 약간의 오류를 범하고 있다. MT는 Ⓐ에서만 잘못 사용하고 있다. 문5는 한국어 '되다'에 일본어 なる/できる가 해당된다. KJL의 약간 명과 MT의 Ⓐ, Ⓑ, Ⓔ가 잘못 사용하고 있다(유형4). KJL가 범한 오류 유형2(かかります), 3(いいです)는 MT에서 나타나지 않는다.

번호	한국어와 일본어 문장 (밑줄 친 부분은 학습자의 예상되는 오류)	학습자와 기계번역의 유형							
			학습자		기계번역				
			3 학년	4 학년	Ⓐ	Ⓑ	Ⓒ	Ⓓ	Ⓔ
〈동사〉									
3	당신은 매일 어떤 신문을 읽고 있습니까? あなたは毎日どんな新聞を見ていますか。	1.見て	27	25					
		+2.読んで	8	11	●		●	●	●
		3.見ていますか→読んだか	-	-		○			
		기타	1	-					
4	무엇이든 서로 얘기할 수 있는 그런 친구가 한 사람도 없다. なんでも話し合うことができるような友達がひとりもない。	+1.いない	27	26		●	●	●	●
		2.ない	9	10	○				
5	양복을 만들고 싶은데, 며칠 정도면 됩니까? ようふくを作りたいのですが、何日ぐらいでなりますか。	+1.できます	11	11				●	
		2.かかります	5	15					
		3.いいです	11	4					
		4.なります	2	6	○	○			○
		5.です	-	-			○		
		기타	7	-					

(2) 유의 동사

문6~8은 각각 はく/着る, わかる/知る, 通る/通じる 유의 동사의 문제로, KJL의 오류율은 각각 47.2%, 41.7%, 76.4%, MT의 오류는 각각 ⒶⒷⒸⒺ, Ⓓ, ⒶⒷⒸⒹ가 범하고 있어서, KJL의 오류율과 MT의 오류는 그다지 관계가 없는 것을 알 수 있다. MT의 오류율은 80.0%로 높다.

번호	한국어와 일본어 문장 (밑줄 친 부분은 학습자의 예상되는 오류)	학습자와 기계번역의 유형							
			학습자		기계번역				
			3 학년	4 학년	Ⓐ	Ⓑ	Ⓒ	Ⓓ	Ⓔ
〈유의 동사〉									
6	빨간 스커트를 입고 있다. 赤いスカートを着ている。	+1.はいて	19	19				●	
		2.着て	17	17	○		○		○
		3.着ている→口がある	-	-		○			
7	어두웠기 때문에 거기에 있던 사람이 누구였던가 알 수 없었다. くらかったので、そこにいた人がだれだったか知らなかった。	+1.わから	18	24	●				
		2.知ら	5	12					
		3.知らなかった→分かることができなかった	1	-				○	
		4.知らなかった→知ることができなかった	-	-		○	○		○
		기타	10	-					
		무답	2	-					
8	이 방은 바람이 통하니까 시원하다. このへやは風が通じるからすずしい。	+1.通る	9	8					●
		2.通う	-	14					
		3.通じる	2	10	○			○	
		4.通って	1	2		○	○		
		기타	17	2					
		무답	7	-					

3.3.3 관용적인 동사구의 오류

문9는 '동사ます형＋に来る'의 오류로 KJL은 약간 잘못 사용하고 있으나. MT는 모두 바르게 사용하고 있다. 문10은 복합동사의 문제로 KJL은 정답 인원수가 적으며, 일정한 유형의 오류로 나타나고 있지 않다. MT는 모두 오류를 범하고 있다. 문11은 する가 적절한데 KJL 93.1%, MT는 모두 오류를 범하고 있다.

번호	한국어와 일본어 문장 (밑줄 친 부분은 학습자의 예상되는 오류)	학습자와 기계번역의 유형							
			학습자		기계번역				
			3 학년	4 학년	Ⓐ	Ⓑ	Ⓒ	Ⓓ	Ⓔ
〈관용적인 동사구의 오류〉									
9	한가로워지면 놀러 와 주세요. ひまになったらあそんで来てください。	＋1.あそびに	31	29	●	●	●	●	●
		2.あそんで	3	5					
		기타	2	2					
10	장마철에는 매일 비가 계속 오므로 기분이 나쁘다. つゆのころは毎日雨がふりつづけるので気持ちが悪い。	1.ずっと降る	4	11	○			○	
		＋2.降り続く	2	5					
		3.降り続ける	1	4					
		4.くる	-	-		○	○		
		5.続いてくる	-	2					○
		기타	29	14					
11	도로가 입체화되고부터 자동차의 유통이 좋아졌다. 道路が立体化になってから自動車のながれがよくなった。	1.になって	16	16					
		2.になった	-	7					
		3.されて	3	4	○	○	○	○	
		になってから→されて以来	-	-					○
		＋4.して	1	4					
		5.になる	-	4					
		기타	8	1					
		무답	10	-					

3.3.4 형용사

문12는 やさしい/容易だ보다는 たやすい/簡単だ가 더 적절한 것 같다. KJL, MT 모두 오류가 많다. 문13은 한국어 '되다'를 일본어 なる로 직역한 오류이다. KJL은 23.6%, MT는 절반 이상(Ⓑ, Ⓒ, Ⓔ) 오류를 범하고 있다. 문14는 유의어 寒い/冷たい 용법의 미습득으로 일어난 오류이다. KJL은 오류가 적고, MT는 Ⓐ, Ⓓ는 바르고 Ⓑ, Ⓒ, Ⓔ는 오류를 범하고 있다.

번호	한국어와 일본어 문장 (밑줄 친 부분은 학습자의 예상되는 오류)	학습자와 기계번역의 유형							
			학습자		기계번역				
			3학년	4학년	Ⓐ	Ⓑ	Ⓒ	Ⓓ	Ⓔ
〈형용사〉									
12	일본어를 배우기는 쉽지 않다. 日本語をおぼえるのはやすくない	1.やさしく	13	18				○	
		2.やすく	14	11					
		3.容易では	-	-	○	○	○		○
		+4.簡單では	4	3					
		+4.たやすく	-	-					
		기타	4	4					
		무답	1	-					
13	당신은 필요한 말만 하면 된다. あなたは必要なことだけ話せばなる。	+1.いい(よい)	28	27	●			●	
		2.なる	1	6					
		3.ことだけ話せばなる→言葉だけとされている	-	-		○	○		
		4.ことだけ話せばなる→言葉とされる	-	-					○
		기타	4	3					
		무답	3	-					

14	산 속의 아침 공기는 살을 에이듯이 차가웠다. 山の朝の空気ははだをさすように寒かった。	+1.冷たかった	22	27	●			●	
		2.寒かった	2	6					
		3.涼しかった	-	-		○	○		○
		기타	6	3					
		무답	6	-					

3.3.5 형용동사

문15에서 한국어 '성가시다'에는 일본어 めんどうだ, めんどうくさい, うるさい, 煩わしい 등이 해당된다. 문맥상 めんどうだ, めんどうくさい가 적절한데, KJL은 22.2%, MT는 모두 오류를 범하고 있다.

번호	한국어와 일본어 문장 (밑줄 친 부분은 학습자의 예상되는 오류)	학습자와 기계번역의 유형							
			학습자		기계번역				
			3학년	4학년	Ⓐ	Ⓑ	Ⓒ	Ⓓ	Ⓔ
〈형용동사〉									
15	요리를 만드는 것이 성가셔서, 밖의 가게에서 먹습니다. 料理を作るのがうるさいので、外の店で食べます。	+1.めんどう(くさい)	32	24					
		2.うるさいので→煩わしくて	-	5	○			○	
		3.うるさい	-	3					
		4.うるさいので→迷惑していただき	-	-		○	○		
		5.うるさいので→迷惑いただき	-	-					○
		기타	4	4					
		무답	2	-					

3.3.6 ダ

문16～17은 -でない 강조형의 오류이다. 문16～17에서 KJL은 한국어 '은/는 아니다', '이/가 아니다'를 각각 일본어 はない, がない로 직역하고 있으나, MT는 전혀 오류가 없다. 문17의 유형1[ではない(のか)]에서 KJL 3학년과 4학년(72.2%〉38.9%)의 정답률 차이가 크다.

번호	한국어와 일본어 문장 (밑줄 친 부분은 학습자의 예상되는 오류)	학습자와 기계번역의 유형							
			학습자		기계번역				
			3학년	4학년	Ⓐ	Ⓑ	Ⓒ	Ⓓ	Ⓔ
〈ダ〉									
16	아무리 뻔뻔스러워도 남의 돈을 잠자코 써 버릴 정도는 아니겠지요. いくらずうずうしくても、人のお金をだまって使ってしまうほど<u>はない</u>でしょう。	1.はない	17	23					
		+2.ではない	14	11	●	●	●	●	●
		기타	-	2					
		무답	5	-					
17	그는 경찰에게 범인이 아닌가 하고 의심받고 있다. 彼は警察に犯人<u>がない</u>かと疑われている。	+1.ではない	23	14		●	●		●
		ではないの	3	-	●			●	
		2.がない	8	9					
		がないの	-	1					
		3.かどう	2	7					
		기타	2	5					

3.3.7 명사

(1) 명사

문18은 형용사의 명사형 深さ/深み에 관한 것으로, KJL, MT(Ⓐ, Ⓑ, Ⓒ, Ⓔ) 모두 오류가 많은 편이다. 문19는 명사의 장소화(명사＋のところ)에 관한 것으로, KJL은 상당히, MT는 모두 오류를 범하고 있다. 문20은 KJL이 한국어 ‘그 곳’을 일본어 そのところ로 직역한 것으로, KJL, MT(Ⓓ, Ⓔ) 모두 오류가 많지 않다.

번호	한국어와 일본어 문장 (밑줄 친 부분은 학습자의 예상되는 오류)	학습자와 기계번역의 유형							
			학습자		기계번역				
			3 학년	4 학년	Ⓐ	Ⓑ	Ⓒ	Ⓓ	Ⓔ
〈명사〉									
18	재즈는 클래식 음악에 비하여 깊이가 없다고 여기지 않습니까? ジャズはクラシック音楽にくらべて深さがないと思いませんか。	1.深さ	14	19	○	○	○		○
		＋2.深み	10	10				●	
		기타	5	7					
		무답	7	-					
19	돈이 없어서 곤란한 경우가 있다면, 나한테 오세요. お金がなくてこまるような場合があったら、私へ来なさい。	1.私へ→私に	28	32	○	○	○	○	○
		＋2.私のところ	6	4					
		기타	1	-					
		무답	1	-					
20	우리들은 겨우 정상에 올랐다. 그리고 그 곳에서 밥을 먹었다. 私たちは、やっと頂上にのぼった。そして、そのところでごはんを食べた。	＋1.そこ	25	21	●	●	●		
		2.そのところ	2	8				○	
		3.あそこ	5	-					
		4.その場所	1	-					○
		기타	2	7					
		무답	1	-					

(2) 한자어

문21～23에서 KJL은 한국어 ‘효도, 의논, 방법’을 각각 한국어 한자어 ‘孝道, 議論, 方法’으로 대응시키고 있어서, 61.2%(문21), 48.6%(문22), 82.0%(문23)의 적지 않은 오류율을 보이고 있다. 그러나 MT는 문21, 22에서 오류를 범하고 있지 않고, 문23에서 절반 이하(Ⓐ, Ⓓ)가 方法으로 오류를 범하고 있다. 문21의 유형2(孝行), 문22의 유형1(相談)에서 각각 KJL 3학년과 4학년(8.3%〈44.4%, 36.1%〈66.7%)의 정답률 차이가 크다.

번호	한국어와 일본어 문장 (밑줄 친 부분은 학습자의 예상되는 오류)	학습자와 기계번역의 유형							
			학습자		기계번역				
			3학년	4학년	Ⓐ	Ⓑ	Ⓒ	Ⓓ	Ⓔ
〈한자어〉									
21	자식은 부모에게 효도하지 않으면 안 됩니다. 子どもは親に孝道しなければいけません。	1. 孝道*	9	14					
		+2. 孝行**	3	16					
		+3. 親に孝道→親孝行両親に親孝行親に親孝行	3 - 1	1 2 2	●	●	●	●	●
		기타	7	1					
		무답	13	-					
22	아버지와 의논해서, 나는 의학 공부를 하기로 하겠습니다. 父とぎろんして、私は医学の勉強をすることにします。	+1. 相談	13	24	●	●	●	●	●
		2. 議論	15	6					
		3. ぎろんして→話し合って	2	6					
		기타	4	-					
		무답	2	-					
23	요즈음의 젊은 사람들은 인사하는 방법도 모른다. このごろのわかい人はあいさつの方法も知らない。	1. 方法	20	26	○			○	
		+2. しかた	7	6					
		3. 方	4	-					
		4. あいさつの方法も知らない→挨拶することができる	-	-		○	○		○
		기타	4	4					
		무답	1	-					

* 문21에서 '1. 孝道'의 내역은 親に孝道→親に孝道(3학년 9명/4학년 8명), 両親の孝道(-/5), 父母に孝道(-/1)이다.

** 문21에서 '2. 孝行'의 내역은 親に孝道→親に孝行(2/13), 両親に孝行(1/3)이다.

3.3.8 부사

문24에서 한국어 '대충/대강'에는 일본어 大体/大抵/ほとんど/おおかた/ほぼ/大概/おおよそ 등이 해당된다. 大体/ほとんど가 적절한데 KJL은 76.4%, MT는 절반 이상(Ⓐ, Ⓓ, Ⓔ)이 오류를 범하고 있다. KJL 번역 유형1(だいたい)에서 3학년과 4학년(8.3%〈36.1%)의 정답률, 유형2(だいだい)에서 3학년과 4학년(30.6%〉0.0%)의 오류율의 차이가 크다. 문25는 대다수의 KJL과 모든 MT가 한국어 '잘'을 일본어 よく로 잘못 사용하고 있다. よく보다는 うまく가 더 적절하다. 문26에서 한국어 '틀림없이'에는 일본어 きっと/必ず/間違いなく/確かに/おそらく/正しく 등이 해당된다. きっと가 적절한데 KJL은 87.5%, MT는 거의(Ⓔ 이외) 오류를 범하고 있다.

번호	한국어와 일본어 문장 (밑줄 친 부분은 학습자의 예상되는 오류)	학습자와 기계번역의 유형							
			학습자		기계번역				
			3학년	4학년	Ⓐ	Ⓑ	Ⓒ	Ⓓ	Ⓔ
〈부사〉									
24	이것으로 일은 대충 끝났습니다. これで仕事はたいていおわりました。	+1.だいたい	3	13		●	●		
		2.だいだい	11	-					
		3.ざっと	1	9					
		4.たいてい	3	4					
		+5.ほとんど	-	1					
		6.大まかに	-	1				○	○
		7.あらまし	-	-	○				
		기타	11	8					
		무답	7	-					
25	이 문제는 어려워서 잘 풀 수 없습니다. この問題はむずかしくてよく解けません。	1.よく	19	29	○	○	○	○	○
		+2.うまく	4	1					
		기타	6	6					
		무답	7	-					

26	현관의 초인종을 울려도 나오지 않으니까, 틀림없이 집에 없어요. げんかんのベルをならしても出てこないから、かならずるすですよ。	1.まちがいなく	13	10	○				
		2.たしかに	10	11					
		+3.きっと	5	4					●
		4.まさに	-	7					
		5.必ず	1	4					
		6.明らかに	-	-		○	○		
		7.まさしく	-	-				○	
		기타	5	-					
		무답	2	-					

3.3.9 연체사

문27은 한국어 '어느'를 일본어 どの로 직역한 것이다. KJL은 오류율이 37.5%이고, MT는 절반 이하(Ⓑ, Ⓒ)가 오류를 범하고 있다. 유형1(ある)에서 KJL 3학년과 4학년(50.0%〈75.0%)의 정답률 차이가 크다.

번호	한국어와 일본어 문장 (밑줄 친 부분은 학습자의 예상되는 오류)	학습자와 기계번역의 유형							
			학습자		기계번역				
			3 학년	4 학년	Ⓐ	Ⓑ	Ⓒ	Ⓓ	Ⓔ
〈연체사〉									
27	옛날 옛적에 어느 곳에 할아버지와 할머니가 있었습니다. むかしむかしどの所におじいさんとおばあさんがいました。	+1.ある	18	27		●	●		●
		2.どの	2	3				○	
		3.どの所→どこ	-	4	○				
		4.どんな	4	-					
		5.どの所→どこか	4	-					
		기타	6	2					
		무답	2	-					

3.3.10 コソア

문28은 양자가 공유한 사실을 あの로 표현해야 하는데, 한국어 '그'를 일본어 その로 직역한 것으로 판단된다. KJL은 73.7%, MT는 모두 오류를 범하고 있다. KJL 번역 유형2(あの)에서 3학년과 4학년(44.4%〉8.3%)의 정답률 차이가 크다. 문29도 문28처럼 한국어 '그'를 일본어 その로 직역한 것으로 판단되는데, 以後/以上/以下 등과 이어질 때에는 それ가 자연스럽다. KJL은 거의(95.8%) 오류를 범하고, MT는 절반 이하(Ⓐ, Ⓓ)가 오류를 범하고 있다. 문30에서 한국어 '이렇게'에는 일본어 こんなに, このように, こんなふうに, こう 등이 해당된다. このように가 적절한데 KJL은 72.3%, MT는 Ⓑ, Ⓒ, Ⓓ, Ⓔ가 오류를 범하고 있다.

번호	한국어와 일본어 문장 (밑줄 친 부분은 학습자의 예상되는 오류)	학습자와 기계번역의 유형							
			학습자		기계번역				
			3 학년	4 학년	Ⓐ	Ⓑ	Ⓒ	Ⓓ	Ⓔ
〈コソア〉									
28	자네도 나도 그 무렵에는 정말 원기 왕성했었지. 君もぼくもそのころはほんとうに元気だったなあ。	1.その	17	29	○	○	○	○	○
		+2.あの	16	3					
		3.この	1	4					
		무답	2	-					
29	3시 이전은 회사에 있습니다만, 그 이후는 회사에 없게 됩니다. 3時以前は会社ですが、その以後はるすになります。	1.その	30	32	○			○	
		+2.それ	2	1		●	●		●
		기타	-	3					
		무답	4	-					

번호	문장	유형	3학년	4학년	Ⓐ	Ⓑ	Ⓒ	Ⓓ	Ⓔ
30	"이것은 다나카 씨가 한 일이 틀림이 없습니다."라고, 이렇게 야마가와 씨가 말했습니다. 「これは田中さんがしたことにちがいありません。」と、こんなに山川さんは言いました。	1.こんなに	7	13				○	
		+2.このように	8	12	●				
		3.こう	6	3					
		4.そう	-	-		○	○		○
		기타	10	8					
		무답	5	-					

3. 3. 11 부정어

문31은 どれ/どちら의 문제로, KJL은 절반 정도(47. 2%) MT는 Ⓓ만 오류를 범하고 있다. 문32에서 どこでも는 긍정과 호응하므로 どこにも가 자연스러운데, KJL은 55. 6% MT는 Ⓑ, Ⓒ, Ⓓ, Ⓔ가 오류를 범하고 있다. KJL 번역 유형2(どこでも)에서 3학년과 4학년(13. 9%〈47. 2%)의 오류율의 차이가 크다. 문33에서 한국어 '어느'를 일본어 どの에 대응시키고 있다. 일반적인 장면에서 どの国보다 どこの国가 적절하다. KJL은 오류가 많으나(90. 3%) MT는 Ⓓ만 오류를 범하고 있다. 유형1(どの)에서 KJL 3학년과 4학년(36. 1%〈61. 1%)의 오류율의 차이가 크다.

번호	한국어와 일본어 문장 (밑줄 친 부분은 학습자의 예상되는 오류)	학습자와 기계번역의 유형							
			학습자		기계번역				
			3 학년	4 학년	Ⓐ	Ⓑ	Ⓒ	Ⓓ	Ⓔ
〈부정어〉									
31	너무 많이 있기 때문에 어느 것이 좋은지 모르겠다. あまりたくさんあるから、どちらがいいかわからない。	+1.どれ	20	18	●	●	●		●
		2.どちら[どっち]	11	5					
		3.どんなこと[もの]*	4	6					
		4.いずれが	-	-				○	
		기타	5	7					

32	일본에 갓 와서, 아직 아무 데도 간 적이 없습니다. 日本へ来たばかりで、まだどこでも行ったことがないのです。	+1.どこにも どこへも	19 –	10 3	●				
		2.どこでも	5	17					
		3.どんなところも	2	2				○	
		4.誰も	–	–		○	○		○
		기타	10	4					
33	당신은 어느 나라에서 오셨습니까? あなたはどの国からいらっしゃいましたか。	1.どの	13	22				○	
		2.どんな	11	6					
		+3.どこの どちらの	2 1	3 1	●	●	●		●
		기타	9	4					

* 문31에서 '3. どんなこと[もの]'의 내역은 どんなこと(3학년 2명/4학년 5명), どんなもの(2/1)이다.

3. 3. 12 수량사

문34에서 한국어 '마리'는 일본어 匹에 해당한다. KJL은 닭을 '마리'로 세기 때문에 匹로 잘못 사용하는 것 같다. KJL은 81. 9%, MT는 절반 이상(Ⓑ, Ⓒ, Ⓔ)이 오류를 범하고 있다. KJL 번역 유형2(羽)에서 3학년과 4학년(5. 6%〈30. 6%)의 정답률 차이가 크다. 문35에서는 한국어 '권'을 일본어 巻으로 직역하고 있다. KJL은 22. 2% 오류를 범하고 있으나, MT는 전혀 오류가 없다. 문36에서는 한국어 '학년'을 일본어 學年으로 직역하고 있다. KJL은 18. 1%, MT는 Ⓐ만 오류를 범하고 있다.

번호	한국어와 일본어 문장 (밑줄 친 부분은 학습자의 예상되는 오류)	학습자와 기계번역의 유형							
			학습자		기계번역				
			3 학년	4 학년	Ⓐ	Ⓑ	Ⓒ	Ⓓ	Ⓔ
〈수량사〉									
34	닭을 300마리쯤 키우고 있습니다. にわとりを三百匹ぐらいかっています。	1.匹	29	25	●			●	
		+2.羽	2	11					
		3.匹ぐらい →マリチュム	-	-		○	○		○
		기타	1	-					
		무답	4	-					
35	다나카 군에게서 노트를 4권 빌렸다. 田中君にノートを4巻かしてもらった。	+1.冊	29	27	●	●	●	●	●
		2.巻	1	7					
		기타	3	2					
		무답	3	-					
36	이 말은 1학년 때 이미 배웠을 것입니다. このことばは一学年のときに、すでにならっているはずです。	+1.一年生	32	27		●	●	●	●
		2.一学年	2	6	○				
		기타	2	3					

3. 3. 13 접속사

문37은 ところが/ところで의 문제이다. 문맥상 화제 전환을 나타내는 ところで는 부자연스럽고, 예상과 상반되는 내용을 이끄는 ところが가 적절하다. KJL은 80.6%, MT는 절반 이하(Ⓐ, Ⓓ)가 오류를 범하고 있다. 문38은 문맥상 それと/それから/あと 등이 적절하고, そして는 상대적으로 부적절하다고 판단된다. KJL은 97.2%, MT는 모두 한국어 '그리고'를 일본어 そして로 대응시키고 있다. 문39는 한국어 '그래서'를 일본어 そうして로 직역한 것으로, それで가 가장 적절하고 だから도 어느 정도 적절하다고 판단된다. KJL은 오답율이 29.2%이고, MT

는 모두 적절하게 사용하고 있다.

번호	한국어와 일본어 문장 (밑줄 친 부분은 학습자의 예상되는 오류)	학습자와 기계번역의 유형							
			학습자		기계번역				
			3 학년	4 학년	Ⓐ	Ⓑ	Ⓒ	Ⓓ	Ⓔ
〈접속사〉									
37	개어 있었기에 세탁을 했습니다. 그런데 갑자기 비가 오기 시작했습니다. はれていたのでせんたくをしました。ところで、急に雨がふり出しました。	1.ところで	12	12	○			○	
		+2.ところが	3	11		●	●		●
		3.でも	2	6					
		4.それで	3	4					
		5.なのに	6	-					
		6.しかし	4	-					
		기타	4	3					
		무답	2	-					
38	미안하지만 종이 좀 사다 주세요. 그리고 잉크도. ちょっと紙を買って来てください。またインキも。	1.そして	28	22	○	○	○	○	○
		2.また	1	7					
		+3.それと	1	1					
		기타	6	6					
39	어떻게 하면 좋을지 나 혼자서는 모르겠습니다. 그래서 오늘은 의논하러 찾아왔습니다만. どうすればよいのか、ぼくひとりではわかりません。そうしてきょうはごそうだんにうかがったのですが。	+1.それで	24	27	●			●	●
		2.そして	5	6					
		3.そうして	1	3					
		+4.だから	3	-		●	●		
		기타	3	-					

3. 3. 14 숙어

문40은 -た方がいい의 문제로, KJL은 58. 3%, MT는 절반 이상(Ⓑ, Ⓒ, Ⓔ)이 오류를 범하고 있다.

번호	한국어와 일본어 문장 (밑줄 친 부분은 학습자의 예상되는 오류)	학습자와 기계번역의 유형							
			학습자		기계번역				
			3 학년	4 학년	Ⓐ	Ⓑ	Ⓒ	Ⓓ	Ⓔ
〈숙어〉									
40	그 사람한테 전화를 걸어 놓고 찾아가는 것이 좋겠지요. その人に電話をかけておいて、うかがったのがいいでしょう。	+1.方	15	15	●			●	
		2.の	9	17			○		○
		3.こと	8	4					
		4.うかがったの→行き方	-	-		○			
		무답	4	-					

4. 맺는 말

본고에서는 한국인 일본어학습자의 한일 번역과 한일 기계번역에 나타난 어휘 오류에 대하여 살펴보았다. 주된 결과는 다음과 같다.

(1) 학습자가 종종 틀리는 어휘의 오류율이 3학년 60.3%, 4학년 57.1%로 학습 수준별로 큰 차이가 없다.
(2) 어휘에서 현행의 한일 기계번역의 적확성은 54.5%로, 한국인 일본어학습자 59.3%와 거의 유사하다.
(3) 기계번역에서 어휘(40문)의 오류율이 0%(8문 20.0%)와 100%(9문 22.5%)로 나타나는 비율이 42.5%에 이르고 있다.

(4) 학습자와 기계번역의 어휘 오류율을 보면, 문제(40문)별 기계번역에서 높은 것(100%)은 학습자도 80.6%로 높고, 낮은 것(0%)은 학습자도 37.0%로 낮아서, 양자가 유사한 경향을 보이며, 이는 3학년보다 4학년이 그 경향이 더 강하다. 종류(16종)별, 기계번역에서는 형용동사, 부사, 형용사, コソア, 관용적인 동사구, 동사, 숙어, 명사, 접속사, 품사의 혼동, 연체사, 부정어, 수량사, ダ의 순, 학습자 번역에서는 부사, コソア, 접속사, 관용적인 동사구, 명사, 부정어, 동사, 숙어, 동사, ダ, 형용사, 수량사, 연체사, 품사의 혼동, 형용동사의 순으로 높다. 부사, コソア, 관용적인 동사구 등에서는 양자가 비교적 오류율이 높고, 형용동사, ダ에서는 가장 커다란 차이를 보이고 있다.

위의 실험적 결과는 학습자가 종종 범하는 어휘 오류에 관한 것이었다. 문법 오류 등의 조사가 금후 과제로 예상된다.

〈주〉

1) 한국어와 일본어 기계 번역 시스템 연구가 아닌, 번역 연구에서 呂(2003)는 일·한 번역 소프트웨어 바벨2002가 朝日新聞의 웹 페이지에서의 문장을 번역하였을 때 발생하는 오류를 분석하고 있다.

2) 어휘 오류(조, 2006:226)는 16종류 112개로, 종류별 1~21개이다. 이 중에서 대표적인 오류를 다음의 3가지 기준에 따라서 선정했다. (1)종류별 3개(3개 이상인 것). (2)해당 오류(〈표2〉에서 밑줄 친 부분)를 범한 학습자가 2명 이상의 것. (3)오류의 종류에서 개수가 제일 많은 명사(21개)와 동사(17개)는 6개.

3) 이는 3학년 이전에 학습한 사항의 습득 정도를 나타내는 것으로, 종종 틀리는 어휘의 경우는 번역상 습득이 크게 향상되고 있지 않은 것을 나타낸다.

〈참고문헌〉

- 呂革成(2003)『일 · 한 번역 소프트웨어 바벨2002에서의 오류 분석』수원대학교 교육대학원 석사학위논문, 142p
- 조남성(2006)『일본어의 오용 분석』보고사, pp.193-245

수재(收載) 논문 일람

이 책의 내용은 여러 학회지에 게재된 논문(1996~2011년)을 수정·가필하고, 번역(제3장, 제8장)한 것이다. 각 장(章)을 구성한 논문의 내역(제목, 학회지 및 연도 등)은 아래와 같다.

제1장 : 조남성(2001)「대조분석과 오용분석」『일어일문학연구』제39집, 한국일어일문학회, pp.233-250

제2장 : 조남성·佐々木瑞貴(2002)「일본어 상급 학습자의 작문에 나타나는 형태상의 오용」『일본어교육연구』제37집, 한국일어교육학회, pp.185-208

제3장 : 조남성(1996)「助詞の誤用の評價(조사 오용의 평가)」『일본문화학보』제1집, 한국일본문화학회, pp.72-88

제4장 : 조남성(2008)「한국인 일본어학습자의 한자어 유의어 습득」『일본어학연구』 제21집, 한국일본어학회, pp.131-151

제5장 : 조남성(2008)「한국인 일본어학습자의 동사 유의어 습득에 대하여」『日本語教育』제45집, 한국일본어교육학회, pp.99-120

제6장 : 조남성(2010)「일본어 자유 작문에서의 오용분석 -대학교 일본어 전공자 2학년-」『일본어학연구』제29집, 한국일본어학회, pp.247-267

제7장 : 조남성(1998)「오용평가」『일본어문학』제4집, 한국일본어문학회, pp.69-86

제8장 : 조남성(1997)「韓国人日本語学習者の依頼の文末表現に対する分析と評価(한국인 일본어 학습자의 의뢰 문말 표현에 대한 분석과 평가)」『일본어문학』제3집, 한국일본어문학회, pp.93-111

제9장 : 조남성(2004)「「ダ의 부정형」의 오용 분석과 지도법」『일어교육』제29집, 한국일본어교육학회, pp.3-16

제10장 : 조남성(2006)「'形容詞(-い)+だと思う'형의 오용 원인에 대한 교사와 학습자의 판단」『일어일문학연구』제56집, 한국일어일문학회, pp.165-186

제11장 : 조남성(2006)「오용 원인의 실험적 분석」『동북아 문화연구』제10집, 동북아시아문화학회, pp.267-289

제12장 : 조남성(2009)「오용 정정에서의 코퍼스 활용 가능성」『日本語教育』제49집, 한국일본어교육학회, pp.19-33

제13장 : 조남성(2009)「문법 오용 정정에서의 코퍼스 활용 가능성」,『日本語文學』제43집, 한국일본어문학회, pp.181-207

제14장 : 조남성(2011)「한국인 일본어학습자와 한일 기계번역의 어휘 오류 비교 연구」,『일본연구』제30집, 중앙대학교 일본연구소, pp.197-216

색인

(ㅂ)

(ㅅ)

(ㅇ)

(ㅈ)

(기타)

조남성(趙南星)
국제대학 일어일문학과 졸업
쓰쿠바(筑波)대학 지역연구연구과 졸업 (국제학석사)
쓰쿠바(筑波)대학 문예·언어연구과 박사과정 수료
도호쿠(東北)대학 (문학박사)
(전) 한국일본어학회 회장
현재 : 한밭대학교 일본어과 교수

【주요 저서】
일본어의 오용 분석, 보고사 (2006년)
일본어 교재의 오용 분석, 보고사 (2008년)
가나·한자·외래어와 일본어교육, 보고사 (2009년)

일본어교육을 위한 오용 연구

초판 인쇄 | 2022년 5월 12일
초판 발행 | 2022년 5월 12일

지 은 이 조남성

책임편집 윤수경

발 행 처 도서출판 지식과교양
등록번호 제2010-19호
주 소 서울시 강북구 우이동108-13 힐파크103호
전 화 (02) 900-4520 (대표) / 편집부 (02) 996-0041
팩 스 (02) 996-0043
전자우편 kncbook@hanmail.net

ISBN 978-89-6764-185-6 93730 **정가** 34,000원